本书为北京市教育科学"十三五"规划2018年度优先关注课题
《新时期德育资源开发与共享机制研究》课题成果
课题编号：CEIA18063

"北京市城乡一体化项目"成果

『让学习真正发生』系列丛书

优质课程 陪伴成长

高李英　陈　燕　郭志滨　主编

中国发展出版社
CHINA DEVELOPMENT PRESS

图书在版编目（CIP）数据

优质课程　陪伴成长 / 高李英，陈燕，郭志滨主编. —北京：中国发展出版社，2020.12

ISBN 978 – 7 – 5177 – 1199 – 5

Ⅰ.①优…　Ⅱ.①高…　②陈…　③郭…　Ⅲ.①网络教学—教学研究—小学—文集　Ⅳ.①G434–53　②G622.0–53

中国版本图书馆CIP数据核字（2021）第023741号

书　　　名	优质课程　陪伴成长
主　　　编	高李英　陈　燕　郭志滨
出 版 发 行	中国发展出版社
联 系 地 址	北京经济技术开发区荣华中路22号亦城财富中心1号楼8层（100176）
标 准 书 号	ISBN 978-7-5177-1199-5
经 销 者	各地新华书店
印 刷 者	北京市密东印刷有限公司
开　　　本	787mm×1092mm　1/16
印　　　张	26.75
字　　　数	500千字
版　　　次	2021年3月第1版
印　　　次	2021年3月第1次印刷
定　　　价	78.00元

联 系 电 话	（010）68990642　68990692
购 书 热 线	（010）68990682　68990686
网 络 订 购	http://zgfzcbs.tmall.com
网 购 电 话	（010）68990639　88333349
本 社 网 址	http://www.develpress.com
电 子 邮 件	fazhanreader@163.com

本书编委会

编委会主任

王 欢 洪 伟

编委会副主任

韩巧玲 李 娟 丁雁玲 陈 燕 范汝梅 南春山 穆桂山
李文凤 张艳英

主 编

高李英 陈 燕 郭志滨

副主编

金 强 范汝梅 王 伟 武海深 王顺梅

编 委（按姓氏音序排序）

鲍 虹	曹艳昕	陈 纲	陈亚虹	李 阳	褚风华	崔韧楠	崔 旸
丁雁玲	冯思瑜	高金芳	高雪艳	谷 莉	谷思艺	郭文雅	郭志滨
韩巧玲	金少良	景立新	李宝莉	李大明	李冬梅	李 娟	李丽霞
李 文	梁 琪	刘 颖	吕闽松	马 婧	马淑芳	南春山	牛东芳
乔 红	任江晶	孙 迪	宋 菁	万 平	汪 忱	王 丹	王建云
王 静	王秀鲜	王燕红	王 晔	吴 斯	吴小伶	闫 欣	闫 旭
杨 京	杨 丽	张均帅	张 凯	张秀娟	张 怡	赵慧霞	周 霞
朱爱云	朱锡昕						

参与本册编写教师（按姓氏音序排序）

白 雪	白 宇	鲍 虹	才燕雯	蔡 琳	曹立新	曹艳昕	曹 芸
常 诚	常媛媛	车小超	车 雨	陈 瑾	陈 璐	陈 珊	陈 迎
陈正明	崔韧楠	邓美双	邓宁宁	杜贝贝	杜建萍	杜 楠	樊 咏
范 鹏	福 然	付 蕊	高 健	高铁华	高 幸	耿芝瑞	谷思艺
郭京丽	郭文雅	郭雪莹	韩凯旋	韩晓梅	郝杰宏	贺要新	侯 琳
侯宇菲	化国辉	霍维东	贾春威	贾维琳	姜 桐	焦 娇	焦正洁
金 帆	金 晶	柯凤文	孔宪梅	黎 妍	李 彬	李丹鹤	李冬梅
李 芳	李海龙	李 宏	李 洁	李军红	李 乐	李丽梅	李梦裙
李民惠	李晓雷	李 欣	李 雪	李芸芸	梁 红	梁 英	刘爱军
刘 斐	刘 欢	刘 洁	刘金凤	刘 婧	刘立美	刘梦媛	刘 敏
刘 蕊	刘雪红	刘延光	刘 岩	刘 杨	刘 迎	刘 颖	刘 禹
刘 悦	刘 征	刘子凡	鲁 静	罗 曦	吕闽松	马 婧	马 骏
马 娜	马宜平	满惠京	满文莉	梅英杰	苗姗姗	牟风敏	潘 璇
彭 霏	齐 瀛	乔 浙	乔 艳	秦 月	荣 岩	容 戎	芮雅岚
石 濛	史晓娇	宋 莉	宋宁宁	孙桂丽	孙 鸿	孙慧瑶	孙金艳
孙 莹	索皎莉	陶淑磊	滕玉英	田晓洁	万银佳	汪 卉	王 丹
王国玲	王晖蓉	王 珈	王金斗	王 瑾	王连茜	王 宁	王瑞晨
王 雯	王熙嵘	王秀军	王 艳	王 莹	王 颖	魏 亮	魏晓梅
魏颖琳	温 程	肖 畅	谢 添	徐 虹	徐艳丽	徐 莹	徐 卓
闫春芳	闫 晖	杨 波	杨 婧	杨敬芝	杨 丽	英 文	杨文佳
杨昕明	杨晓雅	杨 扬	杨 玥	殷 越	于 晶	藏景一	藏 娜
翟玉红	张 彬	张 聪	张 璐	张牧梓	张 倩	张书娟	张 伟
张文佳	张斌轩	张鑫然	张 滢	张 颖	赵 民	赵 革	赵 蕊
赵彦静	周海燕	周 婷	周 霞	周元萍	周 舟	朱 玲	朱 文

前　言

让真正的学习发生在"场"上

　　一场跨年而来的新冠肺炎疫情，让学校在积极应对中加速了正在发生的教育变革。特殊时期，史家人致力于为学生居家学习创生运化一个无时不有、无处不在、无往不至的成长引力场，让学生于在"线"更在"场"的真实学习中自主创拓成长的无限可能。

一、"漫教育"——基于育人泛联的成长引力场打造

　　"漫教育"是一种基于"场"视角的教育形态构想，指所有教育因子像空气一样弥漫在学生学习行为与生命意义的引力场中，并在基于未来牵引的育人泛联中给成长无限可能。基于场域分隔与主题整合的疫期教育中已含有"漫教育"的重要生长因子，即成长引力场中的育人泛联。育人泛联的内在要义是，以成长主题统合线上与线下的交变场景，形成泛在的引力节点，由学生主体掌握线上与线下的交互工具，形成多向的学习接口，两者合力推动教育从"体"向"场"的升级跃变，让真正的学习发生在线上与线下融合的成长引力场上。

　　史家教育围绕"具有家国情怀的顶天立地的中国人"的育人目标，在课程供给中按防疫阶段不断微调、持续升级，从基于"超量供给、自主选择"强化横向弥漫的和谐课程 1.0，到凸显"新旧衔接、方法指导"强化纵向弥漫的成长课程 2.0，再到强调"学科教学、整合综述"强化环向弥漫的发展课程 3.0，努力让学生的居家学习时光弥漫着引人入胜的生命成长气息。

二、"融学习"——基于召唤结构的成长内驱力激发

　　"融学习"指学生在由不确定性形成的召唤结构中内在贯通各种成长要素、实现整体发展的创新学习样式。疫情暂时阻断了学生返校的脚步，却瞬时延展了学生成长的心路。在特殊时期的学习中，学生面对一种成长的召唤结构。接受理论认为，"召唤结构"指作品中存在意义不确定甚至空白，它们召唤读者将其与自身经验及想象世界联系起来，从而使有限文本具有意义生成的无限可能性。疫情

期间，各种不确定性与返校空白恰恰为学校教育的召唤结构提供了现实素材，也给特殊时期的学生成长创生了原来未有的可能。

在"融学习"中，史家教育努力让学生最大限度地泛联真实的成长资源，并基于多元资源获取的自适应学习，在内驱力、生长力、学习力步步形成、层层递增中真正实现志在家国、学无边界。在此过程中，学生形成了基于自觉参与的学习动机之融、基于自我管理的学习内容之融、基于自主学习的学习方法之融、基于自信表达的学习成果之融等一系列"融学习"实践样式。

三、"大先生"——着力挖潜新时代教师的角色内涵

习近平总书记在 2016 年 12 月 7 日全国高校思想政治工作会议上曾说，教师不能只做传授书本知识的教书匠，而要成为塑造学生品格、品行、品味的"大先生"[①]。新时代教师要立志当"大先生"。疫情让许多教师成为"全面手"，"教师跨界"与"跨界教师"已经成为教育现实。

史家人倡导教师在专业、志业、德业的层递发展中做好学生生命成长中的"大先生"——跨越校社边界，在"预判"形势中引领学生遵守全民防疫的要求，正确认识社会；跨越家校边界，在"切中"痛点中判断学生成长诉求及指向差异，进行积极引导；跨越成长边界，在"贯通"成长中关注学生多要素发展、长链条发展、全方位发展；跨越课堂边界，在"重构"教学中促进学生思维发展、提高学习能力；跨越质效边界，在"优化"评价中减负线上课堂、激活线下能量。与此同时，史家人基于教师领导型治理结构，着力推动以"大先生"为内在追求的领袖教师群在"班级社区"这个疫期真实工作场景中不断贯通"漫教育"和"融学习"。

疫情如同一面镜子，让史家人更好地鉴照当下、映照未来。疫情也如同一份考卷，让史家人把教育变革的思考与实践尽心竭力地书写下来。"让学习真正发生"丛书由此成编。丛书第一册串列课程方案、新闻报道及班级社区内容，第二、第三册并列基于各学科教师教学设计的优质课程，第四册统列基于观点提炼、案例点评的经验汇总，从整体构建、立体实施、集体成果三个层面对处在全场、更在前场的史家教育作出了较为详实的记录。弘文励教，办学育人。人的价值就是发展的价值。就让我们在成长引力场上以更加坚定的信心、更加昂扬的斗志、更加笃实的行动，激活发展的无穷能量吧！

编者

2020 年 5 月 15 日

---

① "习近平首次点评'95 后'大学生"，人民网，2017 年 01 月 03 日（http://cpc.people.com.cn/n1/2017/0103/c64094-28993285.html）。

目　录

第二章　成长课程2.0..187

第一章

和谐课程1.0

语文"经典阅读"课程设计理念

　　面对2020年突如其来的新冠肺炎疫情，为了学生延期开学不停学，史家教育集团语文团队精心打造了"经典阅读"课程，此课程根据不同年龄段学生的认知水平和心理特点，为孩子们甄选了《西游记》《宝葫芦的秘密》《小太阳》等经典名著，由老师带领学生一起阅读。

　　在阅读的过程中，教师以"资深阅读者"的身份向学生示范，与学生交流，分享阅读视角和策略，不断激发学生的阅读兴趣，帮助学生选择、运用恰当的阅读策略，深入阅读文本，提出自己的问题，发现容易忽略的重要内容，形成自己的思考和认识，感悟经典作品的艺术魅力。学生自主阅读与教师指导阅读相结合，既激发了阅读兴趣，又尝试迁移阅读方法，把握文本内容。学会运用提问、联系、想象、预设等阅读策略，不断进行深度思考，在连接历史和当代生活中，增长智慧，涵养道德情操，传承中华优秀传统文化。学生在阅读经典中涵养品格、提升能力，努力成长为具有家国情怀的社会主义建设者和接班人。

　　在"经典阅读"课程实施过程中，老师们探索出了一条新的教学路径，在掌握设备操作中实现信息技术与课程教学的融合，在隔空学习的方式中研究如何与学生进行有效的互动交流，在教学设计实施过程中探讨如何有效地把学习过程还给学生又不失教师的主导作用……全新的教学方式让"延期开学不停学"成为师生共同成长的特殊而宝贵的人生经历。

《中国传统节日故事——腊八节的故事》教学设计

▊语文部　一年级　满文莉

教学目标

1. 整体感知《中国传统节日故事》，了解《腊八节的故事》。
2. 学习绘本阅读的方法，图文结合享受阅读乐趣。
3. 感受中国传统文化的独特魅力，激发对传统文化的喜爱。

教学重点、难点

感受中国传统文化的独特魅力，激发对传统文化的喜爱；学习阅读绘本的方法。

教学过程

一、激趣导入，引入绘本

从学生喜欢过节的特点入手了解传统节日。在对传统节日初步了解的基础上介绍阅读书目《中国传统节日故事》。

【设计意图】从学生喜欢过节这个特点入手，拉近图书与学生之间的距离，激起学生读书的兴趣。

二、介绍本套书

介绍本套书的组成、封面封底的相关信息及图画书的特点。

【设计意图】在阅读本套书之前，让学生对这套书有整体的了解。这种读书方法的引导，旨在提示学生除了关注图书内容，对出版社、作者等信息也不能忽略。

三、绘本阅读方法

（一）看图画

在绘本中，图画不再是点缀，而是图书的命脉。甚至有些绘本一个字也没有，只用绘画来讲故事。

（二）读诗歌

（三）知节气

在古代，人们以农耕生活为主，在农事中发现季节更替和气候变化的规律，并以此设定节日，来调剂单调的农事时序。

【设计意图】中国古代的传统节日大多与节气有关，还有大量的相关诗歌。引导学生在阅读的时候不光看图画，也要结合节气、诗歌更好地了解传统节日。

四、阅读《腊八节的故事》

（一）读绘本

1. 教师范读绘本。

2. 学生交流：故事的主人公是谁？他们有什么特点？

3. 学生自读、互读喜欢的段落。

4. 学生交流印象深刻的图画。

5. 教师小结：读绘本不要光从文字上获取信息，书上的图画中还藏着很多的内容，需要我们仔细观察，展开想象。这样图文结合读故事，内容就更丰富、更有意思了。

【设计意图】学生学习绘本中图文互补的关系，从图画和文字两个方面进行理解和认知，把两者有机地结合起来，构成对文本的完整认识。

（二）腊八节的相关知识

1. 交流腊八节传说。

（1）释迦牟尼成佛的日子。

（2）纪念南宋名将岳飞。

2. 交流腊八节习俗。

（1）熬腊八粥。

（2）泡腊八蒜。

3. 补充古代腊八节习俗：祭祀、祈求丰收和打猎。

（三）传统文化拓展延伸

1. 腊八节寒冷的天气特点与小寒节气。

2. 朗读唐代诗人孟郊的《苦寒吟》。

【设计意图】通过对节气知识的补充，使学生感受传统节日与节气是息息相关的，感受传统文化的博大精深。

五、小结

通过这节课我们了解了《中国传统节日故事》这套书。其中的《腊八节的故事》，让我们认识了懒惰的"瞌睡虫"和"没底锅"，也让我们感受到了勤劳才能创造美好生活。同学们还能够通过观察图画中的细节对故事有更多的了解和想象，还可以再来读读这个故事，也可以读《香香甜甜腊八粥》这个故事。

【设计意图】教师小结本课内容，帮助学生梳理知识点，并落实重点与难点。

《中国传统节日故事——春节的故事》教学设计

▌语文部　一年级　罗　曦

教学目标

1. 了解春节的故事，知道春节的来历和相关习俗。

2. 在阅读中感受到"年"的可怕，以及人们在与"年"的斗争中展现的智慧。享受阅读的乐趣，激发阅读其他相关节日故事的兴趣。

教学重点、难点

知道春节的来历，激发阅读其他相关节日故事的兴趣。

教学过程

一、激趣导入，引出本课主题

春节是我国最重要的传统节日，你知道春节的由来吗？我们快从文中寻找答案吧。

（一）知道"年"带来的危害

1. 师："年"都干了哪些坏事？如果你是被"年"伤害过的村民，你此时的心情如何？

2. 学生听教师读故事，记内容，了解"年"给人们生活带来的危害，以及战胜"年"的必要性。

（二）了解村民如何战胜"年"

1. 师：如果你是村民，你还会做哪些准备来战胜"年"呢？

2. 学生自读自悟，体会村民发挥聪明才智与"年"进行斗争，并取得最终的胜利。

（三）趣读故事，互动交流

1. 师：孩子们，你最喜欢这个故事的哪个片段呢？为什么喜欢这个片段？

2. 结合插图，指导学生在阅读绘本的时候，不仅可通过文字了解故事，借助插图也是理解内容的好方法。

【设计意图】看图思考，体会人物心情，关注难理解的词语，帮助学生读懂故事内容。图文结合，训练学生的思维与表达能力，建立图片与文字之间的关系。

二、传统文化拓展延伸

（一）巩固已知习俗

出示过年习俗的相关图片，结合学生的生活实际，为接下来的拓展做好铺垫。

（二）了解不同地域的习俗

1. 师：我国每个地方都有着不同的过年习俗，让我们一起来了解一下。

2. 举例介绍天津、陕西、甘肃的过年习俗，使学生对我国的地大物博有个初步认识。

（三）了解不同民族的习俗

1. 师：中国是一个多民族的国家，少数民族在过春节的时候，也有他们自己的习俗。

2. 举例介绍满族、白族、壮族的过年习俗，使学生对于不同民族的文化有一些了解。

（四）了解节日食物：饺子

1. 介绍饺子的由来：起源于东汉时期，相传为河南邓州人张仲景首创。

2. 出示饺子图片。结合生活实际，加深对春节习俗的认识。

（五）学习古诗《元日》

1. 学生读古诗《元日》，对古诗内容有初步了解。

2. 观看动画片《元日》，进一步了解古诗内容，复现本节课学习的相关过年习俗。

【设计意图】了解不同地域和不同民族的春节习俗，帮助学生进一步了解传统节日，感受传统之美。

三、分享收获

希望同学们课下了解更多的春节习俗，讲给身边的家人和小伙伴听，看看谁的分享最有趣。

【设计意图】培养学生善于表达的好习惯，让学生们在分享收获的同时，也从别人的分享中积累相关知识。

《中国传统节日故事——元宵节的故事》教学设计

■ 语文部　一年级　张　滢

教学目标

1. 图文对照阅读《中国传统节日故事》丛书中的《元宵节的故事》，了解故事内容和风俗习惯。

2. 感受中国传统文化的独特魅力，激发对传统文化的喜爱。

教学重点、难点

了解《元宵节的故事》，感受中国传统文化的独特魅力；图文结合享受阅读乐趣。

教学过程

一、激趣导入，引入绘本

（一）出示灯谜，激发学生的阅读兴趣

灯谜1：耳朵长，尾巴短。只吃菜，不吃饭。（打一动物）（谜底：兔子）

灯谜2：独木造高楼，没瓦没砖头。人在水下走，水在人上流。（打一用具）（谜底：雨伞）

灯谜3：72小时。（打一字）（谜底：晶）

（二）从灯谜联系到传统节日元宵节

猜灯谜是中国传统习俗，你们知道过什么节时大家要猜灯谜吗？（揭晓"元宵节"）

【设计意图】从学生喜欢的猜灯谜入手，激发他们了解传统节日元宵节的兴趣。

二、图文对照，阅读《元宵节的故事》

（一）教师范读绘本，指导理解关键词语和重点事件

第3页："在御花园游玩"。"御花园"是专供皇帝游玩休憩的花园，普通老百姓是进不去的。

第4页："真觉得生不如死"。元宵姑娘思念家人，久久不能见到，生活无望，非常难过。

第6页："东方朔扮成一个算命先生"。"算命先生"是古代给人预测吉凶、判

断命运的人。

第 16 页:"一家人都很感激东方朔。多亏了东方朔的巧妙计谋,才帮助元宵和家人团聚啊!"

【设计意图】看图思考,体会人物心情,通过对难理解的词语和重点事件的解读,帮助学生读懂故事内容。

(二)话题讨论,了解元宵节的来历

1. 学生交流:元宵节是哪一天?东方朔是怎样帮助元宵姑娘的?

出示重点情节图片,引导学生思考,回忆故事的主要内容。

2. 学生自读喜欢的段落。

3. 学生交流印象深刻的图画。

【设计意图】通过对故事的整体回忆,加深印象,使学生更好地了解故事内涵。

三、传统文化拓展延伸

(一)了解元宵节的相关知识、习俗

1. 图文结合,了解元宵和汤圆的区别。

2. 赏析与元宵节有关的歌曲《卖汤圆》。

3. 了解闹花灯的历史以及相关的地名来历。

4. 了解猜灯谜的习俗。

【设计意图】通过对节日知识、习俗的补充,让学生感受传统节日与我们的生活是息息相关的,感受传统文化的博大精深。

(二)古诗赏析:《正月十五夜》

1. 出示古诗,教师范读。

2. 图文结合,引导学生感悟古诗描绘的景象。

3. 师生共同朗读《正月十五夜》。

【设计意图】欣赏唯美的古诗,感受汉语言文字的优美,引导学生喜欢我国的传统文化。

四、教师小结

今天我们一起了解了元宵节的来历,记住了那位足智多谋的东方朔,还知道了很多元宵节的习俗,如猜灯谜、闹花灯。课后同学们可以给爸爸妈妈讲讲元宵节的来历,也可以撰写一张读书记录单,把自己的收获分享给更多的人。

【设计意图】教师小结本课内容,帮助学生梳理知识点,落实重点、难点。

《蝴蝶·豌豆花——儿童诗特点》教学设计

■ 语文部 一年级 于 晶

教学目标

1. 了解儿童诗的特点：情感饱满，充满丰富的想象；构思新巧，充满童趣，意境优美。

2. 通过品读、赏析，感受儿童诗里的奇思妙想和意境的优美。

3. 激发学生学习儿童诗的兴趣，初步培养学生对儿童诗的审美意识，尝试用儿童诗的形式表达自己的情感。

教学重点、难点

了解儿童诗的特点，让学生尝试用儿童诗的形式表达自己的情感。

教学过程

一、谈话导入，了解儿童诗的写作特色

同学们，你们好！今天我们继续来学习《蝴蝶·豌豆花》这本书。通过前面几节课的学习，我们不仅了解了这本书的内容，还学习了里面几类有趣的小诗歌，你们还记得是哪几类吗？我们一起来回忆一下。

1. 根据 PPT，分别回忆写事类、写景类、写物类三种儿童诗。

2. 朗读并发现儿童诗的特点：新颖巧妙的构思，充满童真童趣。

3. 总结儿童诗想象力丰富、意境优美、充满美好情感的特点。

【设计意图】复习巩固前面所学，明确儿童诗的分类，进一步了解儿童诗的特点。

二、感受儿童诗中蕴含的想象力

（一）学习新诗《疑问》，感受儿童诗中丰富的想象力

1. 找一找小诗中作者提出了哪些疑问，自己读一读。

（1）蝴蝶怎么会飞呢？我怎么不会飞呢？

（2）小鸟怎么会唱歌呢？妈妈怎么不教我唱歌儿呢？

（3）花儿怎么那么鲜艳可爱呢？我怎么不和它一样呢？

2. 再读小诗，引导学生分别对蝴蝶、小鸟、花儿提出自己的疑问。

3. PPT 出示小诗插图，感受小女孩和花儿、蝴蝶的聊天，发现生活中的美好。

4. 介绍插图作者蔡皋。

（二）出示图片，引导学生向作者学习创编新诗

（三）儿童诗想象力拓展延伸，重点感受《天上的街市》

1. 出示小诗，介绍作者郭沫若和创作背景。

2. 跟着录音朗读小诗，介绍牛郎织女。

3. 欣赏音乐《天上的街市》。

【设计意图】通过对新诗的学习，感受作者大胆的想象力，激发学生的创作欲望。

三、感受儿童诗优美的意境

儿童诗中不仅蕴含着丰富的想象力，还会营造出优美的意境，把儿童的感受通过不同形象含蓄地表现出来，时刻感动着儿童。

学习《小童话》。

1. 看到童话你想到了什么呢？回顾童话是通过丰富的想象、幻想和夸张来编写的适合儿童欣赏的故事。师生共读小童话。

2. 复述诗中内容。

3. 观看插图，在插图中发现树叶、孔雀、花朵，理解诗中所表达的三者互相羡慕的主旨。引导学生明白每个人都有自己的闪光点，不必艳羡别人的美丽，要让自己的闪光点熠熠生辉。

【设计意图】通过朗读和细看插图，感受儿童诗优美的意境，并且能理解诗中蕴含的深刻含义，做好自己。

四、总结提升，布置课后建议

同学们，短小的儿童诗充满趣味，刚才我们一起体会了儿童诗丰富的想象力和优美的意境。你再读一读，一定还会发现其中蕴含的丰富情感和有趣的语言，甚至还能学着创编属于你们自己的小诗歌呢！

课后建议：大胆地发挥想象力，创编属于自己的小诗歌。

《蝴蝶·豌豆花——叙事诗》教学设计

■ 语文部 一年级 周海燕

教学目标

1. 通过阅读小诗《忆》《村小：生字课》《野菊花》《安慰》《捉迷藏》，感受叙事诗的特点，初步养成阅读诗歌的能力。

2. 能正确、有感情地朗读诗歌，体悟作者要表达的情感。

3. 在朗读的过程中，通过听觉感知语言文字的韵律美，想象美好的画面。

教学重点、难点

学生能正确、有感情地朗读诗歌，体悟作者要表达的情感。

教学过程

一、激趣导入，引出主题

（一）简介叙事诗

五首诗共同的特点是：通过讲述一个个生动的小故事来抒发作者情感。

（二）联系生活，体会趣味，引出第一首诗

师：和兄弟姐妹一起滑滑梯，一起去看海，一起吹泡泡，一起养大狗……请你跟随老师一起去看看一对姐弟之间发生的趣事吧！

【设计意图】让学生初步感受叙事诗，再联系身边发生的趣事，激发学习兴趣。

二、读绘本，知诗意

（一）整体感知诗意

1. 师范读《忆》。

2. 师带读《忆》。

（二）简要介绍作者和创作背景

这首诗是俞平伯爷爷回忆童年时和姐姐分橘子的事，所以诗的题目叫《忆》。

1. 细品诗意，感受趣味。

2. 从诗中找怎么分橘子的相关内容。

3. 分角色读出姐姐顽皮、弟弟高兴的语气。

4. 出示表皮带麻点和光滑的橘子图，感受分橘子之事的趣味和姐弟情。

【设计意图】了解诗中叙述的事，感受趣味，体悟作者要表达的情感。通过看图、听老师读、学生分角色读，感受诗的韵律之美、声音之美、想象的画面之美。

三、听绘本，感受学习快乐

播放音频：《村小：生字课》。

老师仿写诗中片段，激发学生创编诗的兴趣。

师：机，机，飞机的机，耳机的机，洗衣机的机，机关枪的机，机器猫的机。

【设计意图】为了让学生参与到创编诗的行列中，老师搭梯子，让学生感受到诗就在我们生活中，去打开丰富的想象，自信表达，感受学习的快乐。

四、赏绘本，拓展学习收获

（一）春季诗《捉迷藏》引出古诗《村居》

1. 了解诗意。

师：谁和谁捉迷藏？结果怎么样？

借助画面，找风。

2. 从诗中的"风筝"引出古诗《村居》。

（二）夏季诗《安慰》延展亲情

1. 从情感入手，了解诗意。

师：夏季一片绿色，墙外篱笆上青青的野葡萄让妈妈发愁了，为什么呢？

2. 诗意与学生情感共鸣，延展亲情。

师：希望同学们在妈妈发愁的时候，也会这样安慰她。

（三）秋季诗《野菊花》教育珍爱生命

1. 出示菊花图，感受其美丽。

2. 了解诗意，感受小主人公采摘菊花后的心情。

3. 教育珍爱生命。

（四）以现阶段新冠肺炎疫情为契机培育爱国情怀

1. 引导发现没有冬天的诗。

2. 揭示新冠肺炎疫情的严重性。

3. 敬重"逆行者"，培养热爱国家的情怀。

【设计意图】拓展积累，不忘中国传统文化——古诗。借助四季，把三首诗串联起来，不但有了整体感，还能引出冬季发生的国家大事——新冠肺炎疫情，向学生宣教。教学诗中渗透对学生珍爱生命、珍惜亲情、热爱自然和拥有积极乐观心态的教育。

《蝴蝶·豌豆花——写景诗》教学设计

■ 语文部　一年级　史晓娇

教学目标

1. 通过阅读《湖上》等小诗，感受本册诗集中写景诗歌的特点。

2. 在阅读的过程中，初步了解学习诗歌的方法，体悟作者对大自然的热爱。

教学重点、难点

初步了解学习诗歌的方法，体悟作者对大自然的热爱。

教学过程

一、游戏导入，引出本课主题

1. 图片引入，直观感受自然之美。

2. 游戏激趣，体会诗与画的融合美。

出示之前学过的写景诗的图片，猜出古诗。

3. 关联内容，自然引出主题。

出示《望庐山瀑布》图片，齐读古诗，引出叶圣陶的《瀑布》。

【设计意图】借助游戏让学生感受诗与画的融合美，建立图片与诗歌的密切联系，为后面写景诗歌的学习做铺垫。

二、丰富体验，走近景物诗

（一）学习《瀑布》

1. 准确朗读，关注节奏。

（1）播放音频，自读小诗。

（2）借助符号，关注停顿。

（3）教师范读，纠正读音，读好停顿。

2. 初知内容，了解诗意。

（1）读后思考：诗歌是按照什么样的顺序描写瀑布的？（由远及近）

（2）观看视频，感受瀑布的壮阔气势。

（3）结合实感，体会瀑布的雄壮之美。

3. 想象意境，鼓励尝试。

4. 回顾学法，迁移练习。

（1）结合学习《瀑布》的过程，梳理学习写景诗的方法：读得准确流畅；注意节奏停顿；了解诗的内容；结合图片展开想象，感受景物之美。

（2）以《春雨》为例，介绍朗读诗歌的小帮手：恰当的背景音乐。通过音乐，理解诗歌轻松欢快的节奏。

（3）鼓励学生课后运用学到的方法自学《湖上》这首小诗。

【设计意图】以《瀑布》为例，层层深入，介绍朗读和简单理解写景诗的方法，从与诗歌的见面到对诗中意境的感受，再到将感受融入自己的朗读中输出。

（二）学习《写给云》

1. 自然过渡，引入诗歌。

上面学的写景诗，用图文结合的方式将美景带到你的面前。还有些写景诗，作者看到美丽的景色产生了很多想法，借着景物将自己的感情表达出来了。

2. 分节学习，初步了解。

（1）出示《写给云》，播放音频，跟读小诗。

（2）标注小节，分节学习。

（3）学习第一小节。

云有什么特点呢？（大小变化，没有框框）

出示云变化的图片，理解云的自由多变。

（4）学习第二小节。

云变成的东西有什么共同点呢？（都是小动物）

出示云变成小动物的图片，增强趣味性。

理解难点：什么是"聪明"的傻瓜？

（5）学习第三小节。

云都想变成什么呢？（雨、雪、水汽）

鼓励思考，展示想象：如果你是一朵云，你想变成什么？想去做什么？

（6）抒发情感，大声齐读第四小节。

3. 拓展延伸，升华感情。

出示诗歌《如果我是一片雪花》，鼓励学生自学，感受雪花的快乐。

【设计意图】借助《写给云》复习诗歌旧知，学习朗读较长诗歌的方法：分小节理解诗歌的层层推进。借助图片和重点词语理解诗歌情感，巩固了简单地提取信息的能力。

三、课外阅读，积累诗歌

总结回顾本课学习的儿童诗，提出课后实践要求：运用所学的方法朗读更多的写景诗，也可以给喜欢的写景诗配上美丽的图画。

《蝴蝶·豌豆花——读诗有方法》教学设计

❚ 语文部　一年级　刘梦媛

教学目标

1. 回顾《蝴蝶·豌豆花》整本书的阅读方法。
2. 在阅读成果展示中，进一步感受作者、画者的创作艺术。
3. 学习制作读书卡片。

教学重点、难点

回顾《蝴蝶·豌豆花》整本书的阅读方法，进一步感受作者、画者的创作艺术。

教学过程

一、谈话导入，看图猜诗，复习朗读

通过前面的五节课，我们一起读了《蝴蝶·豌豆花》这本书，你们还记得都读了哪些小诗歌吗？我们一起做一个"看图猜诗"的游戏吧！

（一）看图猜诗，回忆学过的诗歌

出示图片《我喜欢你，狐狸》和《写给云》。

（二）教师范读，帮助复习朗读诗歌

【设计意图】通过游戏的方式回忆学过的诗歌，激发学生的学习兴趣。

二、回顾整本书阅读的学习方法

我们读了这本书中的很多生动有趣的诗歌，还认识了很多有名的作家，而且也学会了不少阅读诗歌的方法。让我们一起回忆一下吧！

（一）读通，读对，读出节奏和韵律

阅读任何一首诗、一篇小故事，都要先读准确、读通顺，有不认识的字、不明白的词语，可以查字典，也可以问家长，然后试着读出节奏和韵律。

借助图片，回忆学过的诗歌。出示图片《小童话》《亲亲我》《村小：生字课》。

（二）结合插图，了解内容

插图是画家根据文章的内容和特点精心绘制的，仔细看看插图，对我们了解诗歌的内容很有帮助。

出示诗歌《蒲公英》的插图，结合插图，回忆诗歌内容。

（三）品味词语，体会情感

出示《春雨》中的诗句，教师范读诗句，学生感受诗歌中语句反复的写法所体现的诗歌情感，并通过朗读展现。

（四）结合想象读，读出意境

教师范读《天上的街市》部分诗句，请学生体会。学生也可自读体会。

（五）运用方法，自我尝试

1. 出示《如果我是一片雪花》，教师配乐范读，引导学生看图想象，体会情感。

2. 配乐，师生共读诗歌，尝试运用学过的方法，进行诗歌朗读。

【设计意图】通过借助图片、反复朗读等方式，帮助学生回忆所学内容，并结合所学方法，进行综合实践运用。

三、阅读成果展示，学做读书卡

（一）展示学生学习阅读成果作品

播放音频《花牛歌》；展示黏土作品《小鸟音符》、贺卡作品《春雨》。

（二）教学制作读书记录卡

1. 借助多媒体视频，了解读书记录卡。

2. 读书卡制作过程讲解。

（1）准备用具：彩纸、铅笔、胶棒、刻刀、橡皮、水彩笔、勾线笔、尺子、剪刀。

（2）记录书目或文章题目。

（3）抄写喜欢的诗句。

（4）绘制插图。

（5）续写诗歌。

（6）进行装饰。

最后不要忘记写上班级和姓名。

四、拓展阅读，布置课后学习建议

1. 推荐阅读《如果我是一片雪花》儿童诗选和《世界经典儿童诗（中国卷、外国卷）》。

2. 布置课后学习建议：利用自主学习时间制作自己独特的读书记录卡。

《中国寓言故事精选——初识寓言》教学设计

▌语文部 二年级 姜 桐

教学目标

1. 初步了解寓言。

2. 借助封面、封底和目录，初步了解整本书的主要内容。

3. 通过举例，学习阅读寓言的三种方法，激发阅读兴趣。

教学重点、难点

初步了解寓言；学习阅读寓言的三种方法，激发阅读兴趣。

教学过程

一、引入新课，初步了解寓言

看图猜成语故事：画蛇添足、掩耳盗铃、愚公移山。

教师引导：这几个成语都出自寓言故事，同学们会发现寓言和成语有一些相同的内容。寓言就是用一个短小的故事告诉我们一个深刻的道理。

【设计意图】趣味导入，借助学生熟悉的成语帮助学生初步了解寓言。

二、趣识图书，借助目次，初步了解书的内容

1. 观察封面、封底，知道题目及书的价值。

2. 观察目录，了解本书大致内容。

【设计意图】使学生明白拿到一本书后，怎样初步了解书的作者及内容等。

三、了解阅读寓言的三种方法

（一）了解人物的行为

1. 阅读寓言故事《守株待兔》。

2. 教师提问：故事中这个种田人的什么行为让你印象深刻呢？

3. 总结阅读方法：种田人的行为告诉我们：不能不劳而获，别对侥幸的事情抱有幻想。我们就是通过了解人物的行为明白了故事所讲的道理。

（二）人物对比

1. 阅读寓言故事《龟兔赛跑》。

2. 教师提问：接下来请你读一读下面这段话，试着把括号中的内容填完整。请你仔细观察我们刚刚填写的词语，发现了什么特点？

乌龟和兔子比赛跑步，人人都以为兔子会（赢），乌龟会（输）。因为兔子跑得（快），乌龟跑得（慢），但结果竟是兔子（输）了，乌龟（赢）了。

3. 总结阅读方法：很多寓言故事里的人物性格或行为常常是相对的，通过对比人物特点这种阅读方法，对寓言中的道理我们就更容易理解了。

（三）合理猜想情节

1. 阅读寓言故事《骑驴》。

2. 教师提问：请你一边读一边想想主人公的心理，猜猜接下来主人公的行为。注意：猜测一定要合理。

3. 总结阅读方法：这个寓言故事警示我们，做事要有自己的主见，不能老是别人说什么就是什么。在刚才的学习中，我们就是用边读边合理猜想的方式进行阅读的。

（四）巩固练习

1. 阅读寓言故事《盲人摸象》。

2. 教师提问：读这个寓言故事，我们可以用哪种方法呢？

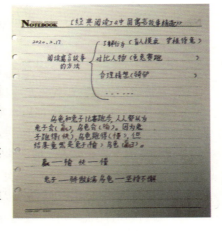

3. 总结：故事中有四个人物，我们可以通过四位盲人的行为来理解寓言。其实，阅读寓言故事还有很多方法，如，抓住人物语言、提取重要信息等，今后我们将继续学习。希望同学们能把老师教的方法运用到阅读实践中，真正做到学以致用。

【设计意图】通过典型故事举例，让学生了解阅读寓言故事的方法。

四、总结

同学们，这节课我们初步了解了什么是寓言，了解了这本书的大概内容，还学习了三种阅读寓言的方法。希望在后面的课程学习中，你能用这些方法去阅读其他寓言故事。

【设计意图】回顾课程，落实本课重点、难点。

《中国寓言故事精选——寓言故事的特点》教学设计

▋语文部　二年级　石　濛

教学目标

1. 了解寓言故事的特点。

2. 在比较阅读中，发现寓言写作的对比手法，感知寓意的深远。

3. 在寓言故事的阅读和学习过程中，透过故事明道理，促进深度思维以及审辩性思维的发展。

教学重点、难点

在比较阅读中，发现寓言写作的对比手法，感知寓意的深远。

教学过程

一、借助问题，激趣导入

上节课我们了解了什么是寓言，学习了阅读寓言故事的三种方法。那么，寓言故事有什么特点呢？这节课，我们继续学习《中国寓言故事精选》这本书。

【设计意图】回顾旧知，引发思考，导入新课。

二、启发思考，了解寓言故事的特点

（一）篇幅短小，语言精练

阅读《何待来年》，感知寓言篇幅短小、语言精练的特点。

（二）主题有寄寓性

1. 回忆学过的《守株待兔》，想想告诉了我们什么道理。

2. 寓言故事最基本的特点是主题有寄寓性，也就是作者把想要表达的思想寄托在一个故事里。

（三）故事情节虚构

阅读《叶公好龙》，体会寓言情节的虚构性，明白故事只是为了让人们能够领悟其中的道理。

（四）主人公丰富多样

1. 阅读《竹笋和松树》，了解寓言故事的主人公的多样性。

2. 寓言故事所描绘的对象不仅有人，有花草树木、飞禽走兽，还有日月星辰，所以寓言故事的主人公是丰富多样的。

【设计意图】结合实例，分类阅读，体会寓言故事的特点。

三、比较阅读，感知寓意的深远

寓意是寓言的灵魂，有时寓意并不会直接在文字中体现，要靠读者用心去体会。在阅读和学习寓言的过程中，怎么发现隐藏在故事中的寓意呢？

（一）对比鲜明，寓意凸显

1. 阅读《东施效颦》，学习填写读书记录卡。

《东施效颦》读书记录卡

人物	西施	东施
特点	长得美	长得丑
动作	因为心口痛，经常用双手捂着胸口，紧锁眉尖	学着西施的样子，捂着胸口，皱着眉头
结果	被人喜欢	被人讨厌
寓意	盲目地模仿别人，结果往往适得其反	

2. 阅读《车轮和陀螺》，完成读书记录卡。

《车轮和陀螺》读书记录卡

人物	车轮	陀螺
特点		
结果		
寓意		

3. 从这两份读书记录卡中，你们发现了什么？

寓言故事中两个主人公的特点往往是对立的。正是运用了对比的手法，隐藏在故事中的寓意，我们一读就能发现。

（二）情节多变，寓意相通

1. 快速阅读《买椟还珠》和《金蛋》，完成读书记录卡，体会寓言中古今通行的道理。

寓言	主人公	看见什么	怎么做	结果
《买椟还珠》				
《金蛋》				
寓意				

2. 通过比较阅读，我们发现，同一个道理可以用不同的故事、不同的情节、不同的人物去表达，可见寓言的寓意是深远的。

（三）启发思考，寓意丰富

1. 回忆《何待来年》，体会寓意。

2. 阅读《画鬼最易》，感受寓意。

【设计意图】借助读书记录卡，对比阅读寓言，感知寓意深远。

《中国寓言故事精选——在情景和对话中抓住人物性格归纳寓意》教学设计

■ 语文部　二年级　孙慧瑶

教学目标

1. 初步了解战国以及明清时期的一些寓言故事。

2. 重点借由《鹬蚌相争》《愚公移山》《蜀鄙之僧》三则寓言故事，学习"在情景和对话中，抓住人物性格特点"的方法，了解寓言故事的寓意。

教学重点、难点

初步了解战国至明清时期的一些寓言故事。学习"在情景和对话中，抓住人物性格特点"的方法，了解寓言故事的寓意。

教学过程

一、复习旧知，引入新课

看图猜寓言故事：狐假虎威、惊弓之鸟、南辕北辙、千金买首、鹬蚌相争。

教师引导：这些故事多有意思呀，我们继续走进《中国寓言故事精选》这本书，感悟战国至明清时期寓言故事的魅力。

【设计意图】复习上节课所学，引入新知，激发学生的学习兴趣。

二、提炼归纳寓意的方法

（一）《战国策》概览

（二）《战国策》——以鹬蚌相争为例

1. 初读感悟。

（1）学生自读寓言。

（2）教师提问："鹬"和"蚌"分别指谁？

（3）再读寓言，边读边思考：鹬和蚌之间发生了一件什么事？

2. 归纳寓意。

（1）教师提问：故事中的鹬和蚌给你留下什么印象？从哪儿看出来的？读一读，找一找。

（2）教师提问：它们这样的言行造成了什么样的结果？

（3）总结寓意：在生活中，如果我们也像鹬和蚌那样互不相让，只会落得两败俱伤，甚至会使第三者坐收渔翁之利。

（4）归纳方法：刚刚我们就是利用"在情景和对话中，抓住人物性格特点"的方法了解了这则寓言的寓意。

（三）《列子》——以愚公移山为例

1. 视频导入。

2. 初读寓言。

3. 完成愚公移山研究报告。

4. 归纳寓意。

（1）教师提问：请你想象一下，愚公在和家人移山的过程中，可能会遇到哪些困难？

（2）教师提问：面对这么多困难，他为什么还要坚持移山呢？

（3）总结寓意：面对移山这个看似不可能的任务，愚公主动承担起了这个任务，并朝着目标一直努力，说明他是一个坚持不懈、勇往直前的人。这种精神就是"愚公精神"。

（4）方法复现：这则寓言我们还是运用了"在情景和对话中，抓住人物性格特点"的方法明白了寓意。

（四）方法迁移，归纳《蜀鄙之僧》的寓意

1. 学生自读、自悟：运用"在情景和对话中，抓住人物性格特点"的方法试着归纳《蜀鄙之僧》的寓意。

2. 反馈寓意：寓言中两个和尚贫富不同，面对"去南海"这件事的态度也截然不同。他们的对话，让我们明白了穷和尚面对困难的勇往直前和无所畏惧，进而体会到这则寓言包含的"有志者，事竟成"的寓意。

【设计意图】通过分析《鹬蚌相争》《愚公移山》《蜀鄙之僧》三则寓言，向学生传授"在情景和对话中，抓住人物性格特点"的学习方法。

三、总结

同学们，这节课我们借由《鹬蚌相争》《愚公移山》《蜀鄙之僧》三则寓言故事，学习了"在情景和对话中，抓住人物性格特点"的方法，了解了寓言故事的寓意。希望你能带着这些收获去阅读其他寓言故事。

【设计意图】回顾课程，落实本课难点。

《中国寓言故事精选——现代寓言故事写作特点》教学设计

▌语文部　二年级　张斌轩

教学目标

1. 通过阅读冯雪峰的寓言故事了解其写作特点。

2. 利用对比的阅读方法学习《两条小鱼》这篇寓言故事。

3. 鼓励学生大胆创作，编写寓言故事，能把道理寄托在故事中。

教学重点、难点

利用对比的阅读方法学习《两条小鱼》这篇寓言故事。鼓励学生大胆创作，编写寓言故事，能把道理寄托在故事中。

教学过程

一、复习旧知，引入新课

看图连线：将寓言的名字和相对应的寓意进行连线。

相信你们已经知道了这些古代寓言故事的寓意，那今天我们就一起走进现代寓言故事的"海洋"吧。

【设计意图】复习上节课所学，引入新知，激发学生的学习兴趣。

二、走进现代寓言故事

（一）阅读冯雪峰的寓言故事，了解其写作特点

1.《一个采白芷花的城里人》。

（1）学生自读寓言。

（2）读一读，找一找：为什么这个城里人找不到白芷花呢？从哪儿看出来的？

（3）总结寓意：这个寓言故事用幽默又带有讽刺的手法告诉我们不要好高骛远，应该脚踏实地地做事。

2.《两只猴子的相互监视和一场风波》。

（1）学生自读寓言。

（2）教师提问：你觉得这篇寓言的哪部分最有意思呢？你们又从中明白了什么道理呢？

（3）总结寓意：这篇寓言故事用幽默的语言讽刺了那些在现实生活中只看别

人的错误却从来不正视自己错误的人，使人们在捧腹大笑的同时也明白了要正视并且改正自己的错误，这样才能从根本上解决自身的问题。

（4）归纳特点：冯雪峰寓言故事的最大特点是运用生动形象的描写和幽默讽刺的语言将故事的寓意表达出来，具有很高的文学性和艺术性。

（二）利用对比阅读的方法学习《两条小鱼》

1. 回顾阅读寓言的三种方法。

（1）了解人物的行为。

（2）对人物进行对比。

（3）对情节合理猜想。

2. 运用学过的方法来阅读《两条小鱼》这篇寓言故事。

总结寓意：只要我们迎难而上，就一定能战胜困难，同时也会使自己变得更加强大。

【设计意图】通过分析《一个采白芷花的城里人》《两只猴子的相互监视和一场风波》《两条小鱼》三则寓言，使学生了解现代寓言的写作特点。

三、布置阅读任务

尝试创编一篇寓言故事。

1. 教师朗读下水文——《骄傲的粉笔与骄傲的黑板》。

2. 总结寓言的特点。

（1）教师提问：你发现寓言故事的特点是什么了吗？

（2）归纳寓言特点：寓言就是通过一个小故事告诉人们一个道理。"寓"就是寄托，"寓言"就是寄托之言。

（3）教师提问：结合老师的范文及我们前面的学习，你能说说写寓言时要注意什么吗？

（4）总结归纳：内容虚构，情节简单；篇幅短小，寓意深刻；常用夸张、拟人等手法；主人公多样（人、动物、植物等）。

四、小结

同学们，这节课我们一起阅读了冯雪峰的寓言故事，而且了解了它的写作特点。我们还利用对比的阅读方法学习了《两条小鱼》这篇寓言故事；还学习了如何创作一篇寓言故事。

请你开动脑筋，自己来写一篇原创的寓言吧！

【设计意图】回顾课程，落实本课难点。

《中国寓言故事精选——长寓言阅读"三法"》
教学设计

■ 语文部 二年级 陈 珊

教学目标

1. 阅读寓言《小蜘蛛得到了爱》《大鱼和小鱼》《一只拥有太阳的老鼠》，并试着讲讲这些故事。

2. 结合学生的年龄特点，结合故事的内容，采用不同的方法讲故事。

3. 进行整本书的学习回顾，推荐阅读。

教学重点、难点

结合学生的年龄特点，结合故事的内容，采用不同的方法讲故事。

教学过程

一、复习旧知，引入新课

看图猜寓言故事：揠苗助长、愚公移山、滥竽充数。

教师引导：我们发现有的现代寓言故事篇幅较长，如何来讲述这样的寓言故事呢？今天我们就一起来学习采用不同的方式讲述篇幅较长的寓言故事。

【设计意图】复习上节课所学，引入新知，激发学生的学习兴趣。

二、结合寓言故事，提炼阅读方法，讲述故事，感受寓意

（一）想象画面，借助图画，讲述故事，体会寓意

1. 初读感悟：出示故事《大鱼和小鱼》。

（1）教师朗读寓言。

（2）教师提问：你想用什么方法来讲故事？

（3）教师提示：拿出画笔，结合人物的语言、当时说话的语气，想象画面，用自己喜欢的方式把这个故事画出来。

2. 归纳寓意。

（1）教师展示：这位同学用连环画的形式把这个故事展现了出来。

（2）总结寓意：这个故事告诉我们，任何事物都有长处和短处，要多看到别人的长处，正视自己的短处，只有相互学习，才能相得益彰。

（3）归纳方法：我们利用"想象画面，借助图画"的方法来讲述了这个故事，同时了解了这篇寓言的寓意。

【设计意图】通过展示学生作品，演绎如何借助图画，讲述故事、感受寓意。

（二）借助思维导图，讲故事，体会寓意

1. 初读感悟：出示故事《一只拥有太阳的老鼠》。

（1）学生自读寓言。

（2）探究：老鼠为什么感到自己的生活十分快乐，它是如何珍惜自己的生活的？狮子为什么烦恼？它在抓住老鼠后明白了什么？

2. 归纳寓意。

教师总结：快乐还是不快乐，只是心态问题，小老鼠的生活态度蕴含着这个故事的寓意。

3. 归纳方法。

（1）教师总结：思维导图法是把主题关键词与图像、颜色建立记忆连接，让阅读变成一个主动学习的过程、一个完整思考的过程。这个方法可以帮助我们迅速提炼情节，厘清思路。

（2）同学们，请你用这个方法尝试讲讲《一只拥有太阳的老鼠》。

【设计意图】通过提炼关键词，梳理情节，帮助学生学习运用思维导图读寓言的方法。

（三）设疑法，预测情节，讲述故事，体会寓意

1. 初读感悟：出示故事《小蜘蛛得到了爱》。

（1）结合课题质疑：读了题目你有什么疑问吗？

（2）教师朗读寓言。

（3）出示自读提示：读一读，自己到文中寻找以下问题的答案：帮甲鱼织网和得到爱又有什么关系呢？后来发生了什么事？

2. 归纳寓意。

这个故事是想告诉我们，爱不仅是相互的，还是可以传递的。一个内心充满爱的人，也一定会得到世界回馈给他的满满爱意。

3. 方法总结。

阅读这个故事我们运用了设疑法，即在阅读的过程中提出问题、预测情节，然后层层深入去解决问题、揭示答案，不知不觉地就把故事记住了，并能进行讲述。

【设计意图】通过不断设疑，引导学生预测故事情节，理解寓意。

三、总结

通过今天的学习我们懂得了很多道理，掌握了较长的现代寓言故事的讲述方法。同学们可以利用自主学习的时间，阅读《蚂蚁和狮子》，把你读后的收获、体会、学习感受与同伴分享。

【设计意图】回顾课程，落实本课难点。

《窗边的小豆豆——离别与启程》教学设计

■语文部 二年级 柯凤文 英 文

教学目标

1. 在教师的引导下，阅读有关内容，感受小豆豆的爱心、纯真和善良，加深对作品的理解。

2. 感受面对离别、困难，树立自信的情感体验。联系现实生活，积极面对疫情防控。

3. 摘抄经典语句，推荐拓展阅读书目，激发阅读兴趣。

教学重点、难点

感受小豆豆的爱心、纯真和善良；感受面对离别、困难，树立自信的情感体验。

教学过程

一、激趣导入

亲爱的同学们，大家好！前几节课，我们阅读了小豆豆的成长故事，了解了书中的人物，走进了不一样的巴学园。其实生活并不是一帆风顺的，在今天的课程里，我们将一起阅读相关的片段，感受小豆豆是如何面对困难与离别，一点点树立起自信的。

【设计意图】回忆书中内容，调动学生的阅读兴趣。

二、绘本阅读

（一）第一次品尝离别的滋味

1. 小豆豆第一次体会到离别的滋味——"小雏鸡"之死。

2. 出示书中小豆豆与小鸡的故事片段。

3. 教师朗读出伤心、惋惜的语气，学生边看插图边听故事，体会小豆豆的心情变化。

4. 总结：这是小豆豆第一次体会到离别的滋味，她伤心极了。

（二）与泰明的离别

1. 出示书中泰明同学送别会的故事片段。

2. 教师朗读出悲伤的语气，学生边看文字边听故事。

3. 总结：泰明同学的离开让豆豆失去了最好的朋友。你读了这个故事后会有怎样的感受呢？和爸爸妈妈交流一下吧！

（三）重新启程

1. 过渡语：孩子们难过地看着心爱的巴学园在大火中燃烧。面对这样的情景，小林校长是怎样引导大家勇于面对的呢？

2. 出示校园被战火毁坏的图片，回忆书中小林校长面对这样的场景时说的话——"噢，今后再办个什么样的学校呢？"

3. 出示相关段落，教师带着失落后又重拾信心的语气进行朗读。

4. 体会小林校长对孩子的爱、对教育事业倾注的热情，比此刻吞没着学校的烈火更为炽烈。

【设计意图】从本书中摘取相关片段，让学生感受到小豆豆在小林校长的引导下是如何面对困难与离别的，学习她在这个过程中是如何逐渐树立自信的。

三、联系生活实际

（一）以积极心态面对新冠肺炎疫情

1. 联系书中内容总结：小林校长的坚强无畏，带给小豆豆面对困难的勇气。

2. 联系生活实际思考：想一想，面对这场突如其来的疫情，我们应该如何应对呢？

（二）展示学生居家自主锻炼、家务劳动、自主学习的照片

1. 出示学生居家健康生活的图片和视频，展示居家学习的优秀学习成果。

2. 总结：同学们在家自主学习、锻炼身体、学做家务，用乐观、积极的心态面对疫情，这段特殊的假期生活同样丰富多彩，非常有意义。

【设计意图】学习小豆豆面对困难的勇气，用积极、乐观的心态面对疫情，面对生活中的困难。

四、分享收获

出示书中经典语句，教师领读，学生跟读。学生摘抄经典语句。

【设计意图】鼓励、引领学生在阅读中学会积累语言。

五、好书推荐

推荐"小豆豆"系列丛书：《奇想国的小豆豆》《丢三落四的小豆豆》等。鼓励学生将学过的读书方法运用在今后的阅读之中。

【设计意图】推荐系列丛书，鼓励学生运用学过的读书方法积极阅读。

《窗边的小豆豆——小豆豆身边的爱》教学设计

▌语文部　二年级　刘立美

教学目标

  1. 抓住关键词，初步感受人物形象。

  2. 通过阅读能从文中提取有用信息。

  3. 能联系生活实际，感受亲情、友情的可贵，珍惜身边人。

教学重点、难点

  抓住关键词，初步感受人物形象。联系生活实际，感受亲情、友情的可贵，珍惜身边人。

教学过程

一、回顾导入

  亲爱的同学们，大家好！今天我们继续阅读《窗边的小豆豆》。经过前面几课时的学习，相信你一定对故事的主人公小豆豆、可爱的小林校长、不一样的学校有了一定的了解。今天，让我们再去感受一下围绕在小豆豆身边的爱。

二、阅读文章，感受人物形象

（一）抓住文中关键词句，初步感受人物形象

学习第 1 ~ 5 选段，初步感受"妈妈"这个人物形象。

  1. 当妈妈得知小豆豆被学校要求退学之后，她是怎么想的？又是怎么做的呢？

  抓住重点词"四处奔走"，感受妈妈对孩子的理解、包容。她不放弃小豆豆，为小豆豆能得到更好的教育而四处奔走。

  2. 小豆豆的妈妈为什么没有把退学的事情告诉小豆豆呢？

  3. 小豆豆来到新学校，第一次在学校吃午餐就让妈妈有点担心，这是为什么呢？

  抓住重点词"担心""急急忙忙"，感受妈妈的细心、能干，以及对小豆豆无微不至的照顾。

  【设计意图】通过学习，感受到小豆豆的妈妈是一位细心、能干，尊重、理解孩子的母亲，这为学生更好地理解母爱的伟大、亲情的可贵做了铺垫。

（二）通过阅读文本，学习从文中提取有用信息

学习第2、3选段，试着从文中提取有用信息，并练习说句子。

1. 小豆豆的妈妈把退学这个消息告诉小豆豆了吗？你能从文中找出来读一读吗？

2. 小豆豆的妈妈为什么没有把退学的事情告诉小豆豆呢？你能用"因为……所以……"这样的句式说一说吗？

【设计意图】通过学习，试着联系上下文从文中找到有用的信息，并练习说句子。

三、联系生活，感悟真情

（一）联系生活，感受母爱的伟大

1. 面对小豆豆的谎言，妈妈又是什么反应呢？妈妈为什么没有拆穿她呢？

2. 同学们在生活中有没有向妈妈撒过谎呢？当时的心情怎样？现在有什么想法吗？借此机会和你的妈妈说一说吧！

3. 小豆豆和妈妈相处的片段还有哪些呢？老师建议你可以到文章当中找一找，选出你喜欢的片段和你的家长一起分角色读一读吧！

（二）联系生活，感受友情的可贵

1. 在巴学园里，小豆豆和同学是怎么相处的呢？

2. 小豆豆和好朋友泰明之间发生了什么事呢？

3. 小豆豆和泰明一起爬树的时候，小豆豆为泰明做了什么呢？

【设计意图】通过对文章的学习，能联系自己的生活实际，感受自己身边亲情、友情的可贵，能珍惜身边的人。

四、拓展延伸

同学们，在你的生活中有没有非常要好的朋友呢？你们是怎么认识的呢？你喜欢他身上的哪些优点？有什么心里话想对他说吗？请你尝试着写一写吧。写完后可以和你的好朋友联系一下。在这个特殊的日子，他能收到你发给他的好友分享，是一件多么温暖的事情啊！

【设计意图】通过此环节让学生结合自身经历，写出自己对朋友的真心感受，抒发真情实感，再次感悟友情可贵，珍惜伙伴之间的友情。

《窗边的小豆豆——与众不同的校园》教学设计

▌语文部 二年级 杨 婧

教学目标

1. 通过找校园的"与众不同",激发学生对本书的阅读兴趣。

2. 引导学生初步感知故事中最感兴趣或者引起共鸣的情节,对故事主人公小豆豆有所了解,对巴学园有所了解。

3. 引导学生通过情景想象、问题引导等形式,产生阅读整本书的兴趣,并渗透课外阅读的方法。

教学重点、难点

引导学生初步感知故事中最感兴趣或者引起共鸣的情节,对故事主人公小豆豆有所了解,对巴学园有所了解;引导学生通过情景想象、问题引导等形式,产生阅读整本书的兴趣,并渗透课外阅读的方法。

教学过程

一、联系生活,激趣导入

(一)谈话导入

你们喜欢自己的校园吗?喜欢校园的什么地方?

有这样一所学校,它的大门是由两棵树长成的,每个学生在校园里都拥有一棵属于自己的专用树。教室就在几辆电车里,更奇特的是想上什么课就上什么课,下午还可以去公园散步,甚至连运动会项目都是由学生自己设定的,奖品是蔬菜、牛蒡等。

(二)带着好奇走进文本

这节课,让我们继续走进这所与众不同的"巴学园",去感受它带给我们的惊喜与快乐吧!

【设计意图】从学生们生活的校园导入,引导学生回忆自己的校园,通过与巴学园的对比,凸显巴学园的与众不同,进而激发学生的阅读兴趣。

二、朗读文本,共情共鸣

听一听:说着说着,小豆豆和妈妈就已经来到了巴学园的门口,小豆豆看到了一个怎样的巴学园呢?

找一找：上一节课老师带大家了解了巴学园里与众不同的校长，在巴学园里还有哪些与众不同的地方呢？

【设计意图】通过听和找的方式，引导学生走进文本，体会巴学园的不同之处。

三、探访巴学园

（一）介绍巴学园的与众不同

1. 与众不同的电车教室。

2. 与众不同的教室座位。

3. 与众不同的教育方法。

4. 与众不同的饭前歌。

5. 与众不同的散步。

（二）聊聊与众不同的运动会

1. 巴学园有很多地方和一般的学校不一样，而运动会尤其别具一格。巴学园的运动会到底有哪些不一样呢？有哪些与众不同的项目呢？

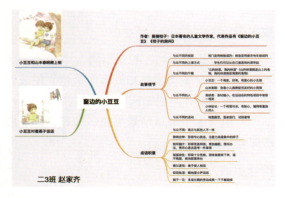

2. 交流运动会奖品。

3. 在巴学园里还有与众不同的午餐。每到午餐时，校长就会问："大家都带来了'海的味道'和'山的味道'吗？"

【设计意图】逐一列举出巴学园与众不同的地方，感受小豆豆对巴学园的喜爱。着重介绍巴学园最特别的运动会，体会校长别出心裁的比赛设计以及运动会上独树一帜的奖品设定。

四、悬念结尾，阅读分享

究竟什么是"山的味道"、什么是"海的味道"呢？让我们留在下节课揭晓答案吧！

在这所神奇的巴学园里，你觉得哪里最有趣，或者让你印象最为深刻呢？快找出它们来读一读。

【设计意图】以问题式结尾，留有悬念，让学生带着问题进入下一节课的学习。

《中国民间故事——〈牛郎织女〉》教学设计

▎语文部　三年级　车　雨

教学目标

1. 通过阅读，了解故事内容，能够抓住要点，对故事进行简要概述。

2. 结合想象，尝试创造性地复述故事，把故事讲具体、讲生动。能用语言和动作表现故事人物的形象和情感。

3. 感受民间故事的神奇色彩，导读与人性光辉相关的故事，如《孔雀公主》《长发妹》《阿诗玛》等。

4. 了解七夕节的由来，有兴趣者可阅读更多和七夕节相关的古诗词。

教学重点、难点

结合思维导图，加入想象讲故事，把故事讲具体、讲生动；感受牛郎和织女对美好生活的向往与追求。

教学过程

一、温故知新，激趣导入

1. 回顾上节课对这本书的认识，介绍书中有代表性的人物。引导学生回忆还有哪些印象深刻的民间故事。

2. 结合学生回忆的故事，思考如何将这些故事讲得引人入胜。

3. 鼓励学生通过阅读《牛郎织女》这个故事，学习讲民间故事的方法。

【设计意图】结合上节课学习内容，引入新知识，激发学生的学习兴趣。

二、厘清脉络，讲好故事

1. 通读故事，思考织女原来在天庭是做什么的，她和牛郎又是怎么相遇的。

2. 通过回答问题，引导学生思考如何把很长的故事通过自己的语言讲给别人听。

3. 教师引入思维导图讲故事，并鼓励学生借助思维导图来讲清一个长故事的梗概。

4. 引导学生在讲完故事后思考：只借助思维导图讲故事，优点和缺点分别是什么？

5. 体会在讲故事时加入阅读故事时的感受以及适当的想象，就可以用自己的语言把故事的情节丰富起来。

【设计意图】借助思维导图，厘清故事的脉络，同时结合阅读感受和想法，把故事讲好。

三、看图想象，创意表达

1. 快速默读这个故事，看看哪些地方可以发挥想象，丰富故事情节，用自己的语言让这个故事更有趣。

2. 结合插图，加入想象，用想象力继续丰富故事情节，把故事讲得更加生动有趣。

【设计意图】在学生已经能够讲清故事的基础上，继续结合插图及想象，用自己的语言补充故事情节。

四、了解七夕，积累古诗

1. 教师推荐这本书的《孔雀公主》《阿诗玛》《长发妹》，希望同学们在读完这些故事后，也能体会到这些故事带来的美好情感。

2.《牛郎织女》这个故事不仅歌颂了牛郎和织女之间美好的情感，还告诉了我们一个传统节日的由来。（播放一段关于七夕节的视频，请同学们认真观看）

3. 七夕节是一个非常浪漫且藏有许多知识的节日，连《中国诗词大会》都曾经为七夕专门做过一期节目呢！继续播放一段视频。

（1）出示与七夕节有关的古诗词，教师带领学生一起诵读。

（2）教师重点讲授《乞巧》这首古诗，介绍古诗作者和内容，以及乞巧的传统习俗，讲授诗句意思。

【设计意图】了解七夕节的由来，阅读和七夕节相关的古诗词。

五、布置作业，结束学习

回顾课程内容：今天，我们一起阅读了《牛郎织女》的故事，一起了解了七夕节的由来，还一起读了有关七夕的古诗词。

布置作业：希望同学们在课下再去读一读《孔雀公主》《长发妹》《阿诗玛》的故事，也可以搜集一些有关中华传统节日的资料，等到开学时我们一起交流。

《中国民间故事——〈马头琴〉》教学设计

■语文部　三年级　王　珈

教学目标

1. 学会收集资料的方法，提高阅读实效性。

2. 运用思维导图、复述等方式梳理文章脉络，提升学生的学习能力。

3. 通过交流阅读收获和成果，感受不同的民族文化。

教学重点、难点

学会收集资料的方法，提高阅读实效性。整体感知故事内容，运用思维导图、复述等方式梳理文章脉络。

教学过程

一、回顾故事，导入新课

回顾前两节课《牛郎织女》和《莫拉》两个故事的主要内容，然后带领学生一起继续去感受民族文化的魅力。

【设计意图】通过对前两节课故事内容的回顾，进一步激发学生学习民族文化的兴趣。

二、学习方法，收集资料

（一）资料的收集方法

1. 观察故事中的插图，了解马头琴。

2. 根据"马头琴"这个词语本身的意思去了解其含义。

3. 结合整体故事内容，了解马头琴的相关知识。

4. 上网查找资料。

（二）马头琴介绍

文字、视频。

【设计意图】在初步了解故事内容的基础上，教给学生收集资料的多种方法，使他们运用科学的、具体的方法进行有效阅读。

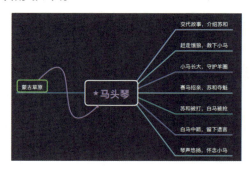

三、利用导图，梳理情节

（一）梳理课文层次，逐步形成思维导图

（二）老师根据思维导图简单复述故事

（三）交流感受

运用思维导图的方式来梳理故事脉络，不仅可以将思维可视化，而且还能发现作者是如何运用不同的方法，围绕一个意思，将一段话、一篇文章、一个故事写得具体的。

【设计意图】通过对故事情节的梳理，继续尝试运用思维导图方式来梳理文章脉络并依据导图进行课文复述。

四、拓展知识，延伸阅读

拓展与蒙古族相关的知识。

整本书阅读拓展：运用所学的思维导图方式梳理这本书中的《云锦图》《日月潭》和《天池水》三个故事。

【设计意图】学以致用。尝试运用思维导图的方式，从一个故事、一个点辐射到几个故事乃至对整本书的学习。

五、总结回顾，复盘方法

今天我们运用思维导图方式梳理了《马头琴》这个故事的脉络，体验了下学期将要具体学习的复述故事的形式，大家对于"整本书阅读"也一定有了新的想法。

【设计意图】帮助学生整理、回顾本节课的主要内容和学习方法，从整体上把握本节课的学习重点。

六、布置作业，分享收获

把自己从《马头琴》这个故事中学到的学习方法、收获体会在班级社区交流群中跟同学们进行分享。

【设计意图】通过社区群分享，不仅总结回顾了本节课的重要内容，还锻炼了学生的表达能力和人际交往能力。

《中国民间故事——〈莫拉〉》教学设计

▌语文部　三年级　李梦裙

教学目标

1.学生能抓住要点绘制思维导图，并有条理地复述故事。
2.借助文中的关键词句，感受民间故事中英雄人物的美德和品质。

教学重点、难点

抓住要点，绘制思维导图，有条理地复述故事。以《莫拉》为依托，扩展阅读《坎德巴依》，抓住关键词句体会人物形象。

教学过程

一、师生谈话，直入课堂

同学们，你们听说过《莫拉》的故事吗？这节课就让我们一起走进这个故事。

【设计意图】直入主题，学生快速进入故事情景，展开阅读。

二、结合故事，绘制导图

（一）初读课文，整体感知

默读《莫拉》，想一想莫拉想要做什么，在做这件事情的过程中他遇到了什么困难，他又是怎么解决问题的。

（二）总结答案，示范导图

1.总结答案。

主人公莫拉想要消灭雪妖，在消灭雪妖的过程中他遇到了重重困难，但都被他一一克服了：万仞崖挡住去路，他鞭打宝马飞越万仞崖；黑虎精紧追不舍，他抽箭射死黑虎精；汪洋大海隔开宫殿，莫拉着避水衣纵马踏过水面；守门女神紧闭大门，他抽弓搭箭射死神鹰；神奇咒语拗口难记，他勤学苦练八十遍；道阻且长回路艰难，他徒步走回家乡；因忘记咒语致使大火蔓延，莫拉奋身扑入火海。

2.示范导图。

3.借助思维导图，复述故事。

37

【设计意图】教师示范，学生在看和思的过程中，学会借助思维导图提炼故事梗概，复述故事。

三、结合语句，感受人物形象

回到文中，看看通过哪些具体的语言文字去感受莫拉这个人物形象。

1. 勇敢。

莫拉听了爷爷的话后，拍拍胸脯，坚决地说："只要能降服雪妖，不管什么困难，我也要向太阳神学法讨宝。"

"坚决""拍拍胸脯""只要……，不管……，也要……"。

2. 坚持不懈。

莫拉跑过了千万里的草原、雪山；他骑着宝马一直往东走，又不知道跑了几千几万里；不知跑了多长时间，终于来到了东海岸边。

"千万里""几千几万里""终于"。

3. 敢于牺牲。

于是他下定决心，奋身跳进火中抢那火葫芦。他扑到了葫芦口上，周围的火熄灭了，可是勇敢的莫拉永远没起来。

"奋身""扑"。

4. 心系百姓。

他的勇敢、坚持不懈、敢于牺牲都是源于心系百姓。

【设计意图】学生在阅读和思考中学会抓住文中重要词句，更加深刻地体会故事中的人物形象。

四、结合群文，延伸阅读

（一）初读故事，用思维导图的方式梳理故事脉络

1. 完成思维导图，复述故事。

2. 借助思维导图复述故事。

（二）结合词句感受人物形象

"富有善心""勇猛"。

（三）对比莫拉和坎德巴依

【设计意图】通过群文阅读，学生自主运用思维导图和抓住重点字词体会人物形象，梳理故事脉络。

五、总结回顾

今天我们一起读了《莫拉》《坎德巴依》这两则故事，通过画思维导图的方式梳理了故事要点，复述了故事；通过体会重点语句和重点词语，感受了这两个民间故事中不同的英雄形象。

【设计意图】总结学习方法，巩固学生的学习成果。

《中国民间故事——多种角色日志的制作》教学设计

语文部 三年级 张鑫然

教学目标

1. 通过不同形式的回顾，帮助学生回忆故事。
2. 通过交流阅读成果，感受民间故事的特点。
3. 总结结合思维导图进行整本书阅读的方法。

教学重点、难点

学生通过多种整本书阅读的方法，自主制作角色日志。

教学过程

一、回顾整本书阅读的方法

绘制思维导图这种方法能够帮助我们在阅读中提炼要点，了解故事梗概，厘清故事结构。用这样的方法，我们走进了《中国民间故事》这本书，让我们回顾一下角色日志里绘制的思维导图。

（一）教师出示思维导图，学生对应故事名称

第一个故事：《牛郎织女》。

第二个故事：《莫拉》。

第三个故事：《马头琴》。

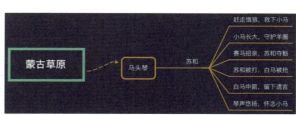

小结：同学们一起回顾了之前学过的故事，相信你们都已经充分了解了故事。那我们该如何讲出这些故事呢？

（二）概述相应的故事内容并总结思维导图的绘制方法

我们通过思维导图完成了对整本书内容和情节的梳理。现在一起回顾一下思维导图的制作步骤。

步骤一：默读故事内容，快速厘清故事脉络，找出人物关系。

步骤二：对故事情节进行复述，提炼出对应的关键词。

步骤三：结合提取的关键词，绘制思维导图。

步骤四：结合思维导图，有条理地复述故事，并提炼人物品质。

经过这四个步骤，思维导图就完成了。

【设计意图】通过思维导图，完成了对整本书内容和情节的梳理，并总结了思维导图的绘制方法。

二、回顾整本书，梳理学习收获

在这一期读书社学习中，同学们承担了不同角色的任务分工。社长带领大家明确任务，分工协调，朗诵家们把书本中特别有意义的文句、段落大声朗诵给其他同学听。小画家们的作品令老师印象深刻，他们用图形、符号、素描等方式，把作品的情节绘制出来。有的小演员还用剧本表演的形式把读物的精彩章节表演出来，大家都有了不小的收获。

我们就试着以思维导图的方式呈现我们的学习成果吧。

【设计意图】让学生运用学过的思维导图方法尝试梳理学习收获，获得知识的整合。

三、学习读书社角色，尝试制作角色日志

（一）学习如何制作该角色的日志

我们先来学习如何制作角色日志。先找到你的角色。

1. 朗诵家。

步骤一：通过默读故事内容，回顾故事情节，梳理人物关系。

步骤二：找到故事中与情节变换有紧密关系的语句。

步骤三：找到故事中语言优美或者生动形象的语句。

步骤四：找到故事中特别体现人物性格的经典语句。

 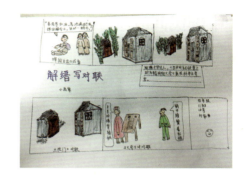

步骤五：用尺子画下来并字迹工整地摘抄在本上。

步骤六：在理解句意的基础上有感情地朗读句子。

2. 小画家。

步骤一：通过默读故事内容，回顾故事情节，梳理人物关系。

步骤二：可以绘制连环画，把某个连贯的故事情节通过图片一一展现。

步骤三：可以绘制人物肖像，把人物特点通过图片呈现出来。

步骤四：通过图片让观众看懂故事。

【设计意图】让学生了解如何制作多种角色的日志并自己动手尝试制作。

四、拓展阅读，完成整本书的整合

在这一期学习中，我们一同走进了《中国民间故事》这本书。通过一个个小故事，我们了解了不同地区、不同民族的多种文化。中华文化博大精深，你还想了解更多民间故事吗？

补充故事:《田螺姑娘》《仓颉造字》。

【设计意图】在《中国民间故事》这本书里，学生们了解了二十多个少数民族的故事。在故事中，不仅收获了有趣的情节，更收获了美德，收获了知识，希望学生在阅读这些故事之后，可以传承伟大祖国的民族文化，进一步拓宽自己的文化视野。

《中国民间故事——总结整本书阅读方法》教学设计

▌语文部　三年级　徐　卓

教学目标

1.通过回顾复习预测、思维导图、评价等阅读策略，总结整本书阅读方法。

2.结合民间故事的人物形象和不同民族的文化特点，归纳总结民间故事的特点。

3.激发学生的阅读兴趣，使其体会到阅读带来的乐趣。

教学重点、难点

结合民间故事的人物形象和不同民族的文化特点，归纳总结民间故事的特点。

教学过程

一、谈话导入，回顾总结，阅读封面，了解基本信息

（一）回顾总结

1.同学们，通过前几节课的学习，我们已经读完了《中国民间故事》这本书。请你们回忆一下，我们运用了哪些阅读方法？

2.总结：阅读封面，了解基本信息；初读故事，预测故事情节；提取信息，梳理故事梗概；反复阅读，品读人物形象。

（二）复习封面阅读策略

1.请同学们看看书的封面，你读到了哪些有趣的内容？

2.总结：封面上的题目、作者、插图和出版社，目录中的故事标题、插图都是读懂整本书的重要线索，让我们带着思考与期待开启阅读吧。

【设计意图】前四个课时学习了不同的阅读策略，本节课将进行方法的梳理与总结。通过回顾，引领学生思考，并尝试总结整本书的阅读方法。

二、边读边想，预测故事情节，梳理故事梗概

（一）导读片段，运用预测方法

1.引用民间故事《莫拉》中的一段情节，练习预测。

跑着，跑着，莫拉跑过了千万里的草原、雪山……要想飞跃此崖，真比登天还难。

2.学生讨论。

预设1：通过词语"扎根地下""钻到云里"感受山崖之高，通过"不知所措""直打转"感受困难之大，所以我预测莫拉不能翻越万仞崖。

预设2：借助前文语句："莫拉坚决地说：'只要能降服雪妖，不管什么困难，我也要向太阳神学法讨宝。'"我猜测莫拉一定能想出办法。

预设3：借助前文语句："东滩的一位老人送给莫拉一匹日行万里的宝马……。"我预测乡亲们送的宝物能够帮助莫拉。

总结：同学们利用抓关键词句的方法预测故事结果。

3.验证预测结果，总结预测方法。

同学们，你们都猜对了吗？虽然前途艰难险阻，但是困不住勇敢的莫拉。利用预测，你们不仅能够感受情节的跌宕起伏，领略阅读的快乐，还能够关注字里行间的表达，深切感受人物形象。

【设计意图】通过钻研文本，带入角色，抓住关键词句进行预测，激发学生的想象，使学生在主动积极地思维和情感活动中，细致读文，有所感悟。

（二）梳理故事梗概

1.展示"思维导图""小书签""问答纸""人物卡"学习单，回忆故事内容。

2.通过梳理、积累、质疑、评价这四种阅读方法，同学们会对阅读文学作品有更深的理解与感悟。

【设计意图】引导学生运用不同的阅读策略完成学习任务，并能够举一反三地迁移到今后的阅读和表达实践中去。

三、反复阅读，感受民族文化，总结民间故事特点

1.通过这些文字，你可以看出人物的哪些形象？老师总结。

2.借助序言内容，画出描写"民间故事特点"的相关语句，结合理解说一说。

3.今天这节课我们总结了整本书的阅读方法，相信大家都有收获。请你课下把这些故事讲给爸爸妈妈听。

【设计意图】将整本书阅读方法层层递进，由对字、词、句、段、篇、点的关注，引申至整本书内容的梳理和整合，指导学生养成从整体把握一本书主要内容的能力。

《一千零一夜——整本书的编排特点及阅读方法》教学设计

▋语文部　五年级　曹立新

教学目标

1. 引导学生浏览目录，了解故事编排特点。
2. 进行读书方法的指导，鼓励学生完整阅读。

教学重点、难点

了解故事编排特点，进行阅读方法的指导。

教学过程

一、导入新课

上节课我们对《一千零一夜》的故事有了初步的了解，今天我们再次走进这本书，了解故事的编排特点，以及我们可以用怎样的方法来完整地阅读这本书。

【设计意图】回忆上节课的学习内容，引出本节课的学习要求。

二、揭示《一千零一夜》故事的创作背景以及故事的由来

1.《一千零一夜》是一部优美动人、卷帙浩繁的阿拉伯民间故事集，又叫《天方夜谭》。高尔基誉之为世界文学史上"最壮丽的一座纪念碑"。

2. 这部鸿篇巨制的民间故事集是阿拉伯地区的民间说唱艺人与文人学士历经几个世纪共同创作的，是阿拉伯民族民间智慧的结晶。大约在 8 世纪末，已在阿拉伯地区流传，大约在 16 世纪成书。

3. 简要回忆故事的由来。

【设计意图】通过对这本书的来历以及故事内容的简要介绍，帮助学生更好地掌握故事情节，对学生阅读外国童话故事有所帮助。

三、浏览目录，了解《一千零一夜》故事的框架结构以及编排特点

1. 浏览目录，看一看都有哪些故事。

《一千零一夜》规模宏大，全书从《山鲁亚尔、沙赫宰曼兄弟与妖魔、美女的故事》讲起，到最后一个故事《鞋匠马鲁夫》结束，都是由大故事嵌套小故事的框架式结构，所以全书一共有多少故事很难计算，仅大故事就有上百种。

2. 从目录中选择几个吸引你的小故事，看看这些故事是独立存在的吗？它们之间有联系吗？

3. 故事编排特点，引导学生完整阅读。

比如《渔夫和妖魔的故事》引申出《辛德巴德国王和鹰的故事》《诡计多端的大臣的故事》等，这些故事相互关联，又独立成篇。这种框架结构最大的优点在于给当时编书的人很大的自由，可以把不同时代、不同地点流传的，以不同时间、空间为背景的故事编织在一起。

【设计意图】从目录了解书的全貌，从故事的编排特点，初步了解书中的故事及人物，从而激发学生的阅读兴趣。

四、阅读方法的指导

1. 长篇书籍，我们采用从整体上大略地看目录、标题、关键句段，了解内容大意的略读的读书方法。

2. 在略读中，我们还可以采用"扫描式"和"跳跃式"这两种方式来快速读书。

3. 我们在细读某一个故事时，就要一边默读，一边做圈、画、注、标、摘地仔细阅读。

4. 这些方法是最基本的，同学们还可以用自己喜欢的方法进行阅读，如思维导图法、写心得体会法等。

【设计意图】根据学生年龄特点及已有的阅读经验，教给学生阅读长篇文章的方法，便于学生阅读喜欢的故事，进行个性化的阅读体验。

五、总结延伸

这节课通过看目录，了解了《一千零一夜》的框架结构、编排特点，还学习了一些阅读方法。请你运用这些阅读方法，进行整本书的阅读，相信你会有更多的收获与发现！

【设计意图】总结本节课的学习重点，调动学生运用所学方法阅读自己喜欢的故事的兴趣，达到自主阅读的目的。

《一千零一夜——对比发现　延伸阅读》教学设计

▌语文部　三年级　刘　洁

教学目标

1. 通过《中国民间故事》和《一千零一夜》故事片段对比，让学生初步发现中外民间故事的异同。

2. 撷取中外民间故事片段，使学生感受到中外劳动人民的勤劳、善良、智慧和对美好生活的向往与追求。

3. 延伸阅读推荐精彩读物《阿凡提的故事》。

教学重点、难点

通过中外民间故事片段对比，初步了解中外民间故事的异同点。

教学过程

一、回顾故事，引出问题

（一）回顾这四周所读的民间故事

同学们先后阅读了《中国民间故事》和外国民间故事《一千零一夜》。下面就请你根据线索猜猜是哪个故事。

1. 请听一个故事的片段音频，猜一猜是哪个故事。

2. 这是一位同学的绘画作品，你能猜出他画的是哪部书中的什么故事吗？

3. 根据这张图的线索，你能猜出这又是哪部书中的哪个故事吗？

4. 请认真观察这张图的线索，猜猜是哪部书中的哪个故事。

（二）提问引出思考

同学们，当把两本书同时放在你面前时，你有没有想过：都是民间故事，一个是中国的，一个是阿拉伯国家的，讲述的故事有什么相同或不同的地方呢？

【设计意图】通过猜故事的形式让学生回顾故事内容，既复习了前面所学的阅读方法，又引出这节课的新问题。

二、在中外故事中了解异同

（一）相同点

1. 引导学生对比发现，《中国民间故事》和《一千零一夜》都是古代劳动人民创造的，口口相传，流传至今。

2. 学生自主发现中外民间故事的结局大多是正义战胜邪恶，都挺美好的！

（二）不同点

1. 引导学生通过对比发现《一千零一夜》多以城市为背景，主角多是手艺人、商人、王公贵族。《中国民间故事》多以山村为背景，反映农民的喜怒哀乐。

2. 向学生介绍连环体，引出这两本书样式的不同。

【设计意图】引导学生自主地发现中外民间故事的相同与不同之处，使他们在对比中不断地探索、提升。

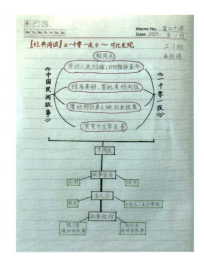

三、中外民间故事对世界文化的影响

我国长篇名著《三国演义》《水浒传》《西游记》的前身就是民间故事。《一千零一夜》激发了无数诗人、学者、画家和音乐家的灵感。甚至《格林童话》、《安徒生童话》、普希金的童话故事都受到它的影响。

【设计意图】让学生了解劳动人民创造的民间故事带给世界文化的影响。

四、带给读者的启发

民间故事《乌龟的故事》中的一段话让老师深受启发，那么当你读完这两本书后，有没有哪个故事、哪句话，带给你启发呢？

【设计意图】引导学生学会阅读思考。

五、延伸阅读《阿凡提的故事》

阿凡提是我国新疆地区民间传说中非常机智、勤劳、勇敢、幽默、乐观、富有正义感的"先生"，是一个深受新疆地区各族人民喜爱的艺术形象。下面就请听《阿凡提的故事》之《拆我的那一层》。

【设计意图】引导学生继续阅读优秀的民间故事。

《一千零一夜——阿拉丁和神灯》教学设计

▌语文部　三年级　耿芝瑞

教学目标

1. 结合重点段落情节，学习绘制思维导图，能有条理地复述故事。

2. 结合文中重点词句，了解阿拉丁的人物形象。

3. 在阅读中感受阿拉伯民间故事的神奇与故事中人物的美德和品质。

教学重点、难点

了解阿拉丁的人物形象，在阅读中感受阿拉伯民间故事的神奇与故事中人物的美德和品质；结合重点段落情节，学习绘制思维导图，并能有条理地复述故事。

教学过程

一、谈话导入，揭示课题

（一）引出课题

同学们，在前面的几节课我们了解了《一千零一夜》这本书的大致内容。今天，我们再次走进这本书，一起来阅读《阿拉丁和神灯》这个故事。

（二）出示课题，学生质疑

预设：阿拉丁是个怎样的人？这盏神灯，神在哪里？阿拉丁与神灯之间发生了怎样的故事？故事的结局又是怎样的？

师：同学们，你们知道吗？亦真亦幻，幻想与现实交织，浪漫主义与现实主义结合，是《一千零一夜》艺术手法的一大特色。

【设计意图】通过与学生谈话，激发学生的学习兴趣，并直接将学生带入阅读情景当中。出示课题后，鼓励学生针对课题大胆地提出问题，培养和发展学生的质疑能力。

二、结合故事，绘制导图

（一）大致了解故事内容

1. 同学们，请你们闭上眼睛静静地听老师讲故事，边听边想象画面。

2. 听过故事之后，你们知道阿拉丁的愿望是什么了吗？

3. 阿拉丁在实现愿望的过程中遇到了什么困难，他又是怎么解决困难的呢？

（二）结合思维导图，厘清故事脉络，试着复述故事

1.结合思维导图作简要介绍。

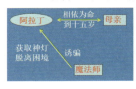 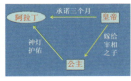 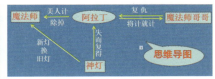

2.了解思维导图的作用。

师：把阿拉丁在与魔法兄弟斗争的过程中遇到的困难和解决的办法，用这样的方式呈现出来，使这个故事的脉络清晰。我们借助这样的图示来表现故事的情节，这就是思维导图。

3.复述故事。

师：看着思维导图，试着跟老师一起复述故事。

【设计意图】使学生初步了解思维导图对复述故事所起的辅助作用，厘清故事脉络，抓住主要情节，试着复述故事的主要内容。

三、结合语句，感受人物形象

（一）结合语言文字感受阿拉丁人物形象及其优秀品质

1.勇敢。

抓住"马不停蹄""日以继夜""身先士卒""奋不顾身""英勇杀敌"等四字词语体会。

2.沉着冷静，有勇有谋。

抓住"早有准备""沉住""冷静地注视""迅速扭住""夺过""一刀扎进"等词语或短语体会。

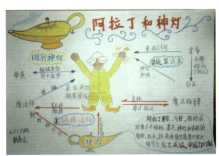

3.为民除害，心系百姓。

抓住故事的结局体会。

（二）总结人物品质

【设计意图】引导学生学会抓住重要的词语和句子，更加深刻细致地体会故事中的人物形象，感悟主人公的优秀品质。

四、总结回顾

今天，我们一起读了《阿拉丁和神灯》这个故事。在《一千零一夜》这本书中，像阿拉丁这样的人物形象还有很多。同学们课下再读一读这本书中的其他故事，然后试着画一画故事的思维导图，并结合关键词语、语句去体会故事中的人物特点。

【设计意图】总结阅读方法，激发阅读兴趣。

《宝葫芦的秘密——初识人物，了解故事梗概》教学设计

▌语文部　四年级　王晖蓉

教学目标

1. 了解葫芦的寓意，了解作家、作品及创作背景。
2. 初步感知整本书内容，激发学生的阅读兴趣。
3. 成立读书社，确定分工，制订计划。

教学重点、难点

初步感知整本书内容，激发学生的阅读兴趣。

教学过程

一、谈话导入，揭示课题

1. 聊童话：引导学生交流分享自己最喜爱的童话故事并说明原因。

2. 揭示课题：今天，我们一起走进童话故事《宝葫芦的秘密》，看看你能从中获得哪些乐趣。

【设计意图】引导学生回忆自己熟悉的童话故事，实现前后勾联。

二、了解葫芦的寓意

1. 出示图片：大家仔细观察火神山的 logo，你发现了什么？

明确：它的中间有一个葫芦造型。探究：葫芦有怎样的寓意呢？

2. 了解葫芦在传统文化中的寓意。

（1）思考：日常生活中，你在哪里看到过葫芦的纹样？（预设：摆件、窗花、项链坠……）

（2）交流：想过这是为什么吗？

师总结：葫芦谐音"福禄"，有福禄双全的美好寓意。

（3）说说你知道的有关葫芦的故事吧！（预设：葫芦娃、铁拐李、济公……）

3. 走进童话《宝葫芦的秘密》。

【设计意图】引导学生了解葫芦在我国传统文化中的寓意，为深入理解葫芦意象、感受宝葫芦的神奇做铺垫。

三、导读封面，了解作者及故事主人公

（一）教师引导，关注封面信息

1. 教师出示书本封面：读读书名，说说你知道了什么？

2.学生交流封面信息。

预设：本书作者是张天翼；故事是围绕王葆和宝葫芦展开的；本书是新课标指定小学生必读的书目。

3.教师补充资料（作者、创作背景等）。

（二）初识主人公，总结阅读方法

1.教师引导：出示王葆和宝葫芦的简要介绍，由学生读。

2.提示方法：观察封面，了解这本书的作者等内容，是读书的一种好方法。

【设计意图】引导学生观察封面，使学生对本书有初步的认识。初识主要人物，学生能够快速进入书的内容，增强与作者的共鸣。

四、出示原文片段，激发阅读兴趣

1.导入：童话中还有很多有趣的情节，我们一起来读一读！

出示片段："哈，这可好了……可是我又有满肚子的高兴，关也关不住地要进出来。"

交流：王葆得到宝葫芦后是什么反应？你从哪里感受到王葆的快乐？

2.继续导入：宝葫芦出现后，王葆的生活发生了哪些变化？

出示片段："可是我忽然听到泼剌一声，是我那个小铁桶发出来的。我赶紧跑去一看——一桶鱼！"

交流：为什么会发生这么神奇的事呢？

【设计意图】导入原著片段，进一步激发学生的阅读欲望。

五、鉴赏读书日志

1.梳理角色任务，展示读书社分工。

2.欣赏优秀的读书日志。

师总结：边读书，边思考，边写日志，能让我们的阅读更深入。

3.鼓励分享交流：可以和同学交流，完成自己的读书日志，也欢迎分享其他的创意表达。

【设计意图】引导学生重温读书社里的角色任务，鼓励学生体验不同角色，尝试多样表达。

六、引发阅读期待，鼓励课外阅读

导读：王葆总是幻想拥有一个宝葫芦，后来他梦想成真，可是他真的收获了幸福吗？同学们，快点打开你的《宝葫芦的秘密》，开启探秘之旅吧！

【设计意图】让学生在预测故事情节的过程中产生阅读期待，在整本书阅读的过程中，加深对人物形象和主题思想的理解。

《宝葫芦的秘密——感受王葆的快乐》教学设计

▌语文部　四年级　李芸芸

教学目标

1. 阅读、讨论"巧得宝葫芦"章节，感受王葆的快乐。
2. 用联系生活经历的方法体会人物心情，享受阅读乐趣。

教学重点、难点

阅读、讨论"巧得宝葫芦"章节，用联系生活经历的方法体会人物心情。

教学过程

一、激趣导入

新课导入：这节课我们继续走进《宝葫芦的秘密》这本书，感受宝葫芦带给王葆的快乐。

激趣谈话：回顾《葫芦娃》《西游记》《八仙过海》等故事中的宝葫芦。

【设计意图】创设情境，激发学生的学习兴趣。

二、故事源起

默读第一章，说说为什么王葆能听到这么多关于宝葫芦的故事？这要从他和奶奶之间的规矩说起……

如果你是王葆，想不想要这样一个神奇的宝葫芦？

【设计意图】了解故事起因，为下文理解做铺垫。

三、巧得葫芦

（一）了解王葆与宝葫芦的约定

师：宝葫芦不仅会说话，还有很大的本领呢！它可以帮王葆实现任何愿望。但是它有一个条件。（生自由读）

（二）初步感受宝葫芦的神奇

1. 出声读"宝葫芦变金鱼"的片段，初步感受宝葫芦的神奇。

2. 评：王葆话音刚落，桶里立刻出现各色各样的鱼，其中还有一些非常名贵的金鱼呢。这下王葆总该相信宝葫芦的能力了。

【设计意图】从"变金鱼"片段入手，学生初步感受宝葫芦的神奇，体会王葆的心情。

四、感受快乐

（一）默读批画，体会王葆的心情

王葆从盼望到美梦成真，真的得到了宝葫芦，他的心情是怎样的？

1.预设：哈，这可好了……我有百分之百的把握。

评：我们可以明显感受到王葆的高兴与激动。得到宝葫芦，什么事情都有了办法，世界上再也没有什么可以难倒他啦！王葆一边得意，一边畅想美好的未来。

2.预设：我得赶快回去……关也关不住地要迸出来。

评：大家一定也有过这样的感受吧！有了开心事恨不得马上和好朋友分享！作者将一个高兴得不知该怎么好的王葆，活灵活现地展现在我们眼前。

3.预设：我没有办法……叭哒翻了一个筋斗。

评：作者把王葆的动作和心理活动描写得生动极了，拥有宝葫芦的王葆高兴得不禁手舞足蹈，一蹦三尺高。

（二）指导朗读：读出王葆快乐的心情

（三）再读文章，深入理解

王葆得到宝葫芦，别提多高兴了。还能从哪里感受到王葆的快乐？

1.预设学生抓住以下语句，联系生活体验进行感受。

（1）这些个东西我向来就挺喜欢。

（2）恰恰都是我挺喜欢的那几样东西。

（3）我愣了一愣。老实说，我对这样的幸福生活还不十分习惯呢。

2.方法指导：文章有的段落直接表达出了王葆内心的欢乐，有的虽然没有直接表达，但在阅读时联系自己的生活经历也可以从中感受人物的心情。

【设计意图】指导学生体会人物的心情，享受阅读的乐趣。

五、总结延伸

师引导：如果你拥有了宝葫芦，你会让它帮你做什么呢？

（一）学生交流，拓展思维

1.我妈妈是医生，每天早出晚归，工作很忙，平时根本没时间陪我。我想让宝葫芦变出个妈妈的替身去上班，好让妈妈多陪伴我。

2.想让宝葫芦变出一种药水，让所有近视眼的小朋友点上药水，视力就恢复正常，跟眼镜说拜拜！

（二）画一画自己的奇思妙想

【设计意图】引导学生创意表达，丰富想象，培养创新能力。

《宝葫芦的秘密——感受王葆的烦恼》教学设计

▌语文部 四年级 赵 苹

教学目标

1. 阅读、讨论王葆拥有宝葫芦之后遇到的尴尬事、麻烦事以及让人误会的事，感受宝葫芦带给王葆的烦恼并进行梳理归纳。

2.抓住人物语言、动作、心理活动等描写感受人物的心情。

教学重点、难点

抓住人物语言、动作、心理活动等描写感受人物的心情。

教学过程

一、复习导入

激趣导入：通过前几节课的学习，相信你们一定非常羡慕王葆，也想像他一样拥有一个让你想要什么就有什么的宝葫芦吧？

复习回顾：王葆的这个宝葫芦可太神奇了，你还记得它的神奇之处吗？学生思考、交流。过渡：这节课我们一起来感受宝葫芦给王葆带来的烦恼。

【设计意图】阐明讨论话题，让学生带着明确的任务进行学习。

二、研读文本，感受王葆的烦恼

回顾预习所做的批画，交流宝葫芦给王葆带来的烦恼。

1. 感受烦恼之一——出丑。

（1）学生自读王葆吃棋子的片段，交流感受。

（2）为什么觉得特别好笑？

（3）交流王葆的尴尬之处。

2. 感受烦恼之二——无聊。

（1）学生自读宝葫芦帮王葆制作飞机模型的片段，思考：宝葫芦帮王葆做了什么？王葆是什么心情？你是从哪里感受到的呢？

（2）学生交流宝葫芦为王葆做的事情。

（3）结合片段中"哼""骚""站""走""嘘"等一连串的动词感受王葆的无奈、无聊，以及不知所措。

（4）结合"一屁股坐在床上"感受王葆的迷茫，不知自己该做些什么的心情。

（5）联系下文王葆的心理活动，体会王葆为什么心想事成却不开心。

（6）总结：刚才交流的这些句子没有直接写他的心理活动，但是他的心理感受我们却透过这一系列的动作描写感受到了，他是那么的"无聊，不知所措"。再通过仔细分析，我们知道了他无聊的原因。

3. 感受烦恼之三——辨不清真假。

（1）学生自读王葆分不清邓小登和姚俊的片段，批画从哪里感受到王葆不敢相信的词句。

（2）结合王葆的心理活动描写感受他内心的烦恼——辨不清真假。

4. 感受烦恼之四——孤独。

（1）学生自读王葆想找同学们玩的片段，感受王葆内心对伙伴的渴望。

（2）为什么王葆没有前去找他们呢？学生结合王葆的心理活动感受内心的孤独。

5. 感受烦恼之五——被误会是小偷。

（1）学生自读杨拴儿误会王葆的片段，批画王葆的心情。

（2）结合王葆的神态和心理活动描写感受王葆的尴尬、羞愧，体会宝葫芦给他带来的烦恼——被误会是小偷。

6. 感受烦恼之六——说谎。

（1）学生自读王葆对爸爸撒谎的片段，批画王葆的烦恼。

（2）结合王葆"哇的一声哭了起来"感受王葆内心的痛苦，以及因为说谎而产生的巨大心理压力。

7. 小结。

【设计意图】学生在充分的讨论中逐渐丰富了对宝葫芦造成的麻烦事的认识，学习了抓住人物语言、动作、神态、心理活动等描写感受人物的心情。

三、交流感受

学生交流自己的感受。

总结：天上不会掉馅儿饼。只有用勤劳的双手来实现梦想，才能给你带来真正的幸福。

【设计意图】学生对故事进行个性化解读，不仅能够深入文本，还能够有所思考。

四、布置作业

利用自主时间，用自己喜欢的方式呈现自己的体会和收获（如朗读、思维导图、画画、改编剧本、文字……），分享到班级、社区交流群中。

《昆虫记——概览法布尔的昆虫世界》教学设计

▎语文部　四年级　索皎莉

教学目标

1. 了解《昆虫记》的主要内容及其影响力，激发学生的阅读兴趣，感受法布尔的语言魅力。

2. 体会法布尔对昆虫研究的热爱并唤起学生对大自然及生命的热爱。

教学重点、难点

了解《昆虫记》的主要内容及其影响力；感受法布尔的语言魅力，感悟其语言特色。

教学过程

一、激趣导入

玩一玩：走进《昆虫记》，猜猜我是谁？（昆虫谜语。提示：全部摘自法布尔先生的《昆虫记》）

激趣谈话：大家对昆虫的好奇是不是已经被点燃？那我们就拿起手中的这本《昆虫记》，精彩马上开启。

【设计意图】创设情境，激发学生的学习兴趣。

二、整体感知

1. 初识原著，从目录感受作品的与众不同。

同学们，从《昆虫记》的目录中你们发现它最大的特点了吗？

2. 了解作者，用"讲故事"的方式串联作者简介和创作背景。

这部"故事+百科"的《昆虫记》，它的作者可不一般，他就是昆虫学家、文学家让·亨利·卡西米尔·法布尔先生，他有哪些传奇故事呢？

3. 认知《昆虫记》的地位，证明可读性。

《昆虫记》得以流芳百世，誉满全球，归根结底离不开它的作者，那么法布尔是如何实至名归的呢？

【设计意图】生动具体的案例+故事，印证昆虫代言人法布尔如何像哲学家一般地想、美术家一般地看、文学家一般地写。

三、作品特点

（一）读一读

师：通过下面的三个示例，同学们体会到被称为"哲学家、艺术家、诗人"的法布尔先生是如何为我们营造《昆虫记》的。同学们想想，这三个称呼的特点分别是什么？

1. 出示示例："像艺术家一般地去观察"的句子特征；"像诗人一般地去感受和表达"的句子特征；"像哲学家一般地去思考"的句子特征。

2. 评：哲学家代表着求真务实、科学严谨；艺术家代表着情感、想象力丰富；诗人则代表着抒情叙事融合无间，既有感情又有画面。

（二）比一比

师：老师这里有一张表格，这三段文字都在描写"掠食高手螳螂"的外形。你们能一眼挑出哪部分是法布尔先生的文笔吗？

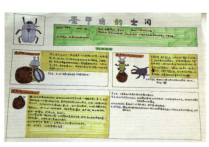

1. 出示表格：关于螳螂外形，列举三种不同的出处，找出哪部分是法布尔先生的文笔。

2. 评：相比之下，一个全面，一个精准，一个既全面准确又生动形象。我们在阅读《昆虫记》故事的同时学到了科学知识。

【设计意图】通过示例，引导学生从科学、文学、哲学三个角度进行《昆虫记》的阅读。

四、课后作业

记一记：推荐阅读方法。

1. 在《昆虫记》中，法布尔记录的昆虫名目繁多，你一定会找到自己最喜欢的那种昆虫，在阅读时随手记一记，以摘抄的形式记录下那些体现了法布尔先生"像哲学家一般地去思考，像艺术家一般地去观察，像诗人一般地去感受和表达"的句子。老师推荐同学们尝试着积累自己的《昆虫档案袋》，比如老师挑选的《萤火虫》。

2. 方法指导：摘录角度及摘录理由分别是"像哲学家的思考"体现科学严谨，求真务实；"像诗人的感受和表达"体现抒情＋叙事；"像艺术家的观察"体现想象力丰富。

【设计意图】拓展延伸，鼓励学生在阅读中思考并进行批注，同时指导学生体会法布尔的写作特点，享受阅读的乐趣。

《昆虫记——了解昆虫的典型生活习性》教学设计

■语文部　四年级　贾维琳

教学目标

1.把握两个故事的主要内容，了解不同昆虫的典型生活习性。

2.运用批注记录阅读思考。激发阅读的兴趣，感受昆虫世界的奇妙。

教学重点、难点

运用批注记录阅读思考。

教学过程

一、导入新课

通过上节课的学习，我们知道法布尔通过细致观察，用生动的语言记录了昆虫的生活情况。这节课就让我们再次走进奇妙的昆虫世界。

【设计意图】简单的导入语意唤起学生对《昆虫记》的整体印象，激发继续阅读的兴趣。

二、交流《松毛虫》

（一）整体感知

回顾全文，把握文章的主要内容，学生交流想要批注的段落。

过渡：同学们的关注点虽然各不相同，但相信有不少同学对松毛虫的行进很感兴趣，这也是文章重点。我们看到它所占篇幅最长，描写很细致，所以我们就先来聚焦松毛虫的行进吧！

（二）聚焦松毛虫的行进做批注

回顾批注的四个角度，学生自主批注。

（三）自主交流，教师点拨

1.有疑问。

预设：为什么说松毛虫很盲从？

师小结：在阅读中，我们可以提出不理解的问题，从有疑问的角度进行批注。

2.感受深。

预设：聪明。松毛虫的视觉和嗅觉对认路都没什么用，但它能借助吐丝的本领保证自己正常行进，而结队的方式又能最大限度地避免意外发生。

预设：可怜，愚蠢。松毛虫在始终走不到头的圆圈里，不停朝着一个方向转了上百次，一味地追随前者行进而不分辨情况。

师小结：把自己的真实感受记录下来，这就是从感受深的角度进行批注。

3.有启示——评价松毛虫的行进。

预设：出于生存需要而"盲从"的聪明；不动脑而"盲从"的愚蠢。

师相机引导：对于松毛虫行进的评价并不唯一。这告诉我们，对于任何事物都应多角度去思考。

师小结：我们可从读后获得启示的角度进行批注，记录下自己的收获。

4.写得好。

预设：在法布尔的笔下，他把松毛虫的行进行列比作一条连绵不断的细带子，生动形象地写出行列又细又长。

师小结：大家都关注到写得好的角度，可以看出法布尔的文字十分生动。

（四）回顾与总结批注的方法

通读全文，整体感知文章内容；选择想要批注的段落（比如最感兴趣的部分；或者文章重点部分，也就是篇幅较长、作者描写很细致的内容），进行反复阅读，并从有疑问、感受深、有启示、写得好的角度记录下阅读思考。

【设计意图】教学双线整合，一方面学生在阅读中了解昆虫的典型生活习性，另一方面学生在交流中学习用批注的方法记录阅读思考。

三、交流《圣甲虫》

整体感知，聚焦圣甲虫的觅食做批注。

根据学生的批注内容，师相机重点指导：

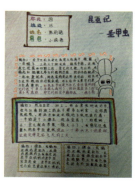

1.觅食方式——独立劳动。

2.觅食方式——抢劫。

3.评价这两种觅食方式。

【设计意图】学生迁移运用刚才总结的批注方法，在《圣甲虫》一文中通过巩固进一步内化。

四、回顾与总结

同学们，这节课我们重点阅读了松毛虫的行进和圣甲虫的觅食，能够发现法布尔侧重的方面各不相同，这提示我们在描写时要抓事物的典型特点。

让我们再来回顾本节课所运用的批注方法，希望同学们在今后的学习中不断实践，养成"不动笔墨不读书"的好习惯！

【设计意图】回顾梳理所读的内容并对批注方法进行归纳总结，再次落实本课重点难点，鼓励学生在阅读实践中运用批注，促进阅读能力的提升。

《海底两万里——科幻巨著之"我"见》教学设计

▌语文部　四年级　满惠京

教学目标

1. 了解凡尔纳"预言"的神奇，激发学生探索科学奥秘的热情，培养勇敢乐观的精神。

2. 通过科幻与现实的对比，运用图像化、联结、对比等策略，了解凡尔纳科幻小说的特点，感受神奇的想象，激发学生进一步阅读科幻小说的兴趣。

教学重点、难点

通过科幻与现实的对比，运用图像化、联结、对比等策略，了解凡尔纳科幻小说的特点，感受神奇的想象。

教学过程

一、交流分享，回顾人物

（一）畅谈"尼摩艇长"

尼摩艇长拥有数不清的财富，并利用"鹦鹉螺"号获得了海洋深处取之不尽的宝藏。但这些财富并没有被他随意挥霍，而是用在了正义而高尚的事业上——支援被压迫民族的正义斗争。同学们，你们怎么看待他的做法？

（二）理解"殖民地"这个词

（三）引领学生思考"在当今社会做什么样的人"

（四）利用名家名言评价尼摩艇长这一人物形象

【设计意图】学生通过畅谈，加深对人物的理解。由于年龄局限，在介绍时代背景时，先要理解"殖民地"一词，才能理解尼摩艇长的一些做法以及他对殖民统治者的仇恨。借助名家名言，是为了引出人们喜欢他不光是因为他的勇敢、爱国，更因为他的科学才华及奇思妙想。

二、名家赏析，畅谈科幻

（一）对比之中感悟神奇

1. 出示两张对比图，感悟幻想的神奇。

《海底两万里》这本书中的潜水艇"鹦鹉螺"号与美国第一艘核潜艇"鹦鹉螺"号对比。

2. 书中的电击枪与现在的电击枪作对比。

通过文中描写猎枪的语段，感受它的神奇和威力；再读关于电击枪的介绍，感受它能释放出高压，威力巨大。

【设计意图】将文本信息与现实生活中的物品进行联系、对比，感受凡尔纳想象的神奇及科学性。

（二）走近凡尔纳其他幻想

1. 大胆猜想《海底两万里》这本小说中的幻想，哪些已经成为现实？

2. 教师出示大量的资料来证明书中想象的这么多事物都变成了现实。

3. 出示凡尔纳的小说《从地球到月球》中的一段文字，证明人类登上月球也已实现。

4. 出示凡尔纳的其他科学幻想，让学生自己发现这些也已成为现实。

霓虹灯、自动人行道、空调、摩天楼、导弹、坦克、电视、飞机、热气球……

5. 出示名家点评。

【设计意图】带着学生印证凡尔纳书中提到的事物均已成为现实，再次印证了只有渊博的知识，才会创造出既神奇又有科学性的想象。借助名人的高度评价，突出他的小说不仅吸引读者，还引发人们的思考，引导大家去探索科学的奥秘，让科学更好地为人类服务。

三、总结延伸

（一）回顾总结

将故事中的信息与现实生活中的物品进行联系、对比，深刻感受到《海底两万里》的奇幻色彩，为凡尔纳神奇的想象力赞叹。

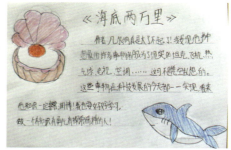

（二）拓展延伸

在书中找找你最想去的地方，再读一读，想想理由。

【设计意图】此环节学生通过联系、对比，感受故事的奇幻色彩以及作者神奇的想象力。同时，通过延伸阅读，激发学生阅读科幻小说的兴趣。

《海底两万里——海底探秘，科幻畅想》教学设计

▌语文部　四年级　刘　蕊

教学目标

1. 调查阅读进度，分享感兴趣的情节。
2. 学习在难处使用"跳读法"。
3. 运用提问的方法，增加继续阅读的兴趣。

教学重点、难点

学习在难处使用"跳读法"。

教学过程

一、调查进度，分享情节

师：同学们，《海底两万里》这本书你们读到哪儿了？在读过的这部分内容中，你最喜欢哪些情节？

引导学生关注小说情节，抓住感触深的句段，一边读一边想象画面，联系自己的生活，把读到此处的想法体会批注下来，深入理解小说内容。

【设计意图】让学生们带着探险的期待，重读自己最想去的地方，学着做批注，读出自己的感悟并与大家分享。梦想各不相同，理由各自得趣。

二、科学幻想，难处跳读

（一）理解跳读

1. "鹦鹉螺"号动力之源是什么？它是怎么获得的？

让学生知道，在科幻小说里通常都会出现不懂的知识，这些科学术语、专业名词，可以跳读过去。

2. 引入《如何阅读一本书》中的句子，通过了解科学家分享的阅读经验，感受在难处跳读的阅读方式的效果。

（二）尝试运用

1. 快速浏览"参观'鹦鹉螺'号"这一章节，在可以跳读的地方，用"（　）"做标记，想想理由。

预设：跳读的内容，如"鹦鹉螺"号图书室里各种类书目，各类动物名称标本。

2. 小结："跳读法"是明确大致内容。它为我们了解故事梗概节约了宝贵的时间。

【设计意图】科幻让人着迷，同时也存在读不懂的谜。读小说，特别是一本科幻小说，信息与知识的不对等，造成了阅读的障碍。因此，这堂推进课的重点与难点是教给学生"跳读法"——只关注能懂的地方，不要在细枝末节的障碍处停下来，先一口气读完，这是一种重要的读书方法。

三、运用提问，深入理解

（一）回顾提问策略

从"内容""写法""启示"等不同角度提问。

（二）运用提问策略

1. 翻开目录，看章节提问。

预设："我们被绑架了"这一章节。

2. 走进这一章节，读内容提问。

3. 对曲折的故事情节、人物的出场方式、陌生的环境描写等提问，把问题批注在相关段落旁，然后带着问题继续阅读，寻找答案。

4. 继续阅读中很多问题会迎刃而解，但也有些问题需要更深入地走进文本，探寻奥秘。

（三）总结方法

对小说中不理解的地方提问，联系自己的生活经验提问，根据内容进行推测提问，或者联系上下文进行提问等，然后带着疑问继续阅读并尝试解决，这样对人物、情节或是环境的理解就更加深刻了。

【设计意图】问题的答案是什么并不重要。学着提问，提有价值的问题，在各种问题的背后，学生们相互质疑、争论，试图合理推论、以理服人，从而更加期待接下来的阅读。这才是推进课的意义所在。

四、总结方法，自主运用

阅读方法：情节细读、难处跳读、提出问题。在阅读中运用这些方法，感受阅读带来的快乐！

【设计意图】梳理总结阅读方法，增加继续阅读的兴趣。

《西游记——有趣的奇物、奇境、奇事》教学设计

■语文部　五年级　刘　岩

教学目标

1. 了解《西游记》中的奇事、奇物、奇境，体会作者丰富夸张的想象力。

2. 赏析原著片段，感受书中的奇闻险事。

3. 感受作者夸张的手法和幽默诙谐的创作风格，享受阅读的乐趣。

教学重点、难点

通过阅读方法的指引，尝试独立阅读《西游记》，感受作者丰富的想象力。

教学过程

一、复习导入，引出话题

谈话导入：今天我们继续阅读《西游记》，如果让你列举出《西游记》这部小说最神奇有趣的地方，你会想到什么呢？

总结：《西游记》里神奇的内容大多围绕奇物、奇境、奇事展开，这节课我们就聊一聊这个话题。

【设计意图】回顾《西游记》中的奇事、奇物、奇境，为下面学习做好准备。

二、交流畅谈、体会神奇

（一）离奇有趣的宝物

1.（视频：金箍棒）这是文中第一次出现如意金箍棒，谁来读读原著？

2. 思考：读了这段文字，你们有什么感受吗？请你用一个成语来形容。

3. 再读孙悟空向众猴们介绍金箍棒的内容，对比阅读感受"一物降一物"。

4. 在小说里还有哪些法力无边的宝物呢？自己写写。

神仙	宝物	法力
图片：托塔李天王		
图片：铁扇公主		
图片：黄眉怪		
图片：红孩儿		

（二）虚幻有趣的奇境

1.（视频：火焰山）读原著第五十九回，画出体现火势大的词语。

2. 这些词语让你感受到了什么呢？这样的奇境奇在哪儿呢？

3. 这样怪诞的奇境比比皆是，请读书后连线：

《禅主吞餐怀鬼孕　黄婆运水解邪胎》　　　　流沙河

《镇海寺心猿知怪，黑松林三众寻师》　　　　无底洞

《妖邪假设小雷音，四众皆遭大厄难》　　　　小雷音寺

《八戒大战流沙河，木叉奉法收悟净》　　　　子母河

4. 总结：书中这么多想象大胆、五彩缤纷的奇异境界，令人目不暇接，期待着你去发现。

（三）幽默风趣的情节

1.（视频：子母河结鬼胎）请大家读小说第五十回，唐僧和八戒的样子是不是很可笑？谈谈感受吧。

2. 交流总结：小说里还有很多奇特的情节，到底奇在哪儿呢？结局有什么共同点呢？

【设计意图】赏析孙悟空获得如意金箍棒、师徒四人子母河结胎气等片段，感受书中的奇闻险事。在创设情境的阅读中感受作者夸张的手法和幽默诙谐的创作风格。

三、深入阅读，总结心得

今天我们学习了《西游记》中的奇物、奇境、奇事，选择自己觉得神奇的章回体会《西游记》的奇幻。

【设计意图】通过阅读方法的指引，引导学生独立阅读《西游记》，感受作者丰富的想象力。

《西游记——猪八戒形象的丰富和有趣》教学设计

■语文部 五年级 彭 霏

教学目标

1. 在阅读与思考中感受人物特点，体会人物形象的丰富和有趣。

2. 关注作者描写人物、凸显人物性格的表达方法。

3. 通过细读文本，激发学生热爱名著、阅读名著的兴趣。

教学重点、难点

在阅读与思考中感受人物性格，体会人物形象的丰富和有趣。通过细读文本，激发学生热爱名著、阅读名著的兴趣。

教学过程

一、激发兴趣，引入新课

1. 猜《西游记》里的人物，引入学习。

贪吃、贪睡、自私、懒惰、爱贪小便宜、长相非常丑……这是《西游记》中的哪个人物？

2. 联系资料，激发再次阅读《西游记》的兴趣。

学生最喜欢的《西游记》中人物的统计：70% 以上的人选择了猪八戒。

成年女士从师徒四人中选取一人作为自己理想的伴侣的调查：猪八戒的选票高达 90% 多。

3. 这节课，我们再次走进这部古典名著，走近猪八戒这个人物形象，看看你有没有新的发现！

【设计意图】通过猜谜语和引入资料，激发学生的学习欲望，为更深入地理解人物形象打下基础。

二、走近猪八戒，感受其形象的丰富和有趣

（一）猪八戒外貌的丑

1. 关注八戒出场诗，感受外貌丑陋。

卷脏莲蓬吊搭嘴，耳如蒲扇显金睛。

獠牙锋利如钢锉，长嘴张开似火盆。

2. 联系生活中的俗语、歇后语，再次

感受猪八戒的丑陋。

　　长得跟猪八戒似的；猪八戒照镜子——里外不是人；猪八戒娶媳妇——想得美……

　　（二）猪八戒的自信

　　1. 通过猪八戒凭借丑陋的外表吓退众妇女为师徒四人解围，体会猪八戒的自信。

　　八戒真个把头摇上两摇，竖起一双蒲扇耳，扭动莲蓬吊嘴唇，发一声喊，把那些妇女们唬得跌跌爬爬。

　　2. 透过猪八戒的言行，体会猪八戒的自信。

　　粗柳簸箕细柳斗，世上谁见男儿丑。

　　（三）感受猪八戒性格的率真

　　1. 了解猪八戒投胎到高老庄后安心过上本分的农民生活。

　　2. 了解取经路上猪八戒不断动摇最终却又坚定的取经态度。

　　3. 了解猪八戒偷懒耍滑之余也乐于为大家排忧解难。

　　【设计意图】聚焦原著中对猪八戒的精彩刻画，学生通过联系生活实际和已有认知进行人物形象的感知，对人物作出多元化的评价，从而激发学生对人物、对整本书的阅读期待。同时，潜移默化地渗透细读文本的方法，为学生更深入地阅读整本书打下基础。

　　三、细读文本，学习作者刻画人物的方法

　　1. 这么活灵活现的猪八戒，作者是怎样刻画出来的？

　　2. 透过对猪八戒语言、动作、神态等描写，感受猪八戒形象丰富和有趣的同时，体会作者对他的喜爱。

　　小结：在他的身上体现出了神、猪、人的完美结合，这个"三合一"的形象也正是猪八戒这个形象的成功之处。

　　【设计意图】在感受到人物形象的丰富和有趣之后，学生的学习欲望被激发了出来，因此带着学生再次走进文字当中，去细细感知作者高超的写作技巧，提升学生的写作素养，同时增强学生对古典文学名著的热爱与期待。

　　四、课后拓展，鼓励学生细读《西游记》

　　这节课我们通过几个小片段了解了猪八戒。《西游记》中还有许多人物形象与情节都和猪八戒一样精彩，请大家再次阅读《西游记》，你会有更多的惊喜和发现。

《西游记——体会唐僧人物形象》教学设计

■ 语文部　五年级　宋宁宁

教学目标

1. 了解《西游记》中唐僧人物形象及其与历史人物玄奘和尚的异同之处。

2. 通过具体事例，感受《西游记》中唐僧的性格特点，从而激发学生继续阅读名著的兴趣。

教学重点、难点

通过具体事例，感受《西游记》中唐僧的性格特点，从而激发学生继续阅读名著的兴趣。

教学过程

一、问题导入

唐僧，何许人也？相信很多同学都能够脱口而出。没错，唐僧的原型就是唐朝的玄奘和尚。玄奘又是谁呢？

【设计意图】通过提出问题，激发学生的学习兴趣。引导学生在分析人物形象前，首先要厘清小说中的人物形象与历史人物这二者之间的关系，避免出现错误的认知。

二、人物原型

（一）了解其人

玄奘，唐朝人。俗家姓名"陈祎"，法号"玄奘"，被尊称为"三藏法师"，后世俗称"唐僧"。根据史书及有关记载，历史上的玄奘：爱古尚贤、聪悟不群、勤奋好学、辩博出众。他在取经过程中乘危远迈，杖策孤征，不畏艰险，克服困难，令世人敬仰。

（二）了解其事

1. 玄奘西行。通过讲解，使学生了解历史上的玄奘西行。

2. 《西游记》的诞生。通过资料补充，揭示玄奘取经流传到了民间，就逐渐离开了史实，经过后人的不断演绎，就有了今天我们看到的这部浪漫主义章回体长篇小说——《西游记》。

【设计意图】通过介绍，让学生准确地了解历史人物玄奘，以及《西游记》创作的历史渊源，有利于学生对《西游记》有个整体把握。

三、人物形象

通过抓住典型事例，体会人物形象。

（一）不足之处

1. 胆小怕事。出示：第十四回、第二十回：唐僧一听到有妖怪就大惊失色，坐不安稳，吓得滚下马鞍，大念"阿弥陀佛"。见到青面獠牙的妖怪，他就惊呼"我命休矣"；一旦被妖怪捉住，便一口一个"大王饶命"。通过具体事例，感受他的"无能"。

2. 黑白不分。引导学生关注第二十七回，体会他的黑白颠倒。

3. 听信谗言。出示：第二十七回"三藏自此一言，就是晦气到了，果然信那呆子撺唆，手中捻诀，口里念咒……"体会其耳根软，容易被人左右。

4. 不通情理。观看影片：悟空打死妖精，唐僧不听劝阻，却执意要将悟空贬回花果山。从影视片段中体会唐僧的糊涂、固执。

（二）可取之处

1. 信念坚定。举例：第十二回"我这一去，定要捐躯努力，直至西天，如不到西天，不得真经，即死也不敢回国，永堕沉沦地狱"。体会其内心的坚定。

2. 敦厚善良。举例：第二十四回唐僧因为人参果长得像小孩，便坚决不吃，感受其慈悲、忠厚。

3. 谦恭儒雅。举例：唐僧说话做事得体等，感受其恭敬、儒雅。

4. 吃苦耐劳。举例：取经路上风餐露宿等，感受其不辞辛苦。

【设计意图】通过交流分享，引导学生在典型事例中感受人物的性格特点，从而学会更加客观、公正地评价人物。

四、创作初衷

引导学生深入思考并讨论：为什么《西游记》里没有热情地讴歌唐僧，而是将中心人物的位置让给了孙悟空？

揭示初衷：作者想摆脱真人真事的束缚，通过"神话、幻想"的艺术形式，来表现更加广阔的现实内容，表达对丑恶的社会现实的揭露与批判。

【设计意图】通过这一环节，加深学生对《西游记》整部书的认知。

《西游记——感受孙悟空的英雄豪气》教学设计

▌语文部　五年级　张　颖

教学目标

1. 结合重点故事情节引导学生了解孙悟空的成长经历，激发学生的阅读兴趣。

2. 引导学生通过孙悟空的言行去发现、感受他的英雄豪气，享受阅读的乐趣。

教学重点、难点

引导学生通过孙悟空的言行去发现、感受他的英雄豪气，享受阅读的乐趣。

教学过程

一、激趣引入

读谜语猜书名：欧洲见闻录（打一书名）。

谈话过渡：由 1986 年版电视剧《西游记》引出孙悟空的艺术形象。

【设计意图】运用谜语调动学生听课的兴趣，由学生熟悉的影视作品谈话引入，拉近了学生与文本间的距离，激发他们的阅读兴趣。

二、阅读感悟

（一）仙石化身、勇敢无畏的少年郎

1. 读石猴出世片段，了解孙悟空奇异的诞生历程，感受他自由自在的生活状态。

2. 读群猴发现水帘洞的片段，关注石猴的言行，思考：你还认为他仅仅是个追求自由的猴子吗？

对比孙悟空与群猴不同的言行，体会他的勇敢机智。

3. 读龙宫借金箍棒的片段，关注孙悟空的言行，思考：从他的话里你感受到了什么？

小结：这样的言行就像一个不成熟的少年，此时的孙悟空勇敢又争强好胜，哪怕是龙宫的龙王他也敢斗上一斗。这样的性格特点也为后面大闹天宫的情节做了铺垫。

（二）不畏强权、勇于斗争的热血青年

1.插图过渡：看到这些插图你想到的是《西游记》中的哪个故事？

2.谈话了解《大闹天宫》故事背后的含义。

吴承恩在科举上一直不得志，他对封建统治者的黑暗和腐朽十分不满，他是通过大闹天宫来表达自己对统治阶级的不满，歌颂孙悟空不畏强权、勇于斗争的精神。

3.读《西游记》第七回片段，看孙悟空和如来佛祖都说了什么，你有了哪些感悟？

结合孙悟空的言行，感悟到此时的他不仅追求自由，更能为自由而不畏强权、敢于斗争，这是青年时代孙悟空的特点。

（三）仁义在心、英勇豪迈的大英雄

1.读《三借芭蕉扇》想一想：孙悟空的做法跟以往相比有什么不同？

不同1：孙悟空借扇子时没像以往那样强打强借，而采用了骗的手段。

不同2：孙悟空进入铁扇公主肚子里的做法与以往不一样。

在对比中引导学生发现：孙悟空不仅勇敢善斗，而且心存仁义，是个重情重义的人。

2.总结升华：孙悟空熄灭了火焰山的大火，既开通了西行的道路，又解救了百姓的困苦。此时孙悟空的英勇无畏和大闹天宫时的英勇无畏相比有什么不同呢？

在情节回顾中引导学生发现，取经路上，孙悟空的除妖带有为民除害的正义性，此刻，他已经成长为一个仁义在心、英勇豪迈的大英雄了。

【设计意图】抓重点情节进行跳读，帮助学生快速了解孙悟空的生平经历。在一次次阅读对比中，引导学生发现人物言行的变化，感受人物在不同阶段体现出来的特点，在阅读中和人物共同经历成长。

三、拓展延伸

其实孙悟空的形象特点还有很多，例如他的机灵、乐观、诙谐……这些特点就藏在一个个精彩的故事中。希望大家课下继续阅读，进一步去感受孙悟空的这些形象特点。

【设计意图】将课堂阅读延伸至课下，引导学生从事件中全面地认识、了解人物。

《俗世奇人——感知整本书，了解"刷子李"》教学设计

语文部　五年级　王秀军

教学目标

1. 了解图书《俗世奇人》的整体概貌，初步感受冯骥才小小说作品构思的精巧。

2. 结合《刷子李》内容，了解正面及侧面描写相结合的写作方法。

3. 体会冯骥才先生的创作初衷，感受传统文化。

教学重点、难点

初步感受冯骥才小小说作品构思的精巧。结合《刷子李》文章内容，让学生了解正面及侧面描写相结合的写作方法。

教学过程

一、导入新课

今天老师要为大家介绍一本书，名字叫作《俗世奇人》。"俗世"是什么意思？"奇人"又是指谁呢？

"俗世"指的是下层百姓生活的民间社会。"奇人"则是指那些身怀绝技的人。

【设计意图】从书名入手，了解"俗世奇人"的意思。

二、了解作者

这本书的作者，是著名作家冯骥才先生，我们在上学期学习过他的《珍珠鸟》。他在挽救中国的文化遗产方面作出了很多的贡献。他对20世纪初的天津卫市井之间高超技艺的人，永记在心，于是有了结集成书的念头，这才有了我们今天百看不厌的《俗世奇人》。

2018年8月11日，《俗世奇人》获得了第七届鲁迅文学奖短篇小说奖。其他主要作品有《雕花烟斗》《神鞭》。

《俗世奇人》目前有多个版本，还被译成多种文字，在海外出版。其每篇记述一个奇人趣事，各自独立，图文并茂，内容虽互不相关，但"读起来正好是天津本土的'集体性格'"。

【设计意图】知晓作者及作者对于传统文化的贡献。

三、写作背景

书中所讲的故事，多以明末清初天津卫市井生活为背景。当年，天津卫既是水陆交通要道，也是世人瞩目的开放城市，所以，在天津卫生活的人，"不强活不成，一强就生出各样空前绝后的人物"。

故事的主人公，都是"俗世"中人，然而又不是普通人，是"俗世"中的"奇人"。一个个"奇人"，姓甚名谁都已淡出记忆，只留下颇有嚼头的外号供人们玩味。

【设计意图】了解当时的社会环境。

四、语言特色

冯骥才被誉为"津味小说家"。天津人常把"好像"一词说成"赛"，把"什么"一词说成"嘛"，还有把"傲气"说成"牛"，把"放下"说成"撂"，把"失败"说成"栽"。

【设计意图】了解"津味小说"的语言特点。

五、文章解读——走近《刷子李》

（一）导入

在天津的各行各业，都有几个本领齐天的"活神仙"，天津人喜欢把这种人的姓和他们擅长的行当连在一起称呼，如"刷子李""泥人张""风筝魏"，他们的绰号是自身技艺和家族姓氏的结合。

（二）聚焦"刷子李"

1. "刷子李"就是一位粉刷墙壁的姓李的师傅。世界上有那么多粉刷墙壁的人，为什么只有他被称为奇人呢？他"奇"在何处？

文章是从三个方面来写"刷子李"的技艺高超：效果奇，规矩奇，动作奇。

2. 正面描写：刷墙的动作娴熟优美，刷墙的效果平整、雪白。这些都是对"刷子李"刷墙情景的正面描写。

3. 侧面描写：作者为什么花了这么多笔墨来写另外一个人物——曹小三呢？这是一种侧面烘托的写作方法，借曹小三来表达作者对"刷子李"这个俗世奇人的佩服。

【设计意图】通过具体的篇目，了解"俗世奇人"的内涵。

六、拓展延伸

冯骥才先生曾在本书序言中写道："笔录奇人妙事，供后世赏玩之中，得知往昔此地之众生相耶？"在他笔下，奇人荟萃，一个个人物就如同一道道民族的风景线，记录着一段段历史。

【设计意图】激发学生的阅读兴趣。

《小太阳——浅而有味的语言魅力》教学设计

▌语文部　五年级　张　璐　杨晓雅

教学目标

1. 了解《小太阳》整本书的写作特色。

2. 通过阅读、欣赏，总体感受作品的语言魅力，激发学生的阅读兴趣。

教学重点、难点

了解整本书的写作特色，通过阅读、赏析，感受作品的语言魅力。

教学过程

一、回顾导入

（一）问题导入

结合上节课的学习，回忆《小太阳》的故事结构与内容。

（二）了解语言艺术，引发阅读兴趣

1. 出示德国作家作品《父与子》的相关内容，引导学生了解《小太阳》这本书也是描写普通民众生活，表露暖暖的人情味的作品。

2. 结合我国台湾儿童文学作家管家琪对《小太阳》的评价语，感受本书的特色。

3. 通过高尔基的名言，引出《小太阳》的语言艺术特点，激发学生的阅读愿望。

【设计意图】通过引入名著《父与子》、我国台湾著名儿童文学作家的评价以及高尔基的名言，进行阅读知识迁移，整体表现《小太阳》的语言艺术特点，激发学生的阅读兴趣。

二、了解《小太阳》的总体写作特色

介绍作者林良作品的风格——"浅语的艺术"。

1. 结合学生读过的文本内容，引导学生思考并说说什么是"浅语的艺术"。

2. 出示《小太阳》的语句片段，朗读体会"浅语的艺术"通俗易懂的特点。

【设计意图】通过具体文本内容，对"浅语的艺术"这个概念进行解读，帮助学生了解《小太阳》的总体写作特色。

三、整体感受作品的语言魅力

（一）"浅而有味"的语言风格

1. 语言风趣，引人入胜。

（1）出示书中《霸道的两岁》的精彩片段，有感情地朗读并思考：这些词用得好不好？好在哪里？引导学生体会文中儿童形象的生动可爱。

"设法""捆""占领""得意""舵手""奴役"。

小结：这实在是林良的幽默之处。这样的描述让我们体会到了父女间的天伦之乐，不禁感叹：儿女实在是父母最甜蜜的负担啊！

（2）拓展延伸：介绍书中的几篇文章《洗澡》《"大"》《到金山去》，感受作者幽默的文笔。

2. 运用多种修辞方法，灵活传神。

（1）出示书中精彩片段，并朗读。

（2）思考：片段运用了什么修辞手法？感受拟人和排比写法的运用突出了情感的表达。

（二）真挚感人的情感意味

1. 深切的爱子之心。出示文章精彩片段，朗读并感受父爱的博大无私。联系实际，引导学生懂得爱、懂得感恩。

2. 深沉的夫妻之情。默读精彩段落，感受幸福的家庭就是彼此爱护、包容的港湾。

（三）深入浅出的人生哲理

1. 亲子阅读分享。

出示林良的话，与父母一起思考问题并分享感受：为何团聚会"拆散"？为什么说父母能疼子女的时间是短暂的？人生又为什么是一个人的孤独远征呢？

2. 指导朗读，感受"爱"的意义。

出示文章精彩片段，朗读并说说自己的感受。体会作者笔下"爱"的伟大之处，就是爱是无私的，是不计回报的。

【设计意图】通过对书中精彩片段的朗读、写作手法的赏析，亲子阅读分享，引导学生体会《小太阳》的语言魅力及其中的情感内涵。

四、深入阅读拓展

（一）引发思考，激发对整本书的阅读兴趣

作者一家都发生了哪些趣事？什么样的温馨情感这么打动人心？让我们继续深入阅读吧。

（二）阅读拓展延伸

文学是语言的艺术，可以把喜欢的作家的作品再读一读，看看作品中的语言是不是也有自己的特点呢？

【设计意图】力求带动学生对整本书的阅读兴趣，懂得学以致用，在之后的阅读中学会关注并感受其他作品中的语言特点。

《小太阳——运用"关注"方法进行阅读》教学设计

■语文部　五年级　孙　鸿

教学目标

　　1. 阅读学习《小太阳》第一卷，初步感受平凡生活中的真情。
　　2. 初步感受作家浅白、幽默又充满感性的笔触。
　　3. 学会将三种"关注"方法运用于阅读。
　　4. 在学习中善于思考，学习后将感受与收获在班级群中分享。

教学重点、难点

　　学会将三种"关注"方法运用于阅读。

教学过程

一、回顾导入

　　对于《小太阳》这一作品的鉴赏，许多读者都有着共同的感受，那就是充分体现了林良爷爷的"浅语的艺术"这一儿童文学风格。"浅语的艺术"是指儿童听得懂、看得懂的浅显语言，但同时又是艺术的，浅而不白，浅而有味。

　　上节课，同学们是从三个方面进行学习的：第一方面是"浅而有味"的语言风格，也就是语言浅显、通俗易懂；第二方面是"真挚感人的爱子之心"，通过深切的爱子之心和深沉的夫妻之情来表达；第三方面是林良爷爷用语言展现了"深入浅出的人生哲理"。

　　【设计意图】回顾上节课重点，承上启下，引出新课的学习。

二、共同关注

　　（一）关注文章内容

　　预设1：为什么叫"小太阳"？

　　全书处处可见令人莞尔的神来之笔，平凡里见真情，淡泊中有深意，是读者心目中永远温暖的光源所在，如同太阳。读完这本书，能发现自己的家的可爱，更能爱自己的家。

　　预设2：林良爷爷作为父亲的时候，通过语言文字把三个孩子对待洗澡的态度描写出来。那么从《洗澡》这篇文章中我们能感受到三个孩子都有怎样不同的表现呢？

　　老大是一个很有主见、慢性子的孩子；老二的风格是另外一种，属于"万事起头易"的那一类，是个爱读书的孩子，她会利用爸爸让她洗澡的时间看书；老三是个可爱、充满了童真童趣的孩子。

　　（二）关注作者视角

　　作家以第一人称的方式，讲述了发生在自己家里的故事。随着时间的推移，林良爷爷自身的角色也在发生着转变。以"父亲"的视角去讲故事，让作为孩子的我们读起来感到特别亲切，易于理解。

　　（三）关注作者语言

　　阅读《小太阳》这一作品的语言后，发现林良先生以浅白、幽默又充满感性的笔触，讲述了平凡生活中的真情故事。他的文字浅白而有味道，淡泊中有深意，为读者带来温暖与智慧。

　　《小太阳》中作者以"丈夫""爸爸""主人"的视角写来，文字通俗易懂。作者运用少年"所熟悉的真实语言"列举了许多事件及小故事，娓娓道来，贯彻"浅语的艺术"儿童文学理论，不疾不徐，怡然自得地与少年朋友走在同一条路上，一起谈着话，进而为"少年文学"树立了典范。

　　【设计意图】通过"关注文章内容""关注作者视角""关注作者语言"三种方法进行了学习。

　　三、总结延伸

　　《小太阳》第一卷记录了林良爷爷人生中许多个宝贵的"第一次"，他用流畅的文笔，诙谐幽默的笔触，栩栩如生地把生活琐事呈现给了读者，让我们在不经意间会感慨：原来我们每个人的"家"是如此可爱。

　　【设计意图】总结本课教学内容，引导学生学习下节课内容。

《小太阳——寂寞的球》教学设计

▋语文部　五年级　韩凯旋

教学目标

1. 阅读第四卷《寂寞的球》，了解作者和女儿们的八个小故事。
2. 感受林良幽默、不落俗套的文笔，运用多种修辞，使文章生动传神。
3. 在运用语言、发展思维的过程中，感悟作者由日常小事引发的哲理。

教学重点、难点

在运用语言、发展思维的过程中，感悟作者由日常小事引发的哲理。

教学过程

一、回顾导入

同学们，前几节课我们一起阅读了《小太阳》的前三卷，你印象最深的故事是什么呢？对你影响深刻的原因又是什么呢？

学生回顾前三卷故事，交流故事内容，并聚焦林良幽默、运用多种修辞，使文章生动传神的写法。

今天我们将一起走进第四卷《寂寞的球》，走进林良爷爷的家庭生活，去感受林良爷爷那幽默传神的文笔。

【设计意图】谈话导入，回顾上一节课的内容，引出新一卷的故事，有回忆有温度地承上启下。

二、片段赏析，感受独特文笔

学生阅读思考：第四卷的八个小故事最为幽默传神的地方有哪些？

预设1：《寂寞的球》中，父亲与玮玮的几次对话，非常直白且传神。无论是玮玮一个人坐在窗台上玩那四只嵌磁铁的小"亲嘴狗"时，父亲与她的对话，还是父亲专心写稿时，玮玮突然出现来"骚扰"父亲求玩耍时的对话，都让人觉得生动有趣、脑海中画面感很强。

预设2：《暑假杂感》中，玮玮被爸爸妈妈乘公交车"拖"着上幼儿园的片段、樱樱面对功课重担独创的特殊的"夜读"模式的描写，以及琪琪面对功课"做完就睡"的哲学问题，三姐妹和学习有关的习惯特点非常鲜明，描写得非常传神，令人忍俊不禁。

预设3:《"打架教育"》中关于谁是家长的排序，太有趣。一口气读下去，从父亲、母亲、三个女儿（按年龄）到斯诺白狐狸狗，最后竟然轮到后院鸟笼里那只小啾啾，父亲的语言中藏着童真、藏着大爱、藏着吸引人的魔力。

【设计意图】通过开放性的话题讨论，全面提升学生"获取信息""形成解释""作出评价"的能力，促使学生需要全面、辩证地看问题。

三、不同视角，感受深切的父爱

学生阅读思考：这些和孩子们相处的日常小故事中，从哪里可以感受到父亲对三个女儿深沉的父爱？

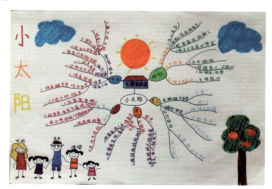

预设1：面对玮玮。

玮玮在最需要人陪伴的年龄，偏偏遇上了家里的大建设时代，每个人只顾埋头努力，无法分心。她努力想破坏这个局面，因此天天有小"冲突"发生。"因为她是刚从天国来的，她知道亚当、夏娃所住过的伊甸园并不像家里这样紧张。"这句直白浅语背后是爸爸对小女儿的心疼、呵护与亏欠之感，字里行间可见深沉的父爱。

预设2：面对孩子们忙碌紧张的学业。

"还好，暑假忽然到了。'考试'自然地过去了。成绩好，成绩坏，忽然都不必担心了。荷塘，有了。蝉鸣，有了。玮玮的海，也可以有了。我们过了一关。我们走进了'暑假'。"这个片段表达了考试后那种和孩子一起"胜利大逃亡"的喜悦：孩子们获得自由、恢复本色时父母那种幸福和得意，舐犊情深，溢于言表。

【设计意图】在交流与思辨中，教师还须引导学生感受家庭幸福瞬间背后藏着的父亲深沉的爱。

四、总结

第四卷的一个个小故事，描述了一家子的喜怒哀乐，更让我们从幽默传神的文笔背后感受到了父亲深沉的爱。

《小太阳——平凡生活快乐体验》教学设计

▌语文部　五年级　孙金艳

教学目标

1.阅读第五卷《焚烧的年代》，了解作者及家人日常生活的九个小故事。

2.感受林良的写作特色，同时体味作者作为父亲、丈夫，对家人、对生活的乐观积极的态度。

3.回顾整本书，重温作者观察生活的独特视角及语言特点，提高学生的阅读兴趣。

教学重点、难点

阅读品味作者的写作特色，体味作者作为父亲、丈夫，对家人、对生活的乐观积极的态度。

教学过程

一、回顾导入

请同学们回忆：前四卷里哪些小故事给你留下了深刻印象呢？是《霸道的两岁》中两岁的玮玮和姐姐们"争夺"爸爸的情景，还是《"打架教育"》中关于长幼排序的情节？你们感受到故事中的趣味和林良先生对生活的热爱了吗？

【设计意图】激发学生阅读和学习的兴趣，引导学生了解本节课的学习重点，做到有的放矢。

二、赏析，感受作者独特的视角和风趣的语言

（一）走进故事内容

预设：

第五卷	家人	题目	内容
《焚烧的年代》	作者	《肥胖季节》《听》	冬天穿棉衣的快乐；家庭琐事
	妻子	《女厂长》	妻子在管理家庭生活时的耐心、爱心
	女儿	《单车上学》《焚烧的年代》《玮玮的客人》《塑料快餐》《小蚂蚱》	不同时期的孩子们的日常

不难看出，作者关注着家人的方方面面，每天都有新奇的事情发生，有时候连称呼都与众不同。

（二）品味作品的语言魅力

预设1："女厂长"？多奇怪的称呼，从《女厂长》中能感受到作者对妻子的崇拜、肯定与爱，语言特色更是淋漓尽致地体现出来。

预设2：作品中描写女儿们"精彩"生活的小故事是少不了的，它们如精灵般带领我们开启一个个愉快的精神旅途，这就是"浅而有味"的艺术效果。

【设计意图】让学生对《小太阳》第五卷有整体的认识并梳理出精彩内容，再次品味作者"浅而有味"的语言艺术特色。

三、回顾整本书，感受作者对生活的热爱

（一）回顾分享，感悟情感

第五卷描述了作者的家庭生活。《小太阳》中很多情节都在描写平常的琐事，但这些在作者眼中是珍贵的。

预设1：作为三个女儿的父亲，作者描述最多的就是他和女儿一起的时光。浅近而生活化的语言深深地吸引了我们，从朴实的语言中我们感受到作者作为父母的得意和幸福。

预设2：作者的妻子，也是三个孩子的妈妈，在家庭中有举足轻重的作用，《她》《半人》《女厂长》等文就是专门描写她的。

预设3：在《小太阳》中，你会发现生活中不经意的琐事都让作者有所启迪，生命如此珍贵，每一份爱都值得尊重和铭记。

（二）启发引导，联系生活

林良先生说："如果我不怕'记流水账'，家庭生活的题材实在是俯拾皆是。但是我写得很认真，痴心地想在'流水账'里寻求一点意味；入迷地拆散流水账，组合成新秩序。"你从一篇篇小故事中感受到亲切熟悉了吗？因为你的生活中也有相似的经历，这就是这本书的魅力！

【设计意图】回顾整本书，引领学生继续挖掘作者对家人、对生活的热爱，建立与生活的联系，激发学生的阅读兴趣。

四、拓展阅读

《爸爸的十六封信》一书中整理了林良先生写给女儿的家信。信中，作者通过讲述幼时趣事和长大后的生活体验，向女儿樱樱娓娓道出了人生的种种道理。大家赶快读一读吧。

【设计意图】倡导学生阅读同一作者的不同作品，激发学生的阅读兴趣和热情，做到"得法于课内，得利于课外"。

《鲁滨逊漂流记——多角度评价人物》教学设计

▍语文部　六年级　乔　浙

教学目标

1. 借助目录了解所学章节的主要内容。
2. 聚焦"环境"和"人物心态"的变化，感知人物形象。
3. 联系自己在生活中遇到的困难或烦恼，尝试运用"好处"与"坏处"对照的表达方式。

教学重点、难点

聚焦"环境"和"人物心态"的变化，感知人物形象。联系自己在生活中遇到的困难或烦恼，尝试运用"好处"与"坏处"对照的表达方式。

教学过程

一、问题导入，激发兴趣

教师引导：同学们，通过上节课的学习，我们知道鲁滨逊被冲到了一座荒岛上。读到这里，你心中产生了哪些疑问？现在就带着疑问翻开书，我们一起走进鲁滨逊的传奇人生。

【设计意图】带着疑问学习，能更好地激发学生的学习兴趣。

二、回顾内容，了解大意

教师引导：课下我们阅读了"第二章　荒岛生活"的第 1~6 节，想一想这部分写了哪些内容？

师生交流：借助目录回忆主要情节。

【设计意图】借助目录可以快速了解章节大意。

三、聚焦变化，交流感受

（一）关注环境变化，感受人物形象

教师引导：鲁滨逊被冲到了一座荒岛上。他醒来后看到了什么，又是怎么做的？你看到了一个怎样的鲁滨逊？

师生交流：重点品读环境描写，了解小说的情节是在人与环境的矛盾冲突中不断推进的。鲁滨逊的特点正是在他不断面对困难、适应环境、改造环境的过程中，一步步凸显出来的。

（二）抓住典型情节，把握心理变化，对人物作出评价

1.阅读节选部分，了解主要内容。

教师引导：老师节选了第三小节第67~70页的一部分内容，请同学们读一读，思考这部分主要写了什么内容。

师生交流：可以借助表格来梳理内容。

遇到的困难	克服困难的办法	主要内容

2.把握人物心态变化，对人物作出评价。

（1）把握人物心态变化。

教师引导：一个人独自在荒岛生活，他的心情是怎样的？请同学们继续默读节选并思考：鲁滨逊在荒岛上克服了重重困难，他的心态发生了怎样的变化？

师生交流：抓住关键语句，尝试画出鲁滨逊的心态变化图，阐述他心态的变化。

（2）感悟精神光辉，多角度评价人物。

教师引导：刚刚我们了解到鲁滨逊的心态发生了很大的变化，现在找出你认为最能体现"鲁滨逊精神"的内容，想一想鲁滨逊是一个怎样的人。

师生交流：可以联系小说的上下文进行比较阅读，也可以抓住"好处""坏处"表，感受鲁滨逊的智慧、勇敢、乐观……

【设计意图】引导学生抓住环境描写、内心独白，多角度感悟人物形象，做到有理有据阐述理由。

四、联系生活，拓展延伸

教师引导：同学们，我们在生活中都会经历不少挫折，想想最近你遇到了什么困难或烦恼吗？能不能试着像鲁滨逊那样把"好处""坏处"列出来看一看？说说这样做对你是否有帮助？

师生交流：学生把生活中遇到的困难或烦恼，通过列表的方式分析出"好处"和"坏处"，辩证地看待每一件事，乐观地面对生活。

【设计意图】将作品与自己建立联系，获得辩证看待问题的方法。

五、课堂总结，布置作业

孩子们，你们想知道鲁滨逊后来在岛上又遇到了哪些困难吗？请你继续阅读《鲁滨逊漂流记》。

《世说新语——品连珠妙语　悟言谈智慧》教学设计

▌语文部　六年级　蔡　琳

教学目标

1. 在话题讨论中，感受魏晋时人物"思维敏捷、长于辞令"。

2. 初步感悟《世说新语》言语简洁，抓住人物特点来描绘的风格特点。

教学重点、难点

在话题讨论中，感受魏晋时人物"思维敏捷、长于辞令"。初步感悟《世说新语》言语简洁，抓住人物特点来描绘的风格特点。

教学过程

一、话题讨论，聚焦人物，品妙语连珠

以旧知《杨氏之子》引入《世说新语》言语篇的阅读讨论。

话题1：哪个人物的言谈给你留下了深刻的印象？

话题2：为什么这样的言谈能给你留下深刻印象？

（一）孔融妙对

边读边思考：

1. 孔融在什么情况下说了什么？

2. 陈韪为什么会尴尬？

3. 孔融的语言艺术的高超体现在哪儿？

4. 再读故事，孔融给你留下了怎样的印象？

教师小结：孔融小小年纪，思维敏捷，表达时能够运用典故，还能运用以子之矛攻子之盾的方法，聪明机智。

（二）徐孺子赏月

1. 边读边思考：徐孺子同意赏月之人的观点吗？为什么？

2. 徐孺子的回答巧妙在哪里？

师生交流：徐孺子另辟蹊径，联想到眼中瞳仁作对比。

3. 如果你就在现场，听到这样的对

话，你会怎么表现呢？

师小结：徐孺子独特的思维给我们留下了深刻的印象。

（三）邓艾口吃

边读边思考：

1. 邓艾是怎么给自己解围的？

2. 你欣赏邓艾的回答吗？为什么？

师生交流：邓艾引用《论语》，既反驳了对方，又不失礼，巧妙之极。

3. 再读故事，感受邓艾语言的巧妙。

【设计意图】本环节的设计首先引导学生结合注释，读懂故事中人物对话的巧妙之处；接着引导学生思考回答的高超艺术性；然后把学生带入情境，在朗读和练习表达的同时加深理解，获得情感的体验。层层递进的设计，旨在引导学生思维能力的提升。

二、联系比较，深入思考，悟言谈智慧

为什么这样的言谈能给我们留下深刻印象呢？

昔先君仲尼与君先人伯阳，有师资之尊，是仆与君奕世为通好也。

想君小时，必当了了！

不然，譬如人眼中有瞳子，无此必不明。

凤兮凤兮，故是一凤。

（一）语言凝练彰显简洁之美

师生交流：人物的语言都是短句，生动且有节奏感，有一种简洁之美。例如邓艾利用典故"凤兮凤兮，故是一凤"使自己脱离窘境。短短八个字，四两拨千斤。

（二）语言描写凸显人物特点

师生交流：作者抓住人物特点来写。例如表现孔融的聪慧，作者抓住一个典型的特定的事例，写出孔融冷静巧妙地反将一军，其思维敏捷、生动传神的人物特点跃然纸上。

老师小结：我们不仅从这50篇中感受到魏晋时期士人的连珠妙语，更感受到《世说新语》的语言精练，善用文学技巧，通过独特的言谈写出了独特人物的独特性格，使之气韵生动、活灵活现、跃然纸上。

【设计意图】本环节引导学生围绕"为什么这样的言谈能给我们留下深刻印象呢"这一问题深入思考，结合三个故事中人物的言谈，感悟他们巧妙的言谈背后，是独特的思维、丰富的学识、敏捷的反应与表达的技巧；通过抓住关键词句，在比较分析中，感受《世说新语》的艺术特色：语言凝练彰显简洁之美，语言描写凸显人物特点。

《世说新语——感受魏晋时期的精巧技艺》教学设计

▌语文部　六年级　孔宪梅

教学目标

1. 借助注释、译文，了解魏晋士人在绘画、书法等方面的故事，体会其在艺术方面的精巧技艺，使学生获得轻松的阅读体验。

2. 体会《世说新语》精练简约的语言特点，以及通过侧面描写、语言描写、典型的事例等方法突出人物特点的写作手法。

3. 积累语言，了解传统文化，培养家国情怀。

教学重点、难点

借助注释、译文，了解魏晋士人在绘画、书法等方面的故事，体会其在艺术方面的精巧技艺，使学生获得轻松的阅读体验。体会《世说新语》精练简约的语言特点，以及通过侧面描写、语言描写、典型的事例等方法突出人物特点的写作手法。

教学过程

一、回忆旧知，激趣导入

上节课我们一起讨论了《世说新语》中《捷悟》篇的小故事，领略了这部文言小说简约传神的语言风格，了解了古代一些才思敏捷的人物。

这节课，我们继续了解一些能人，看看他们在艺术方面都有哪些绝技。

【设计意图】复习上节课所学，引入新知，激发学生的学习兴趣。

二、解释题意，整体感知

（一）解释题意

题目《巧艺》是什么意思？

（二）整体感知

1.《巧艺》一共有十四个小故事，浏览一下，看看作者都写了魏晋士人的哪些精巧技艺。

2.《巧艺》篇每个故事写的是什么？你从中有什么发现？

3. 七、九、十一、十二、十三、十四这六则都是写大画家顾长康的故事。

顾长康是一位怎样的画家？他是否像人们说的那样？

【设计意图】梳理故事内容，总结共性之处，凸显主要人物。

三、观顾长康，体艺之巧

（一）回忆学习方法

同学们，你们还记得学习文言文的阅读方法吗？

（二）品味顾长康传神绘画

1. 初识顾恺之。

请大家按照学习方法，自学六则小故事，思考：你是从哪些语句感受到画家精巧技艺的？填写在表格中。

故事序号	体现画家精巧技艺的语句	你的感受
七		
九		
十一		
十二		
十三		
十四		

2. 走近顾恺之。

大家都来读读这六则故事，分别说说画家顾恺之的精巧技艺你是从哪些语句中感受到的。

（三）感悟写作特色

1. 语言简短。

2. 运用侧面描写：名人的评价，细节的传神刻画，抓住故事中最具代表性的精髓，通过独特的言谈举止写出了独特人物的独特性格。

【设计意图】读故事，抓语句，品味精湛传神的绘画技艺。

四、拓展延伸，深入阅读

为什么顾恺之的绘画技艺如此精巧？请你们读读这个故事。

你对顾恺之又有哪些新认识？

赏析顾恺之作品：《女史箴图》《洛神赋图》。

拓展鉴赏：书法家王羲之的代表作《兰亭序》；石窟艺术——山西大同云冈石窟、河南洛阳龙门石窟。

【设计意图】组合阅读，进一步了解顾恺之刻苦学画的场景及同时期艺术家的精巧技艺。

五、课后作业

课下，把《言语》《捷悟》《巧艺》联系起来读一读，看看有没有新的思考及收获。

《哈克贝利·费恩历险记——整体感知》教学设计

▍语文部　六年级　朱　玲

教学目标

1. 回忆阅读小说的方法，初步了解成长小说。

2. 阅读目录、译序，整体感知内容，激发学生的阅读兴趣。

3. 了解作者生平及创作背景，进一步了解《哈克贝利·费恩历险记》。

教学重点、难点

利用封面、目录、序言等部分感知作品内容，熟练运用多种方法展开阅读。

教学过程

一、回忆旧知，激趣导入

同学们，在上学期的语文课中，我们进行了小说单元的学习，你们都积累了哪些阅读小说的方法呢？今天，老师又给大家带来了一部新的小说——《哈克贝利·费恩历险记》。这是一部经典的成长小说，在阅读的时候，同学们可以关注哈克的成长过程，去感悟成长的意义。

【设计意图】通过问题导入，引导学生回顾上学期学习小说的方法，学会知识的运用和迁移。

二、整体感知，了解整本书

当我们拿到一本书时，首先要对它有个整体的认识：封面、目录、序言等都可以帮助我们快速了解一本书。

（一）通过目录，了解作品

1. 我们一起先翻开目录部分，请大家看一看，你发现了什么？

2. 目录中除了有主人公小哈克以外，还有哪些人物？他们都是干什么的？

3. 你对哪个人物最感兴趣？可以找到相关章节读一读。

【设计意图】目录可以很好地帮助我们了解一本书，应指导学生通过目录怎样快速了解书的内容，从目录中应该读出什么。

（二）通过译序，了解作品

1. 同学们自己读读译序部分，看看你能从中知道什么。

2. 请你再来看看译序，小说主要讲了怎样一个故事呢？

【设计意图】很多学生不了解序言或译序的作用，从而忽略，读懂译序能让学生多角度了解这本书，突出了导读的作用。

三、走进小说，了解方法

通过译序，我们对这部作品有了更多的了解，接下来，我们应该怎样继续读这本小说呢？

（一）梳理情节

1. 这部小说的情节跌宕起伏，找一找：三次象征死亡和再生仪式的惊险情节是什么呢？

2. 我们在阅读时有什么好方法梳理这些有意思的情节呢？

（1）通过画历险地图来梳理这些情节。

（2）通过思维导图的形式来厘清历险经历。

【设计意图】情节是小说的骨架，思维导图和历险图等形式为学生厘清情节提供了指导方法，打开了阅读思路。

（二）分析人物

1. 出示第十六章节选，读读这段文字，你感受到了什么？

2. 作品中有许多生动的人物形象描写，我们可以用什么方法来分析人物的形象呢？

（1）撰写角色日志。

（2）给人物画四格漫画。

【设计意图】人物是小说的灵魂，教师带领学生通过心理活动描写分析哈克这个人物的形象，也为学生分析其他人物进行了铺垫，引导学生在阅读中使用对比、分析等方法，做到不动笔墨不读书。

（三）感受环境

出示环境描写的相关段落，边读边想：这两段文字描写的是什么？有什么相同之处吗？

思考：这样的描写对情节发展和人物塑造起了什么作用呢？写上批注。

【设计意图】"授人以鱼，不如授人以渔。"在经典阅读的导读中，不仅要培养学生的阅读兴趣，还要适当地教给学生一定的阅读方法，让学生读出门道，读出味道，这样学生阅读的兴趣才能提高。

《哈克贝利·费恩历险记——次要人物形象刻画》 教学设计

▍语文部　六年级　谷思艺

教学目标

1. 了解吉姆、"国王"和"公爵"、汤姆这几个次要人物形象的性格特征。

2. 重点品读吉姆的人物形象，感受吉姆的忠厚善良、渴望自由，以及他对哈克的深刻影响。

3. 在对比阅读中体会人物形象的异同，以及不同人物对主人公哈克的影响和作用。

教学重点、难点

在对比阅读中体会人物形象的异同，以及不同人物对主人公哈克的影响和作用。

教学过程

一、回顾引入

（一）结合图片，带领学生回顾之前所学

1. 借助关键词，回顾作者马克·吐温。

2. 借助思维导图，梳理故事的主要内容，把握哈克冒险的主要情节。

3. 借助关键词，回顾善良、勇敢的主人公哈克。

【设计意图】借助图片，直观地梳理已学过的知识，激发学生继续学习的兴趣。

二、初识人物形象

（一）结合人物关系图，从整体上了解小说人物

（二）连一连，初步感受人物形象

1. 出示人物名字和图片，试着将人物形象和其名字对应，连一连。

2. 再出示各人物关键词，初步感知人物。

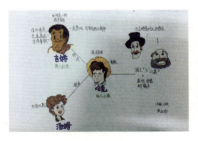

【设计意图】借助图片、关键词，让学生对其他人物有初步的认识和感知。

三、重点品读，认识吉姆

（一）引入

1. 整个故事是从哈克与吉姆相遇开始逐步展开的，吉姆是仅次于主人公哈克的重要角色。

2. 出示吉姆和主人公哈克的图片，并进行对比，引发学生思考。

3. 小结：当哈克和吉姆两个人站在一起，仅从人物形象上就是一种反差：白人小孩和黑人小孩；肤色、种族、阶级有着诸多不同的两个人，却有着相同的追求——自由，这让他们一起走上了去往卡罗镇的自由之路。

（二）吉姆对于哈克

1. 吉姆是哈克的朋友。通过小说第十四章和第二十三章相关内容，引导学生感受吉姆的憨厚淳朴。

2. 吉姆是哈克的保护者。通过小说第九章语言和动作的描写，引导学生感受吉姆对哈克的照顾，感受吉姆的忠厚善良。

3. 吉姆通过一些例子而不是规则去感动和教育哈克。通过小说第十五章对吉姆神态和语言的描写，感受吉姆是一个客观公正、有良心、有尊严的人，进一步感受吉姆对哈克的成长所起的积极的推动作用。

4. 吉姆虽然愚昧，却具有独立精神。这让哈克和我们认识到"人的好坏不应以种族而定"。

【设计意图】联系原文，引导学生抓住对于人物的语言、动作、心理、神态的细节描写，感受人物特点和品质。

四、阅读片段，感受其他人物

（一）对比阅读，认识"国王"与"公爵"

1. 思考：两个名字上的引号有何用意？（他们是两个骗子）

2. 阅读小说第二十二章和第二十六章相关片段，感受两个骗子的邪恶。

3. 与吉姆对比，感受人性与肤色并不存在直接的关系，体会作者借此讽刺了当时社会的种族歧视和蓄奴制。

（二）认识汤姆

1. 联系已阅读过的作品《汤姆·索亚历险记》，认识汤姆。

2. 借助小说第三十四章和第四十章相关内容，感受汤姆坚强、乐观、讲义气的人物特点。

五、总结

作者通过对这些人物语言、动作等具体细致的描写，使我们对他们的性格特征有了进一步的了解，也知道了这些人物不仅推动着故事情节的发展，更对主人公哈克的成长有着深刻的影响。

《哈克贝利·费恩历险记——整本书阅读方法回顾》教学设计

▌语文部　六年级　张　聪

教学目标

1. 了解整本书阅读与单篇文章阅读的不同，掌握"批注"这种重要的阅读方法。

2. 拓展阅读相关书籍，加深对《哈克贝利·费恩历险记》的理解。

教学重点、难点

了解整本书阅读与单篇文章阅读的不同，掌握"批注"这种重要的阅读方法。

教学过程

一、整本书阅读与单篇文章阅读之异

1. 整本书的篇幅更长，文字体量更大，我们需要花更多的时间来阅读。更重要的是，在阅读过程中会经历不断发现、不断体验、不断寻觅、不断思考的过程。

2. 一本长篇或者中篇小说，情节往往更加曲折生动，人物形象也更为复杂。

3. 整本书所承载的文化内涵更为丰富、厚重，为我们展现出的社会文化背景也更广阔。要想真正读懂一本书，很多时候我们甚至需要对小说作者的思想、小说中所反映的时代背景有深入的了解。

【设计意图】总结整本书阅读与单篇文章阅读之异，为整本书阅读的方法指导做铺垫。

二、学习阅读批注

（一）了解批注的意义

带着问题读，带着思考读，阅读中的收获会更大一些，得到的乐趣也会更多一些。

（二）批注方法

有自由批注和围绕着主题进行批注两种。

批注主题举例：

1. 你觉得此时的美国社会是"文明"的还是"野蛮"的呢？从哪些地方我们能看到美国社会快速发展过程中的文明与进步？又从哪些地方我们能感受到资本主义社会的黑暗与丑陋？

2. 关注书中"有规律的重复"：小说中的大河——美国著名的密西西比河，往往在什么场景下出现呢？它有着怎样的象征意味呢？

【设计意图】了解批注方法，为学生自主批注阅读打好基础。

三、拓展阅读同类型的书籍

1. 阅读《汤姆·索亚历险记》，关注《汤姆·索亚历险记》与《哈克贝利·费恩历险记》在主题上、在主人公的塑造上的不同之处。

2. 阅读美国斯托夫人写的《汤姆叔叔的小屋》，因为在《哈克贝利·费恩历险记》中涉及了美国早期的黑奴问题，如果大家想深入了解这个问题，《汤姆叔叔的小屋》是绕不过去的一本书。这本书通过对汤姆叔叔、乔治夫妇等黑奴们曲折经历的描述，揭发和控诉了当时美国黑暗的奴隶制度。

3. 阅读英国文豪狄更斯的小说《雾都孤儿》。这同样是一部以儿童为主人公的小说，同时也更加鲜明有力地揭露了资本主义社会的丑陋与冷酷。

【设计意图】拓展学生的阅读视野，加深对于《哈克贝利·费恩历险记》的理解。

"经典阅读" 英语课程设计理念

在最初的4周时间里，史家教育集团英语部迅速响应号召，结合教学实践，以落实核心素养为目标，以提升学生的学习能力为指向，以多样的文化主题和文学作品为载体，为促进学生心智发展、提高跨文化交际能力，设计出史家"互联网+英语教育"1.0版本课程。

低年级——寓教于乐，把准起点；新创课程，弥补不足

低年级以Phonics课程为重点，学生掌握了拼读规律后读词能力会大大提高。在日常教学中，由于课时有限，不能充分地进行语音知识拓展。这段时间，可以帮助学生们很好地进行梳理、巩固，为自主阅读奠定基础。

中年级——思维培养，探寻支点；以趣激学，乐中求知

中年级以故事绘本为主线，给予学生原汁原味的英语渗透，培养学习兴趣。并且努力让学生成为学习的主导，教师从文中提炼语言结构，学生依据语言框架，进行补充、续编或完全自主创编故事。让学生参与进来，真正做到让英语成为交流的工具。

高年级——学科育人，走向高点；跨界融合，启迪未来

高年级英语经典阅读课程打破了学科边界，为学生严选了丰富的阅读题材，以拓宽文化视野。阅读选材涉猎自然科学、人文社会、历史文化、艺术音乐、故事戏剧等相关领域，不仅是对学校日常教学的补充和丰富，更给了学生一把通往文化世界的钥匙——用英语去探索未知的世界。

经典阅读《Jesse》教学设计

▌英语部 一年级 李 洁

本节课的授课对象是史家教育集团一年级学生。针对学生英语阅读欠缺的问题，在"延期开学不停学"阶段，我们选取了海尼曼分级读物作为学习内容，提高学生的学习兴趣，培养阅读习惯。本节课讲的是 G1 级别绘本《Jesse》，主题是颜色。

教学目标

1. 语言能力。通过本课的学习，学生能大声朗读绘本，会用"I like my..."这一句型来描述自己喜爱物品的颜色，能独立地运用语言知识来表达自己拥有的物品及物品的颜色。

2. 文化意识。通过本课的学习，引导学生观察身边物品的颜色，培养学生热爱生活、发现生活中的美的意识。

3. 思维品质。培养学生从不同角度思考问题的思维品质。

4. 学习能力。巩固和提高学生的学习习惯与兴趣。

教学重点、难点

1. 能用英文表达不同的颜色。

2. 能用"I like my..."来表达自己拥有的物品及心爱物品的颜色。

3. 能逐渐养成英语阅读的习惯。

教学过程

一、读前环节

给学生提供了与主题相关、歌词较短、朗朗上口的英文歌曲，来提高学生的学习兴趣，使他们尽快融入英语课堂。配合歌曲内容，教师给出相应的说明性文字，指导学生学习。学生带着教师的问题"What color do you see"听一遍歌曲。第二次欣赏歌曲时，学生学唱、模仿歌曲。

【设计意图】通过观看歌曲视频，配合学习单上的问题，使学生感受到居家学习时，老师也陪在他们身边。这种和课内教学模式一致的教学行为，把学生引入熟悉的教学环节中来，通过欣赏和演唱歌曲，引出本节课主题，激发学生兴趣。

二、读中环节

1.第一次阅读：学生浏览绘本，了解大意。

2.第二次阅读：观看绘本视频，回答问题。

Q1：What color does Jesse like?

Q2：What does Jesse have?

3.第三次阅读：学生再次观看绘本视频，通过模仿、跟读等方式阅读绘本。

4.根据 Phonics Bank，练习朗读生词，夯实基础。

【设计意图】通过阅读提示，学生可暂停或反复收看视频，帮助学生根据自身情况完成学习，减小学生居家学习时没有教师帮助的紧张畏难情绪。通过教师的提问，激发学生的阅读兴趣，培养学生的阅读策略。Phonics Bank 帮助学生解决绘本中的生词，减少阅读困难，使他们能够正确朗读绘本，逐渐喜欢上阅读，养成阅读习惯。

三、读后环节

根据一年级学生喜欢画画的特点，教师给学生布置了画一画自己喜欢的物品或者跟家人说一说自己喜欢的物品颜色的作业。学生可以根据喜好自由选择表达形式。

【设计意图】开放性作业不仅能够帮助学生复习本课内容，还能增进亲子交流，培养学生的艺术才能，促进学生多元化的发展。同时，通过作业给学生传达这样一种理念：疫情期间虽然不能出门，但是我们照样可以让自己的学习生活多姿多彩。

《Phonics 1》教学设计

▌英语部 二年级 徐 莹

教学目标

1. 以复习带动学生学习英语的兴趣。
2. 培养低年级学生的英语阅读兴趣和自然拼读习惯。
3. 拓展有 a、ai、ay 字母组合的单词拼读，增加词汇积累。

教学重点、难点

1. 能正确拼读带有 a、ai、ay 字母组合的单词。
2. 能流利地说唱带有 a、ai、ay 字母组合的歌谣。

教学过程

一、Look and read

学生跟着录音指读书本第 10 页语音部分的内容。希望同学们能够准确读出带有 a、ai、ay 字母和字母组合的单词，并复习它们在单词、句子中的发音。

【设计意图】通过复习旧知，对已学的第一单元语音知识进行分类练习。语音教学是小学低年级阶段的重点与难点，在日常教学中，由于课时有限，不能充分地进行语音知识拓展。在家学习的这段时间，可以帮助学生们很好地进行复习、梳理和巩固。

二、Watch and say

学生复习了 a、ai、ay 字母组合的发音之后，尝试着说一说视频中与教材内容相匹配的字母组合的单词。具体步骤如下：

Step 1：播放视频。

Step 2：观看视频，找发音规律。

Step 3：再次播放视频，熟练跟读。

【设计意图】a、ai、ay 字母组合作为低年级常见的经典组合，还可以在原有的单词积累上进行拓展。本节课通过三个字母组合的歌谣推荐，让学生通过读一读、唱一唱的方式进行学习并巩固拓展。通过 a、ai、ay 三个自然拼读歌谣的说唱，达到对课内复习的词汇进行巩固、对课外相关知识进行扩充的目的。

三、Practice

　　在授课过程中，老师给学生推荐了 a、ai、ay 字母组合在单词中的发音规律，课程设置便于操作，学生可以根据自己掌握的情况随时暂停，自主操练。教师建议至少练习三遍。

　　【设计意图】低年级的学生喜欢有规律的押韵说唱，喜欢朗朗上口的歌谣。学生通过观看老师推荐的歌谣，能够自主阅读歌谣内容并有节奏地进行说唱，在复习巩固旧知的同时，丰富了词汇的积累。学生在抑扬顿挫、有节奏感的歌谣中感受英语语言的韵律美。

《Phonics 6》教学设计

▌英语部　二年级　苗姗姗

教学目标

1. 能够朗读英语书第 60 页带有 ou 和 ow 的词汇并且总结其发音。
2. 能够跟着视频拼读带有 ou 和 ow 的单词。
3. 能够自主拼读本节课带有 ou 和 ow 的词汇。

教学重点、难点

能够拼读带有 ou 和 ow 的词汇。

教学过程

一、热身复习

先请学生翻开书第 60 页，回忆一下 ou 和 ow 的发音，读一读词汇和句子，然后听课文的录音跟读，巩固所学。再请学生根据所读词汇，回忆总结 ou 和 ow 的发音。

【设计意图】通过已学内容，帮助学生迅速进入课堂，回忆旧知。课文录音能够帮助学生更准确地发音，为后续的拼读做准备。

二、新词呈现，巩固拼读

1. 观看含有 ou 和 ow 词汇的拼读视频。
2. 第二遍观看视频，要求学生跟读、模仿。
3. 第三遍观看视频，本次视频做过处理，没有人声拼读，要求学生配音，跟随律动尝试拼读视频中的词汇。

【设计意图】第一遍视频播放以输入为主，让学生先观察；第二遍视频播放，学生尝试跟读、模仿，辅助学生拼读单词；第三遍视频播放，尝试让学生自主拼读单词。视频内容短小精悍，韵律性强，能够辅助学生在多次听读后很容易跟随音乐进行拼读。

三、实践拼读

将本课中出现的语音词汇进行挑选，请学生自行拼读。

【设计意图】经过三遍的听、跟读、配音的练习，在没有音乐节奏的情况下，学生尝试自主拼读单词，巩固所学的含有 ou 和 ow 词汇的单词拼读。

四、歌谣巩固

播放相关语音内容的歌谣视频，学生可以跟着视频动一动、唱一唱。

【设计意图】考虑到学生的年龄特点，集中精神坐在电脑前上课可能会有些乏味，而律动性强、含有动作的小歌谣会缓解孩子疲劳，增加趣味性，学生能在娱乐氛围中动起来、唱起来，巩固 ou 和 ow 语音内容。

《Months》教学设计

▎英语部　三年级　马　婧

教学目标

1. 能够听说认读有关月份和序数词的词汇与句型。
2. 通过阅读短文，培养学生的阅读策略和技巧，提升学生的阅读能力。
3. 借助学习任务，培养学生积极参与、主动思维、大胆实践的情感态度。

教学重点、难点

1. 听说认读有关月份和序数词的词汇与句型，在实际情境中灵活运用；借助有关月份和序数词的话题，运用所学词汇和句型与同伴进行简单的交流。
2. 阅读短文中的生词并理解。

教学过程

Step 1：Greeting

T：Hello，boys and girls. Nice to see you again. 今天我们要复习有关月份的相关知识，请大家准备好笔和纸。我们开始吧！首先一起来看看我们这节课的学习目标。

1. 复习学过的有关月份、序数词的词汇。
2. 复习有关表达月份的句型。
3. 阅读文章，回答问题。

【设计意图】通过明确教学目标，帮助学生了解本节课所学内容，以便更好地完成接下来的学习任务。

Step 2：Warm up

T：Now let's sing "The twelve months" together.

【设计意图】通过演唱英文歌曲，激发学生的学习兴趣，复习旧知。

Step 3：Lead in and Practice

（一）阅读前——复习有关月份和序数词的英文表达

1. 请你在括号中选择正确的序数词，抄写在横线上。

（second，ninth，third，fourth，fifth，first）

one _____　　　　　　two _____

three ＿＿＿＿＿＿＿＿　four ＿＿＿＿＿＿＿＿

five ＿＿＿＿＿＿＿＿　nine ＿＿＿＿＿＿＿＿

2. 请你根据问题，说一说或写一写相应的回答。

Q1：How many months are there in a year?

There are ＿＿＿＿＿＿＿ months in a year.

Q2：What are they?

They are January、February、＿＿＿＿＿＿＿、April、＿＿＿＿＿＿＿、＿＿＿＿＿＿＿、July、＿＿＿＿＿＿＿、September、October、＿＿＿＿＿＿＿＿and ＿＿＿＿＿＿＿．

Q3：What's the tenth month in English?

The tenth month is ＿＿＿＿＿＿＿．

【设计意图】通过完成有关月份和序数词的小练习，帮助学生复习旧知，为阅读短文做好铺垫。

（二）阅读中——带着问题和思考阅读短文，可以先读一读后面的问题

1. Try to read the passage by yourself.（请你试着自己阅读下面的文章。）

Hi! I'm Lucy. My favorite month is August. It is the eighth month of a year. August is a holiday month because we always have summer holidays. August is the hottest month in a year. I like to go to the beach. I can swim in the sea. I can make sandcastles on the beach. I can also pick up the beautiful shells on the beach. Maybe I can see a crab on my feet. It is nibbling my feet! I think it's good to go to the beach in August. I like eating watermelons. Watermelon is juicy and sweet. When I eat it, I feel cool. My favorite month is August. What about you?

Glossary（词汇表）：

hottest 最炎热的　　beach 沙滩　　　make sandcastles 做沙堡

pick up 拾起　　　　shell 贝壳　　　crab 螃蟹　　　nibbling 轻咬

2. Circle or write the right answer.（请圈出或写出正确答案。）

A. Lucy's favourite month is（　　August　　September　　）.

B. Lucy likes to go to the（　　park　　beach　　）.

C. Lucy can（　　swim　　fish　　）in the sea.

D. Lucy likes eating（　　bananas　　watermelons　　）.

E. What can Lucy do on the beach?

She can _____ and _____.

3. Listen and repeat.（请你跟着音频大声朗读。）

【设计意图】通过阅读有关月份和序数词的小短文并完成相应的练习题，培养学生的阅读策略和技巧，提升学生的阅读能力。通过听音频朗读小短文，训练学生的语言表达，同时加深学生对小短文的理解和掌握。

（三）阅读后——梳理和总结所学知识

There are twelve months in a year. Lucy's favourite month is August. What's your favourite month?（你最喜欢的月份是哪一个呢？请你先补全句子，然后说一说或画一画吧！）

What's your favourite month?

My favourite month is _____. It is the _____ month of a year.

【设计意图】通过补全句子并完成表达或绘画，帮助学生梳理和总结所学知识，以检测学生对于本节课所学内容的理解和掌握情况，同时培养学生归纳总结的学习能力，增强学生自觉梳理知识的好习惯。

《Fruit or Vegetables》教学设计

▋英语部　三年级　闫　晖

教学目标

1. 复习学过的有关食品的词汇。
2. 复习表达有关喜欢或者不喜欢的句型"I like... / I don't like..."。
3. 阅读文章，回答问题。
4. 能够设计自己的午餐、晚餐。

教学重点、难点

学生能够理解短文内容并回答问题，能结合自己的实际情况进行表达。

教学过程

一、阅读前

首先，通过一首学生熟悉的歌曲开始课程，学生在演唱歌曲的同时，复习食品的词汇。接着，出示学生已学习过的课文主题图，通过问答，介绍早餐食品及饮料，复习 What's for breakfast? We have bread, milk and eggs. 等句型及词汇。最后，通过图片，让学生尝试写一写食物的名称，进一步复习已知的知识。

【设计意图】综合复习学生学过的词汇和有关喜好的表达。

二、阅读中

教师出示一篇阅读材料，学生分为以下几步进行学习。

第一，先听音频，读文本，了解材料内容。

第二，根据老师提供的练习题目进一步精读文本，完成练习。

第三，再次听音频，跟读文本，再一次理解材料内容。

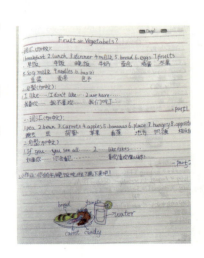

第四，根据短文内容，核对习题答案。

读后练习（Circle the right answer）：

1. Mac likes（vegetables fruit）.

2. Kim likes（vegetables fruit）.

3. Mac eats（peas beans apples carrots）at lunch.

4. Rachel says："If you think about that，you see all（vegetables fruit food）is good!"

【设计意图】此文本难度不大，同时加入了词汇表，帮助学生理解。读后练习采用了圈画答案的方式，提升习题的趣味性。同时，习题都能够从文中找到答案，引导学生边做边进行相关的勾画，运用了一定的阅读方法和技巧。

三、阅读后

阅读后的设计主要依据复习的主题内容，让学生联系自己的生活实际，说一说、写一写、画一画。这个主题的活动就是学生能够自己设计午餐或晚餐，并进行分享。

【设计意图】学生在20分钟左右完成一系列的学习活动，复习旧知，巩固已学内容；养成阅读习惯，并通过听、说、读、写的结合，养成一定的综合语言的运用能力。

《Anger》阅读课教学设计

▌英语部　四年级　王国玲

教学目标

1. 学生通过游戏，复习四年级上册第一单元有关情绪的词句。

2. 学生能借助阅读技巧"找关键词"，提取 Anger 产生的原因，并获取应对它的方法。

3. 学生能结合自己的生活经历，创编属于自己的 Anger 小绘本。

教学重点、难点

1. 理解并提取应对 Anger 的方法。

2. 结合生活，创编属于自己的 Anger 小绘本。

教学过程

一、阅读前

（一）Warm up

T：Who are they? Remember why they are so happy?

【设计意图】调动学生的旧知，复习与情绪相关的词句，更好地理解今天的阅读拓展内容。

（二）Lead-in

Teacher presents the following pictures of feeling.

scared　　angry　　sad　　worried　　upset

surprised　　happy　　excited

Teacher presents the following sentence："We are back at school."

T：Can you try to read the sentence "We are back at school" with the different mood below?

Ss：...

T：But no matter you like it or not，the moods are here. We have to get along with them.

【设计意图】用冲突的方式，激发学生对于 negative 情绪的思考，从而引入今天的课程。

二、阅读中

（一）学生听并指读阅读文本 Anger

（二）学生暂停视频自读，并尝试完成课后阅读题

（三）学生在教师引导下，通过关键词寻找 Anger 的应对方法

【Problem】

　Getting Angry

【Solution】

1st Cool down

eat an ice cream/ count into ten/ take a deep breath/ …

2nd Work through it

Talk to your parents/ Talk to your teacher / …

【设计意图】一方面，通过音频和自读，让学生充分感知阅读内容；另一方面，在教师的引导下，通过寻找关键词，提取应对 Anger 的具体方法。同时，在这一过程中梳理出文章结构，为随后的创编做铺垫。

三、阅读后

教师梳理语言架构，鼓励学生创编。

What I can do when I feel angry	
First, I should try to cool down. I can	Or I can _____
Then I can _____ to work through.	Now, I can feel happy again.

【设计意图】鼓励学生用所学知识解读自己的生活，创编属于自己的绘本。

《Nature–Weather and Men》教学设计

▌英语部　四年级　谢　添

教学目标

1. 复习四年级英语上册第七单元中有关自然的知识。

2. 通过拓展阅读《Weather and Men》，了解看云识天气，感受人与自然是生命共同体。

3. 在阅读中学习并利用阅读技巧：找关键词和句。

教学重点、难点

1. 用绘画、文字记录人与自然的和谐共处。

2. 掌握阅读技巧。

教学过程

一、阅读前

任务 1：读一读并圈一圈。

呈现四年级上册英语 Unit 7 Lesson 25 课文主题图。

T：Remember，What is nature? Can you read and circle?

Ss：Air，water，tree，clouds，and flowers.

任务 2：想一想并说一说。

Q：Can clouds tell us the weather? Yes or No?

【设计意图】学生在熟悉的课文情境中，回顾"什么是自然"的旧知。通过问题驱动，激发学生的探究精神以及阅读兴趣，让学生成为课堂的主人。

二、阅读中

任务 1：听一听并读一读。

T：First，please listen to this following passage，and then read by yourself.

【设计意图】学生在听、读的过程中获取文章信息，丰富学生想象，发展学生思维，形成语感。

任务 2：想一想并说一说。

T：What's the passage mainly talking about? Think about it.

【设计意图】此问题主要考查学生对阅读文章的整体理解能力和概括能力。整篇文章的主旨常隐藏在首段或尾段。此外，标题是文章中心思想最精练的表达。教师在讲解此问题时，要讲解阅读技巧。

任务3：找一找并选一选。

T：Now please finish the following exercises.

任务4：讲一讲并查一查。

T：Have you found the answers? Now let's check together.

教师在此处边核对答案边讲授阅读技巧。针对细节理解题，学生要做到以下几步：

1.题干中选定关键词。

2.通过略读、查读，锁定文中定位区域。

3.结合信息区域上下文理解、比对。

4.排除干扰项，筛选出答案。

【设计意图】通过阅读问题，让学生掌握阅读技巧，即找关键词和句，提高阅读效率。

三、阅读后

Draw and write.

Q：What's your favorite kind of weather?

【设计意图】通过图画与文字，记录人与自然和谐的美好画面。

《Tonight I'm Going to Read a Book》教学设计

▌英语部 五年级 李 彬

教学目标

    1.学生能够认读 comfy、cozy、nook、flip、discover、imagination、adventure 等生词。

    2.学生能够结合音频朗读短文，模仿语音、语调。

    3.学生能够理解绘本，学习阅读策略，锻炼阅读能力。

    4.学生能够了解读书给我们带来的益处，引导学生形成爱阅读的好习惯。

教学重点、难点

    1.学生能够认读生词，理解并朗读短文。

    2.引导学生理解读书的益处，形成爱阅读的好习惯。

教学过程

一、Pre-reading（读前激活）

T：We learned about some jobs last class. What do you want to be in the future?

S：Pilot/Firefighter/Dentist/Engineer/Lawyer ...

T：Great! To get the job，what do you need to do now?

S：Reading more books./ Doing more practice on it ...

T：Yes! Reading books is always a good thing to do. What can you get from reading?

S：Think about it by themselves.

    【设计意图】从前一课的话题"职业"引出本课话题"阅读"，即阅读是实现梦想职业的一个很重要的因素。那么，阅读能带给我们什么呢？教师引导学生带着问题有目的地阅读，从而激发学生的阅读兴趣，提升阅读效果。

二、While-reading（读中思考）

（一）Read the passage by yourself and underline the answers.

    T：What can the little girl get from reading? Now please read the passage by yourself and underline the answers.

S：Read the passage and underline the answers.

（二）Read the words along the recording.

    T：Now let's read these words and try to understand the passage better.

S：Read the words along the recording.

T：What can the little girl get from reading? Now let's check the answers.

S：Reading can make her feel relax. She can learn about anything she wants from reading. Reading is a kind of adventure to her. Reading makes her sleep tight at night ...

（三）Read the passage along the recording.

T：Great jobs! Now let's read the passage along the recording. Please pay attention to the new words we learned today.

S：Read the passage along the recording.

【设计意图】通过默读，学生可以理解短文大意，锻炼学生从短文中提取关键信息的能力。教师引导学生在默读过程中画出生词以及难理解的地方，为后面的学习做好准备。学生默读后，教师为学生提供中英文对照生词表并播放生词音频，要求学生跟读生词两遍，模仿正确的发音。在理解生词词义后，教师引导学生在原文中画出生词并再次理解文段大意，从而帮助学生更好地理解文章。在掌握生词以及理解短文大意的基础上，教师为学生播放文本的音频并引导学生跟读文本，模仿正确的语音、语调，体会短文中小女孩对阅读的喜爱之情。

三、Post-reading（读后升华）

（一）Read the aphorisms.

1. Reading ten thousand books is like traveling ten thousand miles. ——Dong Qichang
读万卷书，行万里路。——董其昌

2. Reading makes people see and think clearly. ——Voltaire
读书使人心明眼亮。——伏尔泰

3. Without reading, the mind will stop. ——Diderot
不读书的人思想就会停止。——狄德罗

4. Reading for wisdom, like gymnastics for the body. ——Edison
读书对于智慧，就像体操对于身体一样。——爱迪生

T：Reading is an important way to the success. Now let's read some famous aphorisms about reading.

S：Read the aphorisms along the recording.

T：Reading can bring us so many things. So we should spend more time on reading.

（二）Search more aphorisms about reading.

【设计意图】在学习完整篇短文后，教师为学生提供四句有关阅读的名言警句，并引导学生跟读，用名言警句再次阐释阅读的重要性，从而激励学生多阅读，养成良好的阅读习惯。

《The Tree》教学设计

▌英语部　五年级　李民惠

教学目标

1. 学生能够听懂认读 crowns、trunk、branch 等词汇。
2. 学生能够理解绘本，学习阅读策略，锻炼阅读能力。
3. 学生能够理解"树"的寓意，并理解给予是快乐的事情。

教学重点、难点

学生能够结合音频朗读并理解绘本，掌握树的各部位名称，在学习过程中体会"树"的寓意。

教学过程

一、Pre-reading：温故知新，呈现主题

T：First，let's listen to a popular song：The Lemon Tree.

　　Please tell me a key word in this song.

S：Tree.

T：Great! What do you know about the tree?

　　What do you want to know about the tree?

　　Trees can help people. How do they help us?

S：Imagine and talk about it by themselves.

T：Let's watch a short video about trees.（Video）

T：Trees help people a lot. Do you want to know a story about the tree? Let's read it.

S：Read the story by themselves.

【设计意图】带领学生欣赏歌曲 Lemon tree，学生很快进入学习状态。考虑到学生已有的生活经验，建立经验与新知之间的联系，为进一步学习做好铺垫。

二、While reading：精读绘本，感悟情感

（一）T：Read the first paragraph.

S：Read and fill in the blanks and check the answer.

Every day the boy would play with the ＿＿＿＿＿＿. He would gather her ＿＿＿＿＿＿ ＿＿＿＿ and make them into crowns. He would climb up her ＿＿＿＿＿＿ and swing from her

_____. He would eat _____.

Questions：

A：How will you play with the tree?（imagine）

B：How will the boy play with the tree?（pictures）

C：Was the tree happy? Why?

S：Think about the questions.

（二）Read the second paragraph.

T：Read it and answer the questions.

Questions：

A：Did the boy want to play with the tree? What did he want?

B：B：How did he get money?

C：What did the tree give him? Was the tree happy，too?

S：Take notes：

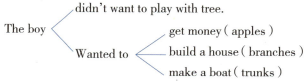

（三）Read the last paragraph.

T：Read it and underline the key words to answer the questions.

Questions：

A：What does the tree look like now?（An old stump）

B：How does the tree help him?（Sitting and resting）

C：Was the tree happy again?（Happy again）

【设计意图】学生带着任务完成阅读，根据短文内容填入所缺单词，不仅可以了解小男孩与树的快乐时光，更重要的是梳理出树的各部分的名称，突出重点。树无私地给予小男孩所需要的一切，让学生能够感知这种付出之后仍然快乐的过程。适合高年级学生梳理笔记的方法，渗透自主学习的策略，根据框架进行梳理并复述，有助于记忆。学生在读和找问题的关键词时继续感知，渗透情感，为后面展开联想做好伏笔。

三、Post-reading：重温故事，拓展升华

1. Read the story again and try to retell the story.

2. Watch the whole video about the story and think about the question：

If you were the little boy，what would you do?（imagine）

3. Ending and homework.

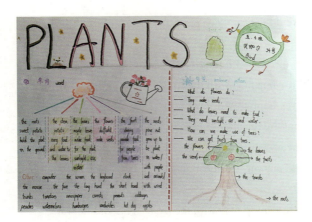

The tree helped the boy, the tree was so happy. The tree looks like your parents. They love you, they give you what you want, maybe after learning the story, you will help your parents and your friends to make them happy, and you'll be happy, too.

Homework:

A: Retell the story.

B: Make a new ending of this story.

【设计意图】通过观看完整的视频，再一次回顾故事。留下一个开放性的思考问题，在这里设计第二次冥想。通过冥想，思考所学内容并想象如果你是这个男孩，会怎样做呢？有没有一个开放的新的故事结尾？大胆想一想。也许，你没有卖掉所有的苹果，而是留了一些种子又种了很多苹果树；也许日后你带着自己的孩子又一次来到苹果树前。这些温暖的想象都有助于学生建立起品格的形成过程，将育人价值得到充分体现。

《Olympic Adventure》教学设计

▌英语部　六年级　梁　红

教学目标

1.语言能力目标：学生通过绘本阅读，能够了解主旨大意，同时，能够掌握词汇 project、sewing、crown、twig、slip；学生能够以 4 人一小组为单位进行文本复述，并进行简单的自主交流。

2.思维品质目标：通过文本学习，学生能够理解男女平等。

3.文化品格目标：学生能够了解古代奥运会中不同的比赛项目，赢得比赛的运动员会得到 crown 和 vase 的奖励。

4.学习能力目标：通过阅读绘本，学生能够有效地组织语言并大胆地复述所学内容，树立英语学习的信心（认知策略、情感策略方面）；通过 pair work 和 group work 形式，学生能够与同伴分享体会和经验，并在交流过程中发现自身的不足，取长补短（元认知策略方面）；通过图片及词汇表，学生能够理解生词的意思（交际策略方面）。

教学重点、难点

1.学生能够根据故事情节，了解古代奥运会的相关知识。

2.学生能够感悟现代奥运会与古代奥运会的区别以及进步的地方。

教学过程

Step 1：Before reading

T：Look at the cover of the book. What can the children see through the trees?

【设计意图】通过观察书的封面，引导学生思考并大胆猜测书中内容，锻炼学生看图表达的能力。

Step 2：During reading

T：Read the story and think：Where did the magic key take the girls? If you have no ideas about the meaning of any words，go to Glossary. It may help.

【设计意图】观察书的封面之后，学生对即将阅读的故事内容有了一定的预知。在本环节，学生带着问题默读故事，培养学生自主阅读的能力。

Step 3：After reading

T：After reading the story，you must get some information about Olympic Adventure. Now，can you tell me why Anneena was cross?

T：Did the idea of girls being in the Olympics catch on?

【设计意图】教师根据故事的主人公展开提问，并带着学生进行故事情节学习。这样做，一方面了解学生是否读懂故事内容，另一方面学生通过回答问题，锻炼其语言表达能力及审辩式思维能力。

"品源至慧"课程设计理念

数学是一门严谨、科学的学科，蕴藏着极其丰富的思想性。中华优秀传统文化博大精深，源远流长，是我们的国粹，是我们炎黄子孙的精神财富。如何将数学与传统文化教育相结合，充分发挥传统文化独特而强大的功能，使学生在感受、感悟我国丰富的优秀的民族文化遗产的过程中提高数学文化素养、开发智能呢？由此，我们从中国传统文化中的古代数学文化、民间艺术、传统节日、中国建筑、地域文化、传统文学、历史故事七大领域中遴选出适合史家学生学习的"品源至慧"的学习活动课程。

针对学生在家学习的特殊性，在分析学生心身发展、年龄特点和认知规律的基础上，我们聚焦了24个活动主题作为1-6年级居家数学学习的核心内容。课程的设计，注重鼓励学生学会自我观察、主动参与、主动探索、主动实践、独立思考；课程学习主题的设计突出实践性、操作性，并以实现学生多方面综合发展为核心，以促进学生整体素质全面提高为目的。

结合"品源至慧"课程特有的学习内容、学习方式，老师们打破了以往的、传统的授课模式和课堂结构，设计了全新的授课环节。"品源至慧"课程与线上教学的方式完美契合，新颖丰富的内容及以问题驱动引领学生深入探索的模式，充分激发了学生的学习兴趣。同时，这样的课程设计生发了教师对课程的创新能力，提升了教师对课程的设计能力，同时也促进了教师的课程领导能力。

本部分内容为北京市教育科学"十三五"规划2019年度一般课题《在小学数学教学中渗透数学文化的策略研究》课题成果（课题编号：CDDB19183）。

《曹操出关（上）》教学设计

▋数学部　一年级　焦正洁

教学目标

　　1. 通过对"三国华容道"棋盘的认识，巩固数数知识，渗透数数策略，体会数学与生活的紧密联系。

　　2. 通过动手制作"三国华容道"棋盘，进一步认识这款智力游戏，为后面"玩"华容道奠定基础。

　　3. 依托故事背景渗透人文理念，使学生在玩游戏中能充分感受古人的聪明才智，激发爱国热情。

教学重点、难点

　　对于"三国华容道"棋盘各棋子大小关系的认识。

教学过程

一、回眸历史

　　（一）介绍游戏，激发兴趣

　　"智力游戏界三大不可思议"；"中国的难题"。

　　（二）介绍《三国演义》，了解历史

　　《三国演义》描写了近百年的历史风云，塑造了一群叱咤风云的三国英雄人物。

　　（三）讲述故事，知道起源

　　讲述"曹操败走华容道，关羽大义释曹操"的历史故事。

　　【设计意图】通过历史故事的讲述以及"三国华容道"游戏棋背景的介绍，让学生了解历史，并激发其学习热情。

二、聚焦数学

　　（一）认识棋盘

　　1. 数一数：一副"三国华容道"棋盘一共有几个棋子？

　　预设：10个。按大、中、小的顺序简单介绍人物：

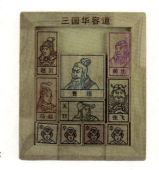

曹操、赵云、马超、黄忠、张飞以及关羽。

2. 比一比：比较大、中、小棋子，你有什么发现？

预设：1大=4小=2中；1中=2小。即：如果1个小卒占1份，那么5员大将分别占2份，曹操占4份。

3. 算一算：所有棋子总共占几份？

方法一：把每个棋子所占份数相加；

方法二：分类相加，即：小+中+大；

方法三：所有棋子=总数-空白。

三种方法思路不同，但结果相同，求的都是所有棋子的数量。三种方法还可以互为检查。

（二）制作"华容道"棋盘

明确了"三国华容道"棋盘中各棋子之间的关系后，我们就可以动手制作一个"华容道"智力棋了。

1. 准备硬卡纸、剪刀、直尺、铅笔、水彩笔。

2. 按规格裁剪卡纸。规格1：3cm×3cm，4张（卒）；规格2：6cm×3cm，5张（大将）；规格3：6cm×6cm，1张（曹操）。

3. 制作游戏棋盘。规格：15cm×12cm，下边缘左右各留3cm，作为出口。

4. 写上名称（关羽横向用纸）。

（三）介绍规则

1. 通过移动各个棋子，帮助曹操从初始位置移到棋盘最下方中部，从出口逃走。

2. 只准利用2个空平面移动，不许将棋子重叠，也不许跨过任何棋子。

3. 要想办法用最少的步数把曹操移到出口，只许曹操出去，别的棋子不许出去。

规则明确了，想不想来挑战呢？请看华容道的经典布局"横刀立马"，快动手试试吧！

【设计意图】巩固数数知识，渗透数数策略，体会数学与生活的紧密联系；通过动手制作，进一步认识这款智力游戏，为后面"玩"华容道奠定基础。

三、实践作业

1. 制作一个"三国华容道"棋盘。

2. 思考经典布局"横刀立马"的解法。

【设计意图】在动手和动脑的过程中，训练学生统筹思考问题的能力以及推理能力，开发左右脑潜能，培养学生创新意识和实践能力。

《曹操出关（下）》教学设计

█ 数学部　一年级　张文佳

教学目标

1. 在尝试释放曹操的过程中，学习战略、战术技能。

2. 通过玩"三国华容道"游戏，锻炼学生的逻辑思维能力和推理能力。

3. 通过玩"三国华容道"游戏，使左右手协调发展，培养创新意识和实践能力。

教学重点、难点

了解游戏规则，探索"横刀立马"布局的破阵技巧，掌握使用小兵的灵活性释放曹操的技能。

教学过程

一、温故知新

上节课我们了解了"三国华容道"游戏的基本规则：通过移动各个棋子，帮助曹操从初始位置移到棋盘最下方中部，从出口逃走，棋子不能重叠，也不许跨过任何棋子，用最少的步数把曹操移到出口，只许曹操出去，别的棋子不许出去。

【设计意图】回顾"华容道"的相关历史，加深对游戏规则的认知。

二、探究"横刀立马"阵

（一）启发思考，寻破阵关键

华容道阵法虽然变化多端，但也有规律可循。下面，老师将带领大家感受其中的一种经典布局——横刀立马。

我们根据历史背景得知，关羽因重情义，在华容道"明逼实让"，有意放走曹操。所以这个游戏的最终目标就是，通过各个滑块的位置移动，让曹操从下方出口"逃走"。认真观察这个布局，你认为游戏的关键在哪里？

对！关键在"关羽"。要想释放"曹操"，但不能急于移动"曹操"，必须让"关羽"先让道。既然移动"关羽"是关键，那你认为"关羽"最后移动到什么地方才能达到释放"曹操"的目的？仅仅是"关羽"让道吗？其他大将和小卒将怎样移动？你有没有受到什么启发？可以先自己尝试一下。

（二）介绍战略、战术

对整个战况以及人员布局，有一个整体上的把握，这种对事件全局的大致规划和策略的思想叫"战略"。

"关羽"的移动非常关键，要考虑向各个方向移动，甚至为了向前走还要后退几步。俗话说：撤退是为了更好地前进。这就是游戏中非常重要的一种"战术"。

我们要充分利用"小卒"移动的灵活性，从而避免"关羽"和"曹操"这两个关键人物被卡住，这也是本游戏的战术问题。

最早系统研究"三国华容道"游戏的是苏州大学数学教授许莼舫先生。1952年，他在《数学漫谈》中对这个游戏做了详细的分析，可以归纳为以下4点：

（1）4个小卒必须两两在一起，不要分开。

（2）曹操、关羽、大将移动时前面应有两个小卒开路。

（3）曹操移动时后面还应有两个小卒追赶。

（4）除以上三种情况，其余各块都可局部（不妨碍其他地方）任意移动。

【设计意图】在这个游戏中，同学们不仅学到了战略战术，而且锻炼了有序的推理能力和逻辑思维能力。

三、破阵"横刀立马"

同学们可以查阅资料，借助前人的经验，我们再来试试，注意体会《游戏宝典》里说的4点。

这个游戏对于同学们的意志力是一个很好的挑战。以后，我们在学习、生活中不管遇到什么事情，都要克服困难，持之以恒！

四、拓展延伸

（一）"三国华容道"游戏经典布阵

"三国华容道"游戏实际上还有很多种布法，比如"重重包围""层层设防"，请同学们也来试试其他阵法吧！

（二）数字华容道

节目《最强大脑》曾掀起了全民玩"数字华容道"的热潮。数字华容道有 $3×3$、$4×4$、$5×5$ 等不同难度。游戏规则就是通过移动滑块把数字依次还原。希望同学们在课下找来数字游戏的玩具或者下载 App，挑战一下吧！

《古币乾坤（上）》教学设计

▌数学部　一年级　杨昕明

教学目标

1. 了解货币的起源及我国典型的古币。了解人民币的历史，初步认识人民币及人民币的单位。

2. 在货币拓印的过程中，培养学生的动手能力，让他们体验实践成功的乐趣，加深对货币的了解，激发好奇心和求知欲。

3. 追溯货币产生的原因和演变过程，感受我国货币文化的成就。

教学重点、难点

追溯货币产生的原因和演变过程，初步认识人民币及人民币的单位；通过货币拓印，了解货币文化。

教学过程

一、了解货币的起源

（一）谈话引入

同学们，你们听说过人民币吗？没错，人民币就是我们经常用到的"钱"，它是我们国家的法定货币，与我们的生活息息相关。那么，你们知道货币是怎么出现的吗？

（二）货币的起源

货币是商品交换发展到一定阶段的产物。

1. 物物交换。

最初的商品交换是物物交换。比如，用一头牛换三只羊，这种交换是一种从商品到商品的交换。

2. 一般等价物。

随着社会的发展，人们把大家普遍乐意接受的商品分离出来，充当商品交换的媒介，这种商品就叫作一般等价物。比如，人们普遍乐意接受贝壳，那么贝壳就成了一般等价物。这样，商品到商品的交换，也就变成了商品到一般等价物再到商品的交换。

历史上，牲畜、天然海贝、珍稀鸟类的羽毛、贵金属金银等都曾做过一般等价物。渐渐地，贵金属金银由于体积小、价值大，又易于分割、不易磨损，还便于保存和携带，逐渐从其他商品中分离出来，固定地充当一般等价物。后来又演化出了金属铸币、纸币、电子货币等。

【设计意图】追溯货币的起源，引发学生的学习兴趣。

二、认识典型古币

下面我们一起来了解一些我国的典型古币。

（一）"海贝"

（二）燕刀币

（三）秦半两钱币

（四）唐代开元通宝

（五）元代中统元宝交钞

【设计意图】了解我国典型古币，开阔学生的视野，感受我国货币文化的成就。

三、认识人民币

（一）人民币的历史

1. 人民币的由来。

第一套人民币是 1948 年 12 月 1 日中国人民银行成立时发行的。

当时新发行的货币还不叫人民币，叫"新币"，因为当时还没有想好到底叫什么，所以"新币"只是一个临时的名字。有人提出把当时的新货币叫作"解放币"，这个意见也得到了很多人的支持。不过最后，还是由咱们的伟人一锤定了音，就叫"人民币"，因为是人民用的，是人民自己的货币！从此，我国的货币就被叫作"人民币"，一直沿用至今。

2. 人民币的发展进程。

观看有关货币演变的视频，了解五套人民币的发展进程。

（二）认识人民币

1. 认识人民币的单位：元、角、分。

2. 认识纸币，了解纸币文化。

3. 认识硬币，通过拓印游戏区分硬币上的图案。

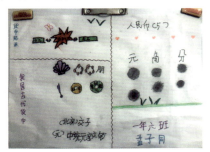

【设计意图】了解人民币的历史，认识人民币，浸润数学文化，培养民族自豪感。

《古币乾坤（下）》教学设计

数学部　一年级　刘雪红

教学目标

1. 认识各种面值的人民币，知道人民币的单位有元、角、分，以及它们之间的十进关系。

2. 模仿货币交易的过程，培养学生的实践能力及参与意识。

3. 初步体会人民币在社会生活、商品交换中的作用，知道爱护人民币。

教学重点、难点

初步体会人民币的简单计算。

教学过程

一、单位换算

在前面的学习中我们了解了货币的起源、典型的古币和人民币的发展进程。我们在超市购物时使用的货币就是人民币。中国人民银行发行过五套人民币，现在我们使用的大部分是第五套人民币，还有一小部分第四套人民币，你们能认出来吗？

以"元"为单位的人民币：出示 100 元面值的人民币，介绍并说明 100 元是我国最大面值的人民币。接着认识 50 元、20 元、10 元、5 元、1 元（纸币和硬币）。

以"角"为单位的人民币：5 角和 1 角（纸币和硬币）。

以"分"为单位的人民币：5 分、2 分、1 分。1 分是我国最小面值的人民币。

提问：元、角、分之间有什么关系？

【设计意图】明确人民币的单位元、角、分之间的关系。

二、活动体验

（一）点餐活动

早餐店的价位表：一碗面条 4 元 5 角、一屉包子 2 元 5 角、一碗豆浆 1 元、一根油条 6 角、一个鸡蛋 5 角、一碗粥 1 元。

提问：如果买一份豆浆，可以怎样付钱？请你摆一摆，想一想。

提问：我想买一屉包子和一碗粥，你能摆出它们分别对应的人民币吗？一共需要多少钱呢？

提问：想一想你打算买什么，怎样付钱，请把它摆出来。

（二）角色体验

1. 涨工资了吗？

光头强近 5 个月的工资分别有 1 张、2 张、5 张、10 张、100 张人民币。前 4 个月工资分别是 1 张 100 元、2 张 50 元、5 张 20 元、10 张 10 元。你先猜一猜第 5 个月里面 100 张是几元的人民币呢？光头强真的涨工资了吗？请你摆一摆，数一数。

2. 采购商品。

光头强出门采购一些需要的东西，分别是：锯子 60 元、面条 8 元、鱼 30 元、饺子 5 元。

提问：买这些东西时分别怎样付钱呢？如果不找钱，每次收的钱张数最少，你又该怎样付钱呢？

（三）观察生活

出示：牛奶 5.50 元、面包 10.80 元、夹子 0.50 元、水杯 9.65 元。

提问：你能看懂生活中的价格标注代表的人民币分别是多少吗？

（四）支付方式交流

买东西时除了用现金付款，还可以用银行卡或者移动支付，如我们常用的支付宝和微信。

提问：在生活中，纸币越来越少，用微信和支付宝付款的方式变得很普遍。这是为什么呢？

【设计意图】在活动中体验，使用人民币支付的方法。

三、拓展习得

认识港币、澳门币、美元、英镑、加元、新加坡币、日元、韩元等货币。

介绍比特币：网络虚拟货币。它不属于任何国家和金融机构，可以在世界上任何地方兑换。

结语：有机会同学们可以走进国家博物馆、古钱币博物馆等，了解与货币有关的文物，体验各个博物馆里与货币有关的拓印。

【设计意图】了解除人民币以外的其他货币，以及博物馆中的货币文化。

《运筹计数》教学设计

▍数学部　一年级　才燕雯

教学目标

1. 了解古人计数的方式及其发展历程，知道算筹的摆放方式。

2. 在了解古人计数方式的发展历程中，感受算筹的便捷性和优越性，体会十进位值制的重要性。

3. 培养学习数学的兴趣，增强民族自豪感。

教学重点、难点

感受算筹的便捷性和优越性，体会十进位值制的重要性。

教学过程

一、引入课题

出示课题，提问：什么是运筹计数呢？

筹指算筹，也就是长短相同的小棒。运筹计数就是利用算筹来计数。其实，从古至今，记数方法一直在不断改进。我们来看看在发明算筹之前，人们是怎样计数的吧！

【设计意图】明确学习内容。

二、中国计数方法

（一）手指计数

古人在计数或测量时通常会将自己身体的某个部位作为工具。你能猜到古人怎样计数吗？

手指是人类天生就有的，也是人们最常使用的工具。但是手指只能数数和计算，不能对数字进行存储，且运算限于20以内，所以手指计数的局限性较大。

（二）石子计数

石子计数是将石子和猎物一一对应的方法来计数。如打到1只猎物就摆1颗石子。那么，摆上2颗石子，表示打到了几只猎物？

石子计数可以摆出大于20的数，但是当要表示的数比较大时，就需要大量石子以及摆放石子的空间。

（三）结绳计数

古人想到可以用在绳子上打结的办法来表示数，这就是结绳计数。出示打1

个结的绳子，你知道这代表什么意思吗？

绳子便于携带，可以将数字远距离传达。但结绳计数只能传递数字信息，没有计数的点校功能。

（四）契刻计数

契刻计数是指运用利器在树皮、骨片或竹片上刻痕计数。你知道打到 5 只猎物应该怎样做标记吗？

契刻计数不但涉及物品本身的数量关系，且形成了物品数量的对比点校功能，使数量差异问题在一定程度上得到了解决。

（五）算筹计数

算筹分为横式和纵式两种摆法。你能猜到纵式是怎样摆的吗？

出示横式和纵式摆法。

提问：为什么会有横式和纵式两种摆法呢？

使用算筹时，结合十进位值制记数法将横、纵摆法交错使用，使每一个数位上的摆法都固定，这样既不会混淆也不会错位。

（六）文字计数

介绍文字计数法。

（七）珠算计数

介绍算盘结构以及使用方法。

【设计意图】了解中国古人计数和表示数的方法，感受每种计数方法的优缺点。

三、国外计数方法

（一）古埃及

出示古埃及的"1234"，你知道这表示的是哪个数吗？

介绍古埃及记数法。

（二）古罗马

古罗马是以十进制为基础，通过符号的累计来表示数。你知道"20"这个数用古罗马记数法怎样表示吗？

（三）古巴比伦

古巴比伦人发明了一套以六十进制为主的楔形文字记数系统。

出示古巴比伦记数法表示的"122"，你知道这幅图表示的数是多少吗？

【设计意图】了解国外的几种记数方法，对比感受算筹的优势。

四、全课总结

中国是最早使用十进位值制进行计数的国家，算筹就是我国使用十进位值制的典型代表。

《神奇的幻方（上）》教学设计

▎数学部　二年级　王　莹

教学目标

1. 初步认识幻方，了解幻方的起源，积淀文化底蕴，进行文化传承。

2. 了解幻方的特征，会判断三阶幻方，培养学生的数感、符号意识以及规则意识。

3. 通过对幻方的了解以及幻方对后世的影响，提升学生学习数学的兴趣，激发学生热爱祖国的思想感情。

教学重点、难点

了解幻方的起源，了解幻方的特征，会判断简单的三阶幻方。

教学过程

一、幻方的起源

（一）问题导入

数独是一种逻辑性很强的数字填充游戏，它运用了推理的知识。今天我们要认识一种比数独出现更早、更有趣的数字填充游戏——幻方。

（二）了解起源

幻方又称为魔方、方阵或厅平方，幻方的种类繁多，常见的有三阶幻方、四阶幻方、五阶幻方，还有杨辉幻方、三角幻方和六角幻方等。

7	4	3
8	5	2
9	6	1

7	12	1	14
2	13	8	11
16	3	10	5
9	6	15	4

27	34	11	18	25
33	15	17	24	26
14	16	23	30	32
20	22	29	31	13
21	28	35	12	19

了解幻方，先让我们从中国古代的两幅神秘图案"河图"和"洛书"说起。

"河图""洛书"与地球地壳的变化有关系，人们还从"河图""洛书"中发现了更多的科学秘密，幻方就是其中之一。

【设计意图】通过对"河图"和"洛书"的了解，揭示幻方的起源，激发学生认识和学习幻方的兴趣。

二、幻方的特点

（一）认识幻方

"洛书"中提到的把一些数字放在一张表格里就是今天的幻方，请大家仔细观察右边这张表格，你有什么发现？

4	9	2
3	5	7
8	1	6

像这样每行、每列及两条对角线的和都相等的方阵，我们就叫作幻方。这个和就叫作幻和。

（二）判断幻方

判断这两个方阵是不是幻方。

4	2	9
3	5	7
1	8	6

8	1	6
3	5	7
4	9	2

【设计意图】通过观察、比较、计算，使学生了解幻方的特点，找到判断幻方的方法。

三、幻方的影响

（一）幻方与传统文化

1. 幻方与辟邪。

1957 年，在西安元代安西王府的遗址中出土了这样一个铁块，这是一个六六幻方，在古代被人们压在房基下，作为避邪、防灾的物品。

古代阿拉伯人的护身符也是一个幻方，他们认为幻方可以辟邪，具有非常神奇的法力。

2. 幻方与外星人。

有的科学家认为"洛书"是外星人的遗物，幻方是外星人向地球人的自我介绍。

1977年，美国发射了旅行者1号和2号宇宙飞船，试图与"外星人"建立联系，最后飞船上携带着两件与数学有关的东西，一个是勾股数，另一个就是四阶幻方。

3.幻方的历史。

幻方最早记载于公元前500年的《大戴礼》中，可见我国早在2500年前就已经知道了幻方的排列规律。

幻方是现代人的说法，在古代称为"纵横图"。南宋杰出的数学家和教育家杨辉是世界上第一个排出丰富的纵横图的数学家。

四、课堂总结

（一）学习收获

这节课你有什么收获？

（二）课堂延伸

试着用10~18这9个数构建一个幻方。

【设计意图】通过介绍古今中外对幻方的研究，让学生对幻方有了深入的认识，激发学习数学的兴趣。

《神奇的幻方（下）》教学设计

▌数学部　二年级　杜　楠

教学目标

1. 初步认识幻方，了解幻方的起源，激发热爱祖国的思想感情。

2. 了解幻方的特征和三阶幻方的构造方法，初步体验数与运算的过程。

3. 通过对幻方的了解以及幻方对后世的影响，提高学生数学学习的兴趣。

教学重点、难点

了解幻方的特征和三阶幻方的构造方法，并能按照方法构造连续数的三阶幻方。

教学过程

一、实践体验——构建三阶幻方

通过前面的学习，我们知道了幻方是一种将数字安排在正方形格子中，并想办法使每行、每列和对角线上的数字之和都相等。

出示两道判断题：判断真假幻方。

思考题：请你用10~18这9个数构建一个三阶幻方。如何将这9个数填入格中成为幻方呢？

我们赶紧来学习几种构建幻方的方法吧！

1. 通用法。

这是我们经常用到的一种比较好记的方法。我们通过一段视频来了解一下。（观看视频1）

原来这首儿歌就是填写幻方的口诀呀！

除了这种方法，还有许多方法可以帮助我们构建幻方。

2. 杨辉法。

顾名思义，这种方法是我国南宋数学家杨辉概括的一种构建方法。

我们通过一段视频来学习一下。（观看视频2）

课前的思考题，现在你会用杨辉法来解决吗？

边订正答案边解释解题方法。

以上我们了解的这两种方法都可以构建最基础的三阶幻方。如果是复杂的奇数阶幻方或偶数阶幻方，还需要我们更加深入地去了解和研究。

【设计意图】了解幻方的特征和三阶幻方的构造方法，并能按照方法构造连续数的三阶幻方。

二、拓展习得——幻方的影响

通过一段视频看看幻方在我们的生活中有哪些具体应用呢？（观看视频3）

（一）幻方与美术

同学们，你们听说过丢勒幻方吗？

丢勒幻方在一幅名为《忧郁》的画作当中。这幅画创作于1514年。其实，幻方不仅应用在美术设计中，据说在西方建筑学中也用幻方组成了许多美丽的图案呢，人们还把图案中那些方阵内的线条称为"魔线"。

（二）幻方与生活

1. 根据四阶幻方还可以作诗呢！

这首诗中所用到的数就构成了一个四阶完美幻方。

幻方还能帮我们记录一些重大事件呢！

2. 出示图片，边演示边介绍：

"2008奥运幻方图"的精美玉雕。

喜迎北京奥运的十六阶幻方图。

西安东郊元代安西王府遗址出土的六阶幻方。

东阳农民三年创作出的"完美幻方"。

三枚2011贺岁六阶幻方。

（三）幻方与游戏

出示：华容道、围棋、魔方、扫雷游戏等，并作相应的介绍，了解游戏与幻方的关系。

通过今天的学习，你对幻方是不是有了更加深入的了解呢？课后把自己的收获与大家交流一下吧。

【设计意图】通过对幻方的了解，提升学生的数学学习兴趣。

《流水光年》教学设计

▌数学部　二年级　王　雯

教学目标

　　1.了解我国古代铜壶滴漏的计时原理，感受时间虽然看不见、摸不着，但是可以用生活中的现象测量出来。

　　2.通过学习制作简易水钟，经历"了解方法—动手操作—反思调整"的步骤，培养科学的探究精神。

　　3.通过计时工具的发展及时间计量单位的逐渐精细，感受古代劳动人民的聪明和智慧，增强民族自豪感。

教学重点、难点

　　简易水钟的制作和反思调整。

教学过程

一、了解铜壶滴漏的计时原理，会认时间

　　（一）古人怎样观测时间？与我们的钟表有什么不同？

　　通过前面的学习，我们认识了中国古代的几种计时工具，但是你有没有想过：古人是怎样用铜壶滴漏来看时间的呢？

　　结合演示介绍铜壶滴漏计时原理：铜壶滴漏最下面的水壶中央插着一把铜尺，尺上刻有12时辰的刻度，分别是子、丑、寅、卯、辰、巳、午、未、申、酉、戌、亥。每个时辰相当于现在的两个小时。铜尺前面插着一根木制的浮标，水壶中的水随着时间的推移逐渐增加，浮标也逐渐上升，古人通过看浮标指向的时辰就可以读出当时的时间了。

　　大家看，现在浮标指向的是巳时，表示当时的时间就是——巳时。

　　提出问题：古代的时辰相当于我们现在的什么时间呢？（老师讲解子时、丑时、寅时）

　　同学填表，说的时候注意可以用到一些我们学过的表示时间的词。

　　（二）小时与一刻钟的由来（播放视频）

　　【设计意图】通过观察铜壶滴漏的结构，了解铜壶滴漏的计时原理，了解古代的时辰和现代的时刻之间的对应关系。知道一刻钟的由来。

二、根据铜壶滴漏原理制作简易水钟

（一）对比两种水钟的区别

（二）制作简易水钟

1.材料：水、记号笔、双面胶，用来写刻度的纸条、图钉、一次性杯子3个。

2.播放简易水钟制作方法。

提出问题：水流的速度会影响水钟的准确性，那么你想怎样解决这一问题呢?

【设计意图】学生通过观看铜壶滴漏视频，了解铜壶滴漏的计时原理，感叹古人的智慧，感受从古至今人们对于计时准确性的追求。

三、多角度了解铜壶滴漏

（播放视频）同学们，其实在铜壶滴漏中，还有很多我们不知道的秘密，现在就请大家跟着老师，一起走进广州博物馆，去感受一下铜壶滴漏的神秘吧。

（一）铭文记载，传承历史

（二）水神玄武，体现文化

（三）铜壶漏断，时间流逝

（四）古往今来，作用演变

《剪纸视界》教学设计

■ 数学部　二年级　周　霞

教学目标

1. 了解我国剪纸艺术的发展历史，能辨别出具有轴对称特点的剪纸作品，并利用折剪的方法自己制作一幅剪纸作品。

2. 在欣赏剪纸作品和剪纸的过程中，体会剪纸中的数学美和艺术美，感受剪纸对古人生活的影响。

3. 通过制作剪纸作品，发展空间想象和空间推理能力，培养表达能力和创新意识，提高解决实际问题的能力，积淀文化底蕴，培养对文化的理解并传承。

教学重点、难点

能辨别出具有轴对称特点的剪纸作品，并利用四角折剪的方法制作一幅剪纸作品。

教学过程

一、回眸历史

（一）谈话引入，揭示课题

今天我们一起走进剪纸的世界，在欣赏剪纸艺术的同时，了解我国剪纸艺术的发展历史，体会剪纸中的数学美和艺术美。

（二）了解剪纸的发展历史

1. 欣赏视频《文化中国——剪纸》。

2. 介绍剪纸历史。

根据记载，剪纸至今约有 1500 年历史了。在新疆出土的南北朝时期的墓葬中，发现了"对猴团花"和"对马团花"剪纸，这是目前所能见到的最早的剪纸。2006 年，剪纸艺术被列入第一批国家级非物质文化遗产名录。2009 年，"中国剪纸"入选"人类非物质文化遗产代表作名录"。

（三）介绍剪纸类型

从技法上讲，有折叠剪纸、剪影、彩编剪纸、立体剪纸等。

【设计意图】在欣赏剪纸作品的过程中，感受剪纸对古人生活的影响，感受古代人的聪明才智，增强民族自豪感。

二、探索实践

活动一：探究剪纸与轴对称图形的联系。

1. 说一说这些剪纸作品有什么共同特点？这和我们学过的哪些知识有关？

2. 自主探究：先观察，再想一想、折一折。

3. 交流分享：交流想法与折法，并说说你们的发现。

4. 小结：这些剪纸沿着中间的虚线对折，左右两边能够完全重合。这就是我们数学中的轴对称图形。许多剪纸就是运用了轴对称图形的特征进行创作的。

活动二：理解对边折剪（二角折剪）的方法。

1. 出示作品：

2. 自主探究：选择其中一件作品，自己动手进行制作。

3. 全班分享：展示学生作品，介绍制作过程。

活动三：理解四角折剪的方法。

1. 出示作品：

2. 合作交流：讨论制作方法，分工进行制作。

3. 发现规律：对折次数少的需要稍复杂的绘画，对折次数多的需要简单的绘画。

4. 归纳概括：解决此类问题的关键，一是找准图形的对称轴，确定怎样对折和对折几次；二是对折之后怎样画图。

【设计意图】在制作剪纸作品的过程中，能辨别出具有轴对称特点的剪纸作品，体会剪纸中的数学美和艺术美，发展空间想象和空间推理能力，提高解决实际问题的能力。

三、总结收获

这节课，你有什么收获？

结合这节课所学的知识，自己尝试设计一幅剪纸作品。

《百鸟朝凤》教学设计

▌数学部　三年级　侯宇菲

教学目标

1. 用九巧板拼出指定图形，并创意出更多的图形。

2. 通过拼图，培养学生的观察力和求新、求异思维能力，发展想象能力，培养空间感和创造意识。

3. 在相互帮助、协作竞争的过程中，体验合作，体验成功。

教学重点、难点

用九巧板拼出指定图形，并创意出更多的图形。

教学过程

一、回顾旧知

上节课同学们已经了解了我国古代的一些拼板玩具，这节课我们将继续玩转"蛋形九巧板"。先回忆一下"蛋形九巧板"的构成，你们还记得它由几块板子组成的吗？它们分别是什么形状的？

下面就请同学们拿出上节课已经使用过的蛋形九巧板，咱们一起拼起来吧！

【设计意图】直接说明本节课的学习任务，引起学生的注意和兴趣。

二、创意拼摆

（一）随意拼摆，不限块数

老师在家里也拼了几个图案，你能看出拼的是什么吗？拿出你手中的九巧板也随意拼一拼吧，拼的图案需要几块板子就用几块板子。

（二）按规则进行拼摆，用全所有的板子

1. 请同学们先欣赏几幅由九巧板拼成的漂亮图片，观察它们的共同特点。我们一起梳理一下拼摆的规则：

（1）拼图时必须使用所有组件，角与边可连接，组件不能重叠。

（2）九块板不能重复。

（3）玩法可依图造形，亦可自创花样。

2. 从老师提供的几幅作品里选择一个你喜欢的拼一拼。

刚才在玩的过程中，你有什么感悟或想法吗？

评价：同学们，你们肯动脑筋，能抓住事物的特点去解决问题，非常了不起！你们还注意到特殊模块的作用，能将确定位置的拼块放在指定位置，用其余的拼块去尝试完成拼图。拼摆时，还需要我们不断尝试，要有坚持到底的精神和与他人合作的精神。

3. 根据我们探讨的方法，发挥自己的想象，拼一个专属你的创意图形。拼成后可以利用画笔点缀自己的作品，还可以把它拍下来，分享给你的老师和同学们。

（三）情景创作

拼古诗《绝句》。

（1）出示古诗画面。看到这张图，你能联想到哪首古诗吗？对了，就是杜甫的那首《绝句》，请同学们有感情地把这首诗朗读出来吧！

（2）呈现照片。这首诗里面出现了黄鹂、白鹭和船，你们会拼吗？

有四位同学合作完成了这首《绝句》的拼摆，咱们来看看他们是怎么拼的。（播视频）

【设计意图】通过不同层次的拼摆任务，培养学生的观察力和求新、求异思维能力，发展想象能力，培养空间感和创造意识；在拼摆的过程中，帮助学生体验合作，体验成功的喜悦。

三、传统文化介绍

蛋形九巧板特别适合拼带有弧度的图形，能拼出形态多变的鸟类，它还有一个特别好听的名字，叫"百鸟朝凤"。关于百鸟朝凤，还有一个美丽的传说呢。（播放故事视频）

【设计意图】借助传说故事《百鸟朝凤》，在学生心中埋下热爱传统文化的种子。

四、布置作业

九巧板不仅能拼出"百鸟朝凤"里的各种造型，能拼出优美诗歌中的情景，有的同学还能给大家拼出一个小故事呢。（播放视频《守株待兔》）请你课后也选择一个你喜欢的故事或一首古诗拼一幅作品，并给家里人讲一讲。

【设计意图】通过观看其他同学拼摆的寓言故事打开思路，原来九巧板除了可以拼摆一个造型、一个场景，还可以赋予拼图更多的情境，进一步培养学生的想象能力和创造能力。

《纸牌游戏（上）》教学设计

▌数学部　四年级　陈　瑾

教学目标

1. 通过介绍，使学生了解有关扑克牌发展的历史，以及扑克牌中蕴含的天文历法知识，拓展学生的见识。

2. 引导学生利用学过的数学学习方法——枚举法解决问题，在完成数学游戏的过程中，加强枚举法在生活中的应用。

3. 让学生通过经历观察、思考、分析、解决问题的全过程，学会用数学方式思考生活中的现象和问题。

教学重点、难点

利用枚举法解决问题，加强枚举法在生活中的应用。

教学过程

一、回眸历史

（一）介绍扑克牌以及关于扑克牌的游戏

（二）了解扑克牌与天文历法之间的小知识

【设计意图】了解扑克牌发展的历史，拓展学生的见识。

二、聚焦数学，实践操作

（一）提出游戏规则

1. 随意拿出 10 张牌放到桌子上，其中 4 张牌正面朝上，6 张牌正面朝下。

2. 闭上眼睛将牌打乱，把这 10 张牌分成两堆。

3. 要求：这两堆中正面朝上的牌数量相同。

（二）学生动手实践，发现问题

怎样才能保证每次分的两堆中都有相同的正面朝上的情况出现呢？

（三）用枚举法分析遇到的不同情况

1. 第一堆 0 张，第二堆有 10 张的情况。

第一堆		第二堆	
朝上	朝下	朝上	朝下
0	0	4	6

2. 第一堆 1 张，第二堆 9 张的情况。

（1）： 第一堆　　　　　第二堆

朝上　　朝下　　朝上　　朝下

0　　　　1　　　　4　　　　5

（2）：

1　　　　0　　　　3　　　　6

3. 第一堆 2 张，第二堆有 8 张的情况。

（1）： 第一堆　　　　　　第二堆

朝上　　朝下　　朝上　　朝下

0　　　　2　　　　4　　　　4

（2）：

1　　　　1　　　　3　　　　5

（3）：

2　　　　0　　　　2　　　　6

4. 第一堆有 3 张，第二堆有 7 张的情况。

分析的时候要有序完成，做到不重复、不遗漏。

（1）： 第一堆　　　　　　第二堆

朝上　　朝下　　朝上　　朝下

0　　　　3　　　　4　　　　3

（2）：

1　　　　2　　　　3　　　　4

（3）：

2　　　　1　　　　2　　　　5

（4）：

3　　　　0　　　　1　　　　6

5. 第一堆有 4 张，第二堆有 6 张的情况。

（1）： 第一堆　　　　　　第二堆

朝上　　朝下　　朝上　　朝下

0　　　　4　　　　4　　　　2

（2）：

1　　　　3　　　　3　　　　3

（3）：

2　　　　2　　　　2　　　　4

（4）：

　　　　3　　　　1　　　　1　　　　5

（5）：

　　　　4　　　　0　　　　0　　　　6

（四）总结规律

1. 当第一堆 4 张、第二堆 6 张时，第一堆朝下的张数与第二堆朝上的张数相同。

2. 当第一堆 4 张、第二堆 6 张时，我们把第一堆的 4 张牌都翻过来，此时第一堆朝上的牌与第二堆朝上的张数就相同了。

（五）再次动手实践规律的可行性

【设计意图】利用枚举法解决问题，加强枚举法在生活中的应用。

三、质疑反思

1. 对于刚才的解决方法，有什么疑问吗？

这个结果和条件给出的有 4 张朝上的牌不同。

打破原有的思维定式，才能完成游戏任务。

2. 完善枚举法

第一堆 5 张，第二堆也 5 张，会怎么样呢？

第一堆 6 张，第二堆 4 张呢？

如果有兴趣，可以继续推导下去。

3. 当我们遇到一个问题的时候，不能盲目地去动手操作，而是找到方法后再去操作。这样，不管在生活中还是学习中，你一定会是个"大赢家"！

【设计意图】通过回顾过程，梳理反思方法。

《纸牌游戏（下）》教学设计

■数学部　四年级　王　丹

教学目标

1. 通过纸牌翻牌游戏，使学生了解奇数、偶数的知识及其性质。

2. 让学生了解有关扑克牌的知识与历史，拓展学生的见识。

3. 让学生经历观察、思考、分析、解决问题的全过程，学会用数学的方式发现问题、思考问题并解决问题。

教学重点、难点

让学生经历观察、思考、分析、解决问题的全过程，学会用数学的方式发现问题、思考问题并解决问题。

教学过程

一、介绍规则，尝试操作

（一）介绍规则

4 张纸牌正面朝下，每次任选其中两张，把这两张牌都翻个面，若干次后能不能实现这 4 张牌都正面朝上呢？

（二）尝试操作

第一次任选两张翻个面，第二次再将剩下的两张翻转过来即可。

【设计意图】从简单的 4 张纸牌游戏操作入手，激发学生兴趣，了解游戏规则。

二、聚焦数学、实践体验

（一）激趣导入，引出新课

如果有 3 张纸牌正面朝下，每次任选两张，把这两张牌都翻个面，若干次后能不能实现这 3 张牌都正面朝上？（尝试失败）

（二）介绍奇偶数，依据说明

1. 介绍奇偶数：像 1、3、5、7、9……这样的单数也叫奇数，像 2、4、6、8、10……这样的双数也叫偶数。

2. 依据说明。

（1）按翻转每张牌计算翻牌总次数：

想让一张牌正面朝上，需翻转奇数次。同理，第 2、第 3 张牌想正面朝上，也须翻转奇数次。3 张牌翻转的总次数是：奇数次 + 奇数次 + 奇数次 = 奇数次。

（2）按每次翻转其中两张牌计算总次数：

第 1 次操作，翻转两张牌，那么翻转的总次数为 2 次。

第 2 次操作，又翻转两张牌，则翻转的总次数为 2+2=4 次。

第 3 次操作，又翻转了两张牌，翻转的总次数为 2+2+2=6 次。

不管操作多少次，总次数总是不断加 2，那么最终翻转的总次数是：2+2+2+2+…… = 偶数次。

（3）两种计算总次数的结果产生矛盾：按翻转每张牌计算翻牌总次数，3 张牌翻转的总次数是奇数次。而按照一次翻转两张牌，若干次后翻转的总次数却是偶数次。发生了矛盾，所以按照规则，无法将这 3 张牌都正面朝上。

【设计意图】在 3 张纸牌游戏操作中尝试失败，激发学生兴趣，发现问题进而学会用数学的方式思考问题、解决问题。

三、依据规律，内化提升

4 张牌时，按翻转每张牌看，4 张牌翻转的总次数为：奇数次 + 奇数次 + 奇数次 + 奇数次 = 偶数次。而按一次翻转两张牌，若干次后翻转的总次数仍是 2+2+2+2+…… = 偶数次。并没有出现矛盾，所以能够使 4 张牌都正面朝上。

如果是 5 张牌呢？规则不变，能够实现 5 张牌正面都朝上吗？

【设计意图】利用知识解释 4 张牌能成功的秘诀，提出 5 张牌能否成功的思考，达到对知识巩固的作用。

四、介绍知识，拓展延伸

下面说说你可能不知道的纸牌小秘密。

1. 四种花色代表什么含义？

红桃代表情感，梅花象征权利，方块对应权利财富，黑桃则象征正义和战争。

2. K、Q、J 分别代表谁？

12 张人头牌都有对应的历史人物，K 是国王，Q 是王后，J 是卫士。

3. 为什么会有大王、小王？

最早的扑克牌是没有大王、小王的，1816 年美国人加入了大王和小王，作为最高王牌。紧接着 1818 年，英国人采纳了相同做法，大部分制造商会把自家公司的 Logo 印在大王、小王上。

【设计意图】介绍扑克牌的相关知识，开阔视野，激发学生对纸牌及更多纸牌游戏的兴趣。

《中轴对称》教学设计

■ 数学部　四年级　金　晶

教学目标

1. 通过操作，进一步理解轴对称和平移的特点，并能利用这些特点设计一个建筑物。

2. 在实践操作中，培养学生用数学的眼光观察世界，发现身边的轴对称图形。通过动手操作，培养学生的鉴赏能力。

3. 浸润数学文化，感受我国古代人民的智慧，培养民族自豪感。

教学重点、难点

通过操作，进一步理解轴对称和平移的特点，培养学生用数学的眼光观察世界，发现身边的轴对称图形，并能运用数学知识自主设计一个建筑物。

教学过程

一、导入

上节课我们看到了很多中国建筑，在观察这些建筑图时，发现这些建筑图案都是对称图形，还找到了它们的对称轴。今天我们一起继续研究吧！

二、新授

（一）实践体验——判断几何图形是否是轴对称图形

1. 折一折。

师：我们学过了哪些平面图形？它们都是轴对称图形吗？如果是，它们有几条对称轴呢？（师生共同验证）

【设计意图】通过动手操作直观验证学过的平面图形哪些是轴对称图形，哪些不是轴对称图形，加深对轴对称图形概念的理解，并感受不同的轴对称图形，其对称轴的条数也不尽相同。

2. 方格纸。

（1）如果我们不能操作，不能去对折，比如这个图形，你怎样证明它是不是轴对称图形呢？

师：有的同学想到了格子图。我们把图形放在格子图里，你能不能看出这幅图是不是轴对称图形？说一说。

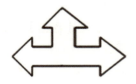

（2）如果想让它成为轴对称图形，可以怎么做呢？

【设计意图】方格纸是帮助学生直观判断一个图形是否是轴对称图形的最直接的工具。通过数格子的方法使学生进一步理解轴对称图形的特征，培养学生的空间想象能力。

（二）拓展习得

1.图形的运动。

（1）在建筑中，不仅包含着轴对称图形，看看右侧这幅图，还隐藏着哪些和数学相关的知识呢？

（2）这个图案中运用了轴对称，还运用了平移、旋转，你能说一说图中哪部分进行了什么图形运动吗？

（3）二年级时我们做了一次小小设计师，这是当时同学们设计的图案，你能很快找出图案的哪些部分是经过了什么运动得到的吗？

2.中轴线。

轴对称、平移和旋转等现象在我们的生活中运用得非常广，小到一个花纹图案，大到一个建筑，甚至我们的城市布局，也是按照轴对称分布的，只不过数学中的对称轴在城市布局中被称为中轴线，不信你来看一看。（播放视频）

【设计意图】从各个角度直观感悟轴对称、平移、旋转等在生活中的大量运用，体会生活中的数学应用和数学美。

（三）课后延伸

今天我们来做一名建筑设计师。

活动要求：

1.设计绘制你喜欢的建筑物，其中必须包含轴对称图形、简单图形的平移和旋转。如果有方格纸，可以在方格纸中设计。

2.用不同的颜色标出你这幅建筑图的对称轴以及平移、旋转前的图形。

《商码拾遗》教学设计

▌数学部　四年级　周元萍

教学目标

1. 认识苏州码，用苏州码简单地表示数。
2. 体会位值制在表示数时的方便，感受中国古人的智慧。
3. 培养学生的数感和应用意识，让学生理解现实生活中数的意义。
4. 弘扬中国传统数学文化，提升民族自豪感。

教学重点、难点

用苏州码简单地表示数。

教学过程

过渡语：前一节课我们已经了解了苏州码的历史，感受到了中国古人的智慧。今天我们接着来认识苏州码，研究怎样用苏州码表示数。

一、实践体验

（一）用苏州码写"111"，在活动中体会写数的规则

1. 回忆一下上节课我们学习的 0~9 这 10 个数字是怎样用苏州码表示的？现在请你用苏州码表示出 0~9 这 10 个数字。

2. 你会用苏州码表示"111"这个数吗？可以怎样写呢？

3. 讨论：有很多种不同的表示方法。"111"可以写成这么多种情况吗，还是只能写成唯一的一种呢？

小结：为了一一对应，避免这样混乱的情况发生，苏州码有一套自己的写数要求。

（二）苏州码的写数要求

1. 凡算之法，先识其位。一纵十横，百立千僵，千十相望，万百相当。（《孙子算经》）

小结：苏州码的写数要求是纵横交替，个位纵、十位横、百位纵、千位横……依次交替。

2. 回顾：之前我们写的"111"，哪种表示方法是对的呢？（丨一丨）

3. 读、写数。

（1）写一写： ５ ９ ８　　　　　　３ ４ ７
（2）读一读： Ｘ○ⅠⅠ二　　　　ⅠＸⅡ

【设计意图】学生通过动手、动脑，实际操作，认真体验，明白一一对应的重要性。

二、拓展习得

（一）用苏州码表示钱数

1. 在购买物品时，根据商品标签上的数字知道物品的价格。

2. 苏州码没有小数点的概念，就在数的下一行用"○"代表"元（圆）"，用"△"代表"角"，用"Ⅱ"代表"分"。

3. 明白了古人如何用苏州码表示钱数，现在你能说一说下面的数表示多少钱吗？

$$一 Ｘ 二 Ⅰ$$
$$○　△　Ⅱ$$
$$元　角　分$$

（二）"拾遗：苏州码"

师问：这两次课我们认识了苏州码，那为什么这节课的课题不叫苏州码而叫商码？拾遗又是什么意思呢？

苏州码多用于旧时的商业、手工业、当铺、金融业等一切经营活动和生活中的数字记载、契约的签订及账务的处理，是中国早期的商业数字，我们就叫它商码。"拾遗：苏州码"，"拾"是捡起来，"遗"是遗失、丢掉的东西。苏州码是我们丢掉的东西吗？

【设计意图】知道现在和古代对钱的记录，让学生体会古人的智慧。

三、提升认识

下面播放的是一部非常热播的电视剧《新世纪福尔摩斯》，仔细观看，你会发现什么？可以发现里面出现的神秘符号，那就是苏州码。

同学们，中国上下五千年之瑰宝璀璨全球，作为新一代的我们，有责任、有义务将中华民族优秀的传统数学文化传承下去。

【设计意图】弘扬中国传统数学文化，提升民族自豪感。

四、思考题

下面是文献中记录的钱数，你知道是多少吗？

《方寸精印（上）》教学设计

▍数学部　五年级　黎　妍

教学目标

1. 通过了解印章的历史文化背景帮助学生积淀文化底蕴，借助生活中的常见现象让初步感知镜面对称与轴对称的区别与联系，为后面根据镜面对称现象设计、制作橡皮章奠定基础。

2. 通过观察生活中的某些现象发现规律，培养学生的空间观念和推理能力。

3. 在设计制作图案的过程中获得美的享受，在动手实践过程中体验成功的乐趣。

教学重点、难点

了解篆刻的文化背景，初步构建起制作橡皮章的方法。通过数学实验感知镜面反射原理。设计篆刻图案、雕刻技巧。

教学过程

一、简单介绍印章

（一）生活中常见的印章

展示各式各样印章图片，通过对这些图片的欣赏引出本课研究的话题。

（二）介绍古代印章的作用

你们知道吗？在古代就有了印章，不过对于我们的祖先，印章可不是简单的好玩好看，它有很重要的作用。那么它都有哪些作用呢？

1. 商业上的用途：

（1）作为允许经商及商品出入的凭证。

（2）有检封货物，以保证安全转运的作用。

（3）封存货物，以待买者。

2. 政治生活中的用途：

（1）官吏带在身上，作为行使权力的凭证。

（2）用来钤盖"封泥"。

（三）提出研究问题

1. 印章上面的图案是怎么绘制上去的呢？

2. 绘制图案的时候，是不是根据我们的喜好，设计出我们喜欢的图像，直接描在章面上，然后刻出来，就能印出我们喜欢的样子呢？

【设计意图】通过了解古代印章的作用，弘扬中国传统文化，积淀学生的文化底蕴。在文化渗透中不忘挖掘数学元素，提出与本学科相关的研究问题。

二、印章中的数学知识：镜面对称

要求：拿出准备好的小镜子、A4 纸、水笔、尺子、剪刀。

实验一：轴对称和镜面对称之间的联系与区别。

1. 简单绘制轴对称图形。

实验目的：回忆轴对称图形。

2. 借助镜子构造镜面对称图形。

实验目的：简单了解轴对称和镜面对称之间的联系与区别。

实验二：通过实验总结镜面对称图形的特点。

1. 竖向画一条长 2 厘米的线段，感受上下位置不变。

2. 横向画左边带一圆圈的直线，在镜中成像为右侧有圆圈。感受镜面对称图形左右位置相反的特点。

3. 写数字 5，观察镜面成像，体会镜面对称图形上下位置不变、左右相反的特点。

4. 站在大衣镜前，举左右手观察镜中成像，感受镜面成像前后、上下位置不变，左右相反的特点。

三、归纳实验结论，引发新问题

通过实验结论，设计印在印章上的图形并思考：印章上的图形和实际印出的图像之间有什么样的关系？为下节课制作橡皮章奠定基础。

【设计意图】数学是实验性学科，需要在操作中解决问题，以发展学生的推理、观察能力以及应用意识。

《方寸精印（下）》教学设计

▋数学部　　五年级　　杨文佳

教学目标

1. 通过了解篆刻的历史文化背景积淀学生的文化底蕴，借助生活中常见现象初步感知镜面对称与轴对称的区别与联系，学会根据镜面对称现象设计、制作橡皮章。

2. 通过观察生活中的某些现象发现规律，培养学生的空间观念和推理能力。在制作橡皮章的过程中提高学生的创新能力、独立思考和解决问题的能力，夯实多学科通识能力。

3. 在设计制作图案的过程中，获得美感的享受和动手实践的乐趣。结合当前社会背景，培养学生爱国情怀及责任意识。

教学重点、难点

了解篆刻的文化背景，会制作橡皮章；在实验中感受镜面反射原理。设计篆刻图案、掌握雕刻技巧。

教学过程

一、回顾引入

通过上节课的学习我们已经知道设计印章上的图案，一定要与印出的图案保持上下、前后位置不变，而左右位置相反。今天我们就利用这些特点制作橡皮章！

【设计意图】通过简短的引导语帮助学生回顾印章图案与印出图案之间的关联，为实践操作做铺垫。

二、了解雕刻技法及制作橡皮章的工具

（一）介绍橡皮章

（二）欣赏作品，了解雕刻技法

1. 欣赏成品橡皮章，观察两组印章印出的文字的不同之处。

2. 思考：为什么左边印出来的字是白色的，右边印出的字是红色的？怎样雕刻才会出现这样的效果？

3. 介绍雕刻技法——阴刻与阳刻。

（三）认识雕刻工具，强化注意事项

1. 认识雕刻工具：刻刀、铅笔、描图纸、拨片、印台。

2. 思考及注意事项：

（1）能否直接在橡皮砖上进行雕刻？

（2）能否直接在橡皮砖上进行设计？

（3）如何将设计好的图稿转换到橡皮砖上？

（4）最重要的一点：雕刻印章时一定要注意安全！

【设计意图】通过欣赏成品橡皮章图片，观察、对比、分类，对雕刻技法有直观的理解，积淀学生的文化底蕴；熟悉雕刻工具，思考注意事项，为后续的实践做充分准备。

三、雕刻方法的演示与实践

观看视频，熟悉雕刻方法与过程。

结合实际，调整制作工具，可以用尖锐的笔或裁纸刀、白纸、橡皮来代替专业工具，雕刻橡皮章。

【设计意图】熟悉雕刻方法与过程，在设计、调整、制作中提升空间观念、创新能力和解决问题的能力，同时，获得美感的享受和实践的乐趣。

四、结合社会背景总结提升

（一）欣赏祝福抗疫英雄的印章

正值疫情防控的特殊时期，大家纷纷用各自的方式表达对奋战在抗疫一线英雄们的牵挂与祝福，篆刻匠人李守敬也篆刻了多枚印章，为武汉加油，为湖北加油，为中国加油！

（二）学以致用，唤起爱国情怀

同学们不妨用今天学到的技能在橡皮章上刻出你祝福的话语或图形，保留下这段特殊时期的回忆，也用自己的力量为武汉加油！为伟大的祖国加油！

【设计意图】结合社会背景，培养学生爱国情怀与责任意识，鼓励创新、创作。

《数墙谜题》教学设计

▍数学部　五年级　刘　欢

教学目标

1. 探究解决数墙谜题的技巧与方法，能利用这些方法完成简单的数墙谜题。

2. 在解决问题的过程中发展学生的规则意识和观察、分析、推理能力。

3. 激发学生的学习兴趣，感受数学的趣味性。

教学重点、难点

探究数墙谜题中的技巧与方法。综合运用方法与技巧解决简单的数墙谜题。

教学过程

一、课程导入

师：同学们，大家好！欢迎来到"数墙谜题"的第二节课。上节课同学们了解了数墙谜题的由来以及它的游戏规则，最后老师还给大家留了四道思考题，我们一起来看一下。

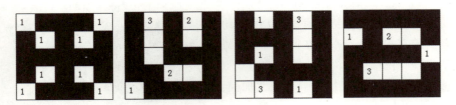

【设计意图】解决《数墙谜题（上）》中老师留的四道思考题，引出本节课内容。

二、回顾数墙谜题中的简单技巧

师：同学们，你们做对了吗？上节课，我们还学习了一些数墙中的技巧，咱们一起来回顾一下！

（一）岛屿大小为 1

师：请同学们看这幅图，这个岛屿只有一个方格，所以它的上下左右应该都是墙。

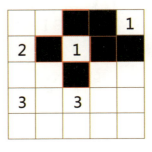

（二）提示数字被方格隔离

师：根据数墙的规则，所有的提示数字之间，必须得有墙把它们分开，因此当同一行中的提示数字之间只有一个空格时，它们之间的这个空格一定是道墙。同理，当同一列中的提示数字之间只有一个空格，它也一定是道墙。

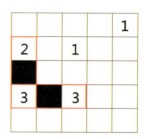

（三）对角线上的相邻提示数字

师：当两个提示数字在相邻的对角线上，那么与它们接触的方格也一定是道墙。

【设计意图】回顾《数墙谜题（上）》中提到的技巧与方法。

三、进一步探究数墙谜题中的技巧与方法

师：同学们，刚才的岛屿大小为1、提示数字被方格隔离、对角线上的相邻提示数字这三种情况是我们上节课学习的比较基本的技巧。这节课，我们就进一步来研究数墙谜题中的技巧与方法。

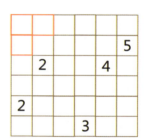

（一）不可到达方格

师：请同学们看这幅图，被标记的这三个方格不可能属于任何岛屿。因为这三个方格离提示数字太远了，没有提示数字可以"到达"它们，因此我们可以推断出它们是墙的一部分。

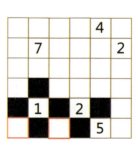

（二）方格包围

师：同学们看红色方框的地方，由于这两个方格在水平方向和垂直方向被墙包围起来，它们不可能属于任何一个岛屿，因此它们一定是墙的一部分。

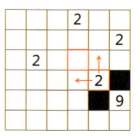

（三）只有两个方向的岛屿扩充

师：在一些例子中，提示数字为2的岛屿，扩充方向只可能有两个且彼此垂直。当这个情况发生时，不用考虑哪个方向是岛屿扩充的方向，其对角线上的方格一定是墙的一部分。

（四）墙扩充

师：根据数墙的规则，谜题中所有的墙必须形成一条连续的路径。通过观察右侧谜题中那个单一方格，我们可以推出唯一一个使它与其他墙相连的办法——在其右方扩充填满 3 个方格。

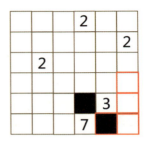

（五）岛屿连续性

师：请同学们看这幅图，图中标记的方格一定属于一个岛屿，这可以避免一个 2×2 的墙区域产生。这意味着该方格左侧的方格必将属于同一个岛屿，我们将它们标记为"点"。现在，提示数字为 3 的岛屿完成了，我们可以将它用墙包围起来。

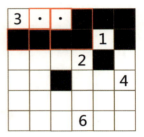

【设计意图】进一步探究解决数墙谜题的技巧与方法。

四、利用数墙谜题技巧和方法解决 7x7 数墙谜题

师：请你利用上面所学的技巧和方法解决右边这道数墙谜题。

【设计意图】解决一个完整的数墙谜题，在解决问题的过程中，发展学生的规则意识和观察、分析、推理能力。

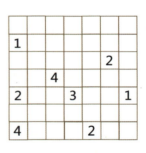

五、巩固练习

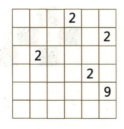 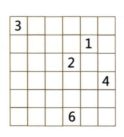 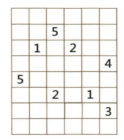

【设计意图】通过练习，进一步培养学生的观察、分析、推理能力。

《玩转陀螺》教学设计

▌*数学部　五年级　曹　芸*

教学目标

1. 了解陀螺的文化背景和发展历史，自己尝试制作陀螺，借助陀螺进一步认识图形的运动——"旋转"。

2. 通过了解陀螺历史加深对中国传统文化的了解，感受古人的聪明才智，引发民族自豪感。

3. 在陀螺制作和操作的过程中，培养学生的动手能力和创新意识，体验动手实践成功的乐趣，激发好奇心和求知欲。

教学重点、难点

了解陀螺的文化背景和发展历史，借助陀螺进一步认识图形的运动——"旋转"。自由创意制作陀螺。

教学过程

一、了解陀螺发展历史

（一）猜谜引入

独脚尖尖腰儿圆，绳子绕在身上边，挣脱束缚获自由，乐得地上转圈圈。（谜底：陀螺）

（二）展示身边的陀螺

欣赏各类陀螺。

（三）介绍陀螺发展历史

1. 介绍最早的陀螺。

中国是陀螺的故乡。2011年，在山东省即墨北阡遗址中，考古人员发掘出了一个陶制陀螺。这是迄今为止最早的陶制陀螺，距今有6000多年历史。

2. 展示其他文物遗址中出土的陀螺。

介绍在浙江河姆渡遗址出土的陀螺和新石器时代洛阳聚落遗址中出土的陀螺。

3. 介绍陀螺历史发展。

关于陀螺的文字记载，最早出现在后魏的史籍中，称它为"独乐"。

到了宋朝，已经出现了类似今天的手捻陀螺造型的陀螺玩具，名为"千千"。明朝时期，"陀螺"这个词已正式出现，成为民间大众化的玩具。

4.介绍古代画作中的陀螺。

（1）宋代苏汉臣的《婴戏图》中的陀螺。

（2）苏汉臣的作品《秋庭戏婴图》中的陀螺。

（3）《货郎图》中的陀螺。

【设计意图】从谜语引入，展示各类陀螺，引发学生兴趣，激发其学习欲望。通过介绍最早的陀螺和其他文物遗址中出土的陀螺，以及"陀螺"这个词的发展过程，使学生充分了解陀螺的文化背景和发展历史，加深对中国传统文化的了解，感受我国古人的聪明才智，引发民族自豪感。

二、从不同角度认识陀螺

（一）陀螺的分类

1.依据不同玩法，可分为鞭抽陀螺、手捻陀螺、抽拉陀螺、指尖陀螺。

2.依据材质，可分为木质、石质、纸质、陶质、象牙质等。

无论哪种陀螺，它最本质的运动是一样的，即旋转。

（二）了解陀螺之最

观看视频，认识旋转时间最长的"陀螺王"。

【设计意图】从不同角度对陀螺进行分类，使学生多方面地认识陀螺，同时体会到陀螺最本质的运动是旋转。通过认识旋转时间最长的陀螺，既开阔了学生视野，还引发他们进一步探究的欲望。

三、制作简易陀螺

观看视频，学习制作陀螺方法。布置作业，课后制作一个手捻陀螺。

【设计意图】学习手捻陀螺制作方法，启发学生自由创意，借助身边现有的材料发挥创造，制作陀螺，培养动手能力和创新意识，体验动手实践成功的乐趣，获得美的感受。

《勾股玄方（上）》教学设计

■ 数学部　六年级　孙桂丽

教学目标

1. 初步感受和了解勾股定理的内容与历史演变过程，并能进行简单的证明。

2. 经历探寻勾股定理的验证过程，积累数学活动经验，体会数形结合的数学思想方法。

3 了解勾股定理发展的过程，感受中国传统文化中蕴含的劳动人民的智慧，增强民族自豪感。

教学重点、难点

勾股定理的证明，多种证明的理解。

教学过程

一、回眸历史

（一）商高定理

商高生活于公元前 11 世纪。我国最古老的数学名著《周髀算经》的开头记录着周公向商高请教数学知识的对话。周公问商高："天不可阶而升，地不可将尽寸而度。"商高说："……故折矩，勾广三，股修四，经隅五。"后人就把这个事实简单说成"勾三股四弦五"，把这个定理叫作"商高定理"。

（二）赵爽弦图

3 世纪，三国时代的赵爽对《周髀算经》内的勾股定理做了详细注释，记录于《九章算术》中，"勾股各自乘，并而开方除之，即弦"。赵爽还创制了一幅《勾股圆方图》，把一个正方形分成四个全等的直角三角形和一个小正方形，给出了勾股定理的详细证明。"赵爽弦图"把图形作适当的分割、移、补、拼、凑，显示出图形之间的数量关系。

【设计意图】通过介绍中国古代两位杰出的数学家——商高和赵爽在勾股定理方面的成就，让学生了解勾股定理的发展史和证明思路，树立民族自豪感和自信心。

（三）古巴比伦与勾股数组

公元前 3000 年前后的古巴比伦人就知道和应用勾股定理，他们还知道许多勾股数组。美国哥伦比亚大学图书馆内收藏着一块编号为"普林顿 322"的古巴比伦泥板，上面记载了很多勾股数。古埃及人在建筑宏伟的金字塔和测量尼罗河泛滥后的土地时，也应用过勾股定理。

（四）毕达哥拉斯的经典证明

古希腊数学家毕达哥拉斯证明了勾股定理，因而西方人都习惯地称这个定理为毕达哥拉斯定理。有一次，毕达哥拉斯应邀参与聚会，他凝视脚下排列规则、美丽的方形地砖，作了大胆的假设：任何直角三角形，其斜边的平方恰好等于另两边平方之和。

【设计意图】介绍国外勾股定理的发展历程和应用情况，体会古今中外人民的智慧和数学家在勾股定理方面的不同思考，拓展视野。

二、聚焦数学

（一）动手操作，裁剪四个相同的直角三角形

相信你也对这个定理充满了好奇，那么就动手操作一下，剪裁出 4 个大小相同的直角三角形。

剪裁 4 个大小相同的直角三角形，有多种方法：可以借助三角板，在纸上临摹出 4 个 30°、60°、90° 的直角三角形；或者自己定好两条直角边的长度，然后把另外两个端点连接；或者直接把一张 A4 纸沿对角线剪开，得到 2 个直角三角形，再重复一次即可。

（二）拼摆正方形，尝试证明

利用裁剪好的 4 个直角三角形或者大小一样的三角板，拼摆正方形，第一种斜边作为大正方形边，第二种斜边作为内部正方形边。利用拼摆好的正方形，你能试着证明一下勾股定理吗？

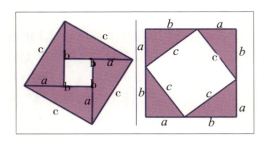

【设计意图】通过制作 4 个大小相同的直角三角形，学生借助三角形拼摆正方形，方便借助实际的图形思考勾股定理的初步证明。

《勾股玄方（下）》教学设计

数学部　六年级　赵　蕊

教学目标

1. 初步感受和了解勾股定理的内容，并能进行简单的证明，渗透数形结合的数学思想。能运用勾股定理解决简单的实际问题，培养学生的分析能力、实践能力。

2. 经历勾股定理的验证过程，积累活动经验，学会用数学的眼光看世界。

3. 通过了解我国发现勾股定理的过程，增加人文积淀和人文情怀，感受传统文化带来的思考与创新。通过探究验证勾股定理，培养理性思维、批判质疑和勇于探究的科学精神。

4. 通过对勾股定理发展历史的了解，感受到中国传统文化中蕴含的劳动人民的智慧，增强民族自豪感。

教学重点、难点

经历探寻勾股定理的验证过程。

教学过程

一、实践操作

（一）回忆

在上一节课，同学们用 4 个直角三角形拼出了 2 个正方形。

今天，我们来研究一下直角三角形三条边的长度。这三条边的长度之间有关系吗？如果有，是什么关系？

为了研究方便，我们用字母来表示直角三角形各边的长度：用字母 a 表示直角三角形中较短的直角边的长度；用字母 b 表示直角三角形中较长的直角边的长度；用字母 c 表示直角三角形中斜边的长度。如下图所示。

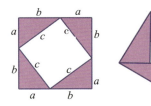

（二）内弦

我们先来研究右侧这幅图①：

你们能用字母表示大正方形的面积吗？

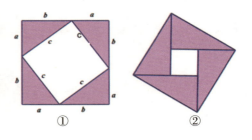
①　　　　　　②

还能怎么表示？部分＋部分＝整体。

等量代换，所以我们发现：$a^2+b^2=c^2$。

（三）外弦

我们再来研究右侧这幅图②：

你们能用字母表示大正方形的面积吗？

还能怎么表示？部分＋部分＝整体。

等量代换，所以我们发现：$a^2+b^2=c^2$。

（四）结论：$a^2+b^2=c^2$

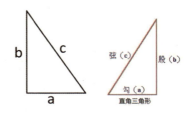
直角三角形

【设计意图】感受和了解勾股定理的内容，并能进行简单的证明，渗透数形结合的数学思想。

二、拓展习得

（一）勾股定理的运用

某楼房三楼失火，消防队员赶来救火，了解到每层楼高 3 米，消防队员取来 6.5 米长的云梯，如果梯子的底部离墙基的距离是 2.5 米，请问消防队员能否进入三楼灭火？

大家先自己读一读题目，可以试着画一画图。

我们一起读一读，画图计算，得出结论。

（二）体对角线

长方体的长、宽、高分别为 2 厘米、2 厘米、1 厘米，求长方体的体对角线的长度。

体对角线指连接棱柱上下底面的不在同一侧面的两顶点的连线。

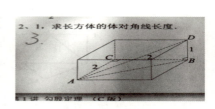

（三）引发思考

根据简单的图例，推理毕达哥拉斯树。

【设计意图】能运用勾股定理解决简单的实际问题，培养学生的分析能力、实践能力。

《邮票中的数学问题》教学设计

▌数学部　六年级　李军红

教学目标

1. 根据信函质量支付邮资，寻找满足条件的邮票组合，设计邮票面值。
2. 在探究中提升归纳能力、推理能力和分析解决问题的能力。
3. 感受数学在生活中的应用价值。

教学重点、难点

通过问题探究，加深对所学知识和方法的理解与掌握。

教学过程

一、揭示课题

在上一讲中同学们已经了解了邮票的相关知识，这节课我们就继续探究邮票中还蕴藏着哪些数学知识。

【设计意图】在总结上一节课内容的基础上，激发学生的探究欲，提出研究的新问题。

二、出示问题情境，尝试解决问题

问题：如果邮寄不超过 100 克的信函，最多只能贴 3 枚邮票，只用 80 分和 1.2 元的邮票能满足需要吗？如果不能，请你再设计一枚邮票，看看多少面值的邮票能满足需要。

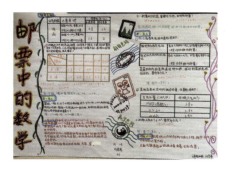

【设计意图】出示问题情境后，让学生自主思考，从而获得解决问题的初始经验。

三、列表法尝试探究合理的邮资方式

探究问题：不超过 100 克的信函，需要多少资费？

学生说一说各种可能的资费。

引导列表描述。

信函质量	20g以内	21～40g	41～60g	61～80g	81～100g
本埠资费	0.80元	1.60元	2.40元	3.20元	4.00元
80分枚数	1	2	3或0	1	×
1.2元枚数	0	0	0或2	2	×
外埠资费	1.20元	2.40元	3.60元	4.80元	6.00元
80分枚数	0	3或0	0	×	×
1.2元枚数	1	0或2	3	×	×

信函质量	20g以内	21～40g	41～60g	61～80g	81～100g
本埠资费	0.80元	1.60元	2.40元	3.20元	4.00元
80分枚数	1	2	3或0	1	×或1
1.2元枚数	0	0	0或2	2	×或1
2元枚数	×	×	×	×	2或1
外埠资费	1.20元	2.40元	3.60元	4.80元	6.00元
80分枚数	0	3或0	0	×或1	×或×
1.2元枚数	1	0或2	3	×或×	×或×
2元枚数	×	×	×	2	3

信函质量	20g以内	21～40g	41～60g	61～80g	81～100g
本埠资费	0.80元	1.60元	2.40元	3.20元	4.00元
80分枚数	1	2	3或0	1	×或2
1.2元枚数	0	0	0或2	2	×或×
2.4元枚数	×	×	×	×	1
外埠资费	1.20元	2.40元	3.60元	4.80元	6.00元
80分枚数	0	3或0	0	×	×或×
1.2元枚数	1	0或2	3	×	×或1
2.4元枚数	×	×	×	2	2

信函质量	20g 以内	21 ~ 40g	41 ~ 60g	61 ~ 80g	81 ~ 100g
本埠资费	0.80 元	1.60 元	2.40 元	3.20 元	4.00 元
80 分枚数	1	2	3 或 0	1	× 或 ×
1.2 元枚数	0	0	0 或 2	2	× 或 ×
4 元枚数	×	×	×	×	1
外埠资费	1.20 元	2.40 元	3.60 元	4.80 元	6.00 元
80 分枚数	0	3 或 0	0	× 或 1	× 或 1
1.2 元枚数	1	0 或 2	3	× 或 ×	× 或 1
4 元枚数	×	×	×	1	1

【设计意图】问题驱动，通过表格进行观察比较、归纳总结，促使学生积极地参与到发现问题和探寻方法的整个过程中。

四、拓展延伸

问题：如果想最多只用 4 种面值的邮票，就能支付所有不超过 400 克的信函的资费，除了 80 分和 1.2 元两种面值，你认为还需要增加什么面值的邮票？

【设计意图】利用所学知识进一步解决较为复杂的问题，经历知识和数学思考方法的双迁移。

"体育达人"课程设计理念

　　新冠肺炎疫情暴发以来，学校构建起"线上指导，线下活动"的家校联动多元教育场景，和谐课堂的"课程超市"为孩子们提供了自主选课的机会。在这场没有硝烟的战役中，体育展现了独特魅力。居家体育锻炼至关重要，"体育达人"版块课程以"延学不停学、停课不停练"为目标，确保学生通过居家锻炼强健体格、滋养性格、完善品格。

　　体育活动需要以较高的自我控制能力、坚定的信心、勇敢果断和坚韧刚毅的意志品质为基础，坚持体育锻炼，对培养健全性格、完善品格有特殊的作用。疫情和运动场都是"战场"，在疫情防控中，孩子们学会守望相助、战胜困难。"体育达人"线上课程，遵循"理念共识、管理共为、教育共享"原则，涵盖特色广播操、素质练习、亲子练习、体质健康测试练习四大板块，使学生的身体机能得到全面发展，强健体格；增进亲子关系，体会合作共赢的重要意义，滋养性格。学生通过体育锻炼树立抗击疫情的决心，在运动中体会生命的意义。

　　凝聚智慧、贡献力量，集团体育健康部40余位教师全员参与，利用有限的场地，简单的器材，设计录制视频100余节，搭建"课程超市"，形成了特色的线上内容。"上下同欲者胜，风雨同舟者兴。"战"疫"面前，谁都不是旁观者，我们引导学生做战"疫"的主人公，打赢这场健康防卫战，从重视和增强自身体质开始，从磨难中汲取力量，收获成长。

《健身气功——八段锦》教学设计

■ 体育部　一年级　刘子凡

教学目标

1. 学习八段锦第二式、第三式，加深对传统体育的认识，进一步了解中国传统文化的内涵，认识传统养生武术的锻炼价值和作用。

2. 90% 的学生掌握基本动作，80% 的学生做到姿势优美、动作规范，力求达到形神合一。

3. 培养学生吃苦耐劳的意志品质，促进家庭成员间的情感交流。

教学重点、难点

动作正确到位。动作和呼吸配合，形神合一。

教学过程

一、准备部分

拍手操：（1）伸展运动；（2）下蹲运动；（3）体侧运动；（4）体转运动；（5）腹背运动；（6）跳跃运动。

专项准备活动：（1）膝关节运动；（2）踝、腕关节运动。

【设计意图】充分活动各个关节，防止运动损伤。

二、基本部分：学习八段锦第二式、第三式

（一）复习旧知

八段锦起式、第一式，可以与家长面对面练习 3~5 次。

【设计意图】复习旧知，强化记忆。

（二）教师讲解并示范八段锦第二式和第三式

第二式：左右开弓似射雕。左式：两手手腕交叉于胸前，左手在外，开左步；左手成十字掌，右手屈指拉至肩前，右手向右画弧，左脚收回。右式与左式相反。

第三式：调理脾胃须单举：左掌上托，经面前上翻，右手成掌下按，指尖向前，下落时手臂微弯曲。做完第三遍时，双手成掌，按于髋旁。

【设计意图】使学生初步认识八段锦第二式、第三式动作方法。

（三）模仿练习

1. 根据教师的讲解、示范，学生进行模仿练习，可以与家长、同伴互相交流

学习。

2.根据讲解示范，学生进行分解动作练习，可以与家长、同伴互相交流学习。

3.根据讲解示范，学生进行完整动作练习，可以与家长、同伴互相交流学习。

4.根据教师讲解，将八段锦起式至第三式连续练习 2~3 次。

【设计意图】强化旧知，巩固新知。强化连续动作记忆，提高动作准确度，做到动作和呼吸配合，形神合一。

《腰腹力量练习——仰卧起坐》教学设计

▌体育部　一年级　李晓雷

教学目标

1.让学生了解仰卧起坐时要低头含胸，用力得当，匀速坐起、缓慢回落的动作以及仰卧起坐的多种方法。

2.学生能够掌握仰卧起坐的正确技术动作，使学生的腰腹肌力量得到锻炼和发展。

3.通过居家练习，提高亲子间相互协作、相互配合的能力，培养学生坚持不懈、积极进取的精神。

教学重点、难点

低头、含胸、收紧小腹，抱头动作时双肘内收。控制身体，匀速坐起、缓慢回落，臀部不能移动。

教学过程

一、准备部分

准备活动：（1）头部运动；（2）肩绕环；（3）腰绕环；（4）体前屈；（5）挺身跳。

【设计意图】充分活动重要关节，避免运动损伤，为练习做铺垫。

二、基本部分：仰卧起坐正确动作及练习方法

（一）教师讲解并示范

练习者：双手五指交叉贴于头后，同时两臂打开，手背及手臂均触垫，双脚放稳，屈膝，大小腿呈直角，两腿可稍分开，成仰卧姿势。起坐时，双肘必须触及或超越两膝。仰卧时，两肩及背部必须触垫。

帮助者：下蹲，双手按住练习者双脚脚背或踝关节处。以一分钟计算成绩。

【设计意图】学习、体会仰卧起坐的正确动作。

（二）计时练习仰卧起坐

练习时，循序渐进，不能一次完成多组，安排合理时间进行练习和恢复。

【设计意图】在规定时间内，进行练习，动作正确，加深肌肉记忆。

（三）拓展练习

仰卧屈膝两头起：呈仰卧姿势，双脚着垫子，双手交叉于头后。收腹时，双

腿屈膝成 45 度角左右，双腿和头部向腹部靠拢，用力收缩、收紧，停留 1 秒钟，然后慢慢回到初始位置，在肩膀和脚着垫子时停止，注意头部不要着垫。身体上抬时做呼气，放下时做吸气，过程中避免用脖子带动身体。

　　仰卧两头起：成仰卧姿势，双手直臂举过头顶，双腿伸直着垫子。收腹时，双手双脚同时向腹部上方靠拢，尽力做到手脚触碰，然后控制身体慢慢回到初始位置，在肩膀和脚着垫子时继续下一次动作。身体上抬时做呼气，放下时做吸气。过程中不要通过向下快速回落借助力完成。

　　【设计意图】学会多种练习方法，提高学习兴趣。

三、放松活动

　　腹部拉伸：双手头上交叉，掌心朝上，站立，双手向上发力，腰部向前慢慢发力，使腹部有拉伸的感觉，停住 5 秒钟左右，反复进行拉伸放松。

　　【设计意图】让腹部肌肉得到充分放松。

《武术基本手型——拳、掌、勾》教学设计

▌体育部　一年级　马　骏

教学目标

1. 100%的学生了解武术基本手形——拳、掌、勾动作方法，85%左右的学生能够掌握动作要领，并能独立完成拳、掌、勾动作。

2. 通过教师示范、情景教学，结合多种形式的尝试练习，逐步掌握技术动作。

3. 培养学生勇敢、果断、顽强拼搏的终身体育意识和相互协作的优良品质。

教学重点、难点

拳紧握、指要并、手腕屈，动作到位，力达指尖。

教学过程

一、准备部分

准备活动：（1）头部运动；（2）扩胸运动；（3）振臂运动；（4）体转运动；（5）体侧运动；（6）腹背运动；（7）跳跃运动；（8）活动踝、腕关节。

专项练习：（1）肩绕环；（2）两人一组压肩。

【设计意图】充分活动身体各个关节，避免运动损伤。

二、基本部分

导入：回想影片《功夫熊猫》里阿宝学到的功夫中涵盖了哪些武术基本手形，并试着模仿。

【设计意图】让学生展开想象，并尝试作出动作。

（一）教师讲解并示范——拳

1. 动作方法：四指并拢卷握，拇指弯曲紧扣食指和中指的第二指节处，拳与前臂保持平直。

2. 动作要点：拳紧握，拳面平，腕伸直。

3. 出示口诀：拳如卷饼紧又牢，四指并卷拇指压。

4. 根据讲解示范学生模仿练习，可以与家长一起练习。

【设计意图】学习拳的正确的手形。

（二）教师讲解并示范——掌

1. 动作方法：四指伸直并拢，拇指弯曲于食指一侧。

2. 动作要点：指要并，掌要立，腕要沉。

3. 出示口诀：四指并拢后伸张，拇指紧靠食指扣。

4. 采用"请你和我这样做"的小游戏，让学生和家长共同完成模仿练习。

【设计意图】学习掌的正确的手形，运用游戏来增强学生的学习兴趣。

（三）教师讲解并示范——勾

1. 动作方法：五指之间捏拢在一起，屈腕。

2. 动作要点：并指屈腕。

3. 出示口诀：五指指尖紧靠牢，尽量屈腕似镰刀。

4. 和家长做"我说你做"的小游戏。

【设计意图】学习勾的正确的手形，强化记忆。

三、实践练习

1. 可以采用"师傅与徒弟"的小游戏，学生与家长分别扮演阿宝与师傅，一人说一人做，锻练学生的反应速度，也对学生这节课所学内容的掌握情况有所了解。

2. 巩固基本手形练习，练习中家长可根据学生的动作给出相应的评价。

优秀：手形正确，动作有力、到位。

良好：手形正确，动作到位。

合格：手形较好，动作正确。

继续努力：手形欠佳，动作路径较为正确。

【设计意图】多加练习，让学生了解自己的不足之处，更好地提高自己的技术动作。

《跳的能力——立定跳远》教学设计

■体育部 一年级 焦 娇

教学目标

1. 初步学习立定跳远动作，学生掌握双脚同时用力蹬地起跳的动作。

2. 通过游戏环节，促进学生上下肢全面协调发展的能力。

3. 培养学生勇敢、果断，勇于克服困难的品质。

教学重点、难点

双脚同起同落，上下肢配合协调。

教学过程

一、准备部分

徒手操：（1）伸展运动；（2）扩胸运动；（3）体侧运动；（4）体转运动；（5）腹背运动；（6）跳跃运动。

专项准备活动：（1）活动踝、腕关节；（2）单双脚跳。

【设计意图】充分活动各关节，通过专项准备活动，提高学生的跳跃能力和身体平衡能力，为本节课学习做铺垫。

二、基本部分

（一）讲解"小青蛙跳荷叶"的动作方法并结合图形，组织学生体验练习

【设计意图】通过教师出示挂图讲解动作重难点和教师完整动作示范，学生形成完整的动作概念，并激励学生练习的动力。

（二）分解练习，强化重点

1. 体会动作：教师带领学生做原地的屈伸摆臂练习，提示双脚同时用力蹬地起跳，落地屈膝缓冲轻落地的动作要领。

2. 练习动作：教师组织学生分组进行立定跳远练习。

3. 团结协作：学生四人一组进行小组模式的练习。

【设计意图】教师再次明确动作的重点与难点，使学生加深对动作的理解。通过个别学生的展示，提高学生自我表现的能力，激发其他学生练习的动力，让学生在集体练习中相互学习。这既符合现阶段学生身心发展的特点，还培养了学生团结友爱、互帮互助的品质。

三、小组比赛

1. 学生四人一组进行比赛。

【设计意图】通过比赛环节，让学生明确老师反复强调动作的重要性。

2. 记录个人成绩。

【设计意图】通过此环节，让学生明确自己的跳跃水平，为今后的学习打下基础。

3. 反复自主练习。

【设计意图】反复练习，巩固技术动作，加强肌肉记忆。

《各种方式的跳跃》教学设计

▌体育部 二年级 刘延光

教学目标

1. 95% 以上的学生能够用语言描述出各种跳跃的方法，90% 左右的学生能够掌握单双脚连续交换跳的技术动作。

2. 通过引导与示范、讲解与提问，使学生在游戏中逐步掌握各种方式跳跃的技术动作。

3. 培养学生勇敢、顽强的品质，强化安全意识，体验成功喜悦的心情，促进家庭成员间的情感交流。

教学重点、难点

轻巧缓冲落地，踏跳有力，动作连贯。

教学过程

一、准备部分

准备活动：（1）伸展运动；（2）下蹲运动；（3）体侧运动；（4）体转运动；（5）腹背运动；（6）跳跃运动。

专项准备活动：活动颈、肩、膝、踝、腕各关节。

【设计意图】充分活动各关节，防止运动损伤。

二、基本部分：学习各种方式的跳跃

（一）导入

提问：生活中有一种运动技能非常重要，每个人都会，是什么运动呢？

引导学生回答出跳跃。

提问：小动物都是怎样跳跃的？

学生回答问题并开始模仿练习。

【设计意图】让学生开动脑筋，自主说出本节课内容，并尝试各种跳跃方式。

（二）具体指导

1. 教师指导学生模仿兔子、青蛙、袋鼠等跳跃，提醒学生边跳边模仿声音。

【设计意图】重点引出兔子、青蛙等的跳跃方式，为接下来的教学做铺垫。

2. 教师示范单脚跳、双脚跳，学生认真观察教师动作并开始练习，强调屈膝

缓冲，轻巧落地。

【设计意图】引出本节课内容，让学生掌握屈膝缓冲的动作方法。

3.教师对垫步和跳的概念及时纠正，学生认真听讲，再次练习。

【设计意图】强调轻巧缓冲落地。

4.引导学生练习单脚起跳双脚落地，注意连贯完成动作。

【设计意图】解决踏跳有力、动作连贯问题。

三、拓展练习

1.引导学生想出一些平时不常见的跳跃，如芭蕾小跳等，并对自己想出的动作进行练习。

【设计意图】拓展练习，增加学生练习的难度。

2.辅助练习：传棍组字，学生和家长一起，利用筷子或铅笔等，组成约定好的文字，如"抗疫"等，看谁先完成组字即为胜利。

【设计意图】和家长互动，增加学生对体育的兴趣。

《室内锻炼核心力量》教学设计

■ 体育部　三年级　梅英杰

教学目标

1. 98% 以上的学生能够了解核心力量练习的特性，使 90% 左右的学生能够跟着视频完成练习动作，在自主运动中提高练习兴趣。

2. 通过教师引导与示范，使学生逐步掌握核心力量练习的动作要领。

3. 通过本课学习，使学生了解经常参加体育锻炼对增强体质的重要作用，从而加强学生体育锻炼的积极性、自觉性和主动性，养成锻炼身体的习惯。

教学重点、难点

掌握核心力量的基础训练技巧，在规定要求内按质按量完成。

教学过程

一、准备部分

室内锻炼建议：室内运动要合理选择场地。

徒手操：（1）头部运动；（2）扩胸运动；（3）腰部运动；（4）手腕、踝关节运动；（5）弓步压腿。

【设计意图】充分活动身体各关节，防止运动损伤，自然过渡到教学内容。

二、基本部分

核心力量的练习方式有两个：侧卧单臂静力支撑和仰卧举腿。

（一）教师讲解并示范侧卧单臂静力支撑

1. 身体呈俯卧撑姿势，整个身体绷紧成一条直线。收紧躯干肌肉，把一侧手臂举起，同时，整个身体随着手臂转动 90 度，直到身体呈 T 字形支撑后上举手叉腰。

【设计意图】学习了解正确的侧卧单臂静力支撑动作。

2. 根据教师讲解示范，学生进行模拟练习。

【设计意图】体验侧卧单臂静力支撑动作，感受核心肌群收缩。

3. 身体成 T 字水平状，头、肩以及臀部成一条直线。

【设计意图】体会正确的动作方法，整个腰腹部应有紧绷感。

4. 挑战练习，维持身体平衡，静立 30 秒。

【设计意图】发出挑战，培养学生吃苦耐劳、顽强拼搏的精神。

（二）教师讲解并示范仰卧举腿

1. 仰卧，两腿并拢，两手平放身体两侧，利用腹肌收缩，上体保持不动，两腿伸直向上举起成 90 度，如此连续进行。

【设计意图】学习了解正确的仰卧举腿动作。

2. 根据教师讲解示范，学生进行模拟练习。

【设计意图】初次体验仰卧举腿动作，体验核心肌群收缩。

3. 仰卧平躺后，举腿时双腿并拢，肌肉绷紧，同步进行。注意腰部发力，举腿角度不要超过 90 度。

【设计意图】再次体会动作要领，保障正确的姿势以避免运动损伤。

三、挑战练习

1. 进行一组 20 个仰卧举腿。

2. 家长可根据学生完成情况进行评价。

优秀：规定时间或组数内，能够较好控制身体稳定，按质按量完成。

良好：规定时间或组数内，能够基本控制身体稳定，按质按量完成。

合格：规定时间或组数内，能够勉强完成。

有待提高：规定时间或组数内，不能控制身体稳定，不能完成。

3. 放松拉抻，腹部拉抻，背部拉抻。

【设计意图】对学生的效果进行评价，养成良好的运动习惯，减轻运动疲劳。

《发展体能练习——平板支撑》教学设计

▎体育部　三年级　陈正明

教学目标

1.通过学习使 95% 以上的学生能够用语言描述平板支撑的动作方法，90% 左右的学生能够初步掌握正确的平板支撑的技术动作，建立正确的技术动作概念。

2.通过引导与示范，运用自我体验、自主视频学习的方法，使学生通过练习呼吸方法逐步掌握收紧腹部的动作，提高身体控制能力。

3.激发学生的学习热情，调动学生的参与积极性；培养学生勇敢、进取的优良品质，促进学生身心健康发展。

教学重点、难点

收紧腹部，不能塌腰。耳、肩、髋、踝成一条直线。

教学过程

一、准备活动及专项练习

准备活动：（1）头部运动；（2）肩部运动；（3）转体运动；（4）腹背运动；（5）下蹲运动；（6）踝、腕关节运动。

专项练习：（1）抱膝跳；（2）体前屈。

【设计意图】充分活动身体各关节，防止运动损伤。

二、基本部分：学习正确的平板支撑动作

（一）教师讲解并示范

1.俯卧，双肘弯曲支撑在地面上，肩膀和肘关节垂直于地面，双脚踩地，身体离开地面，躯干伸直，头部、肩部、胯部和踝部保持在同一平面，腹肌收紧，眼睛看向地面，保持均匀呼吸。

【设计意图】学习正确的平板支撑动作。

2.练习腹式呼吸。

【设计意图】掌握收缩和伸展腹部，控制腹部起伏。

3.根据教师讲解示范，学生双臂撑床（或沙发），脚尖着地进行模拟平板支撑练习。

【设计意图】体验正确的平板支撑动作。

4. 在瑜伽垫上，手臂撑直，用手、脚撑起身体。

【设计意图】能够撑起自身体重，为后面学习打下基础。

5. 手臂成弯曲状，并置放在肩膀下，利用膝盖、手臂支撑。

【设计意图】体会整个腹部有紧绷感。

6. 抬起膝盖，使头至脚在同一水平线。

【设计意图】体会正确的平板支撑动作方法，肩部、背部、臀部、整个腹部都应该有紧绷感，其中腹部最强烈。

（二）巩固练习

1. 可以与家长一起练习，练习中家长要对学生的动作给出相应评价。

优秀：耳、肩、髋、膝、踝成一条直线，呼吸均匀，能够控制身体稳定。

良好：耳、肩、髋、膝、踝接近成一条直线，呼吸较均匀，能较好地控制身体稳定。

合格：能做到腰部离地，较好地控制身体稳定。

有待提高：支撑过程中，塌腰，不能较好地控制身体。

【设计意图】对学生的动作进行评价。

2. 拓展练习：直臂支撑爬行。

【设计意图】加强学生腰腹力量，提高练习兴趣。

三、放松活动

1. 腹部拉伸：俯卧在瑜伽垫上，腿部完全贴紧地面，双手将上半身撑起，用力拉伸腹部。

2. 跪姿背部拉伸：身体自然而放松地向前趴下；臀部坐在后脚跟上，手臂向前延伸。

【设计意图】充分放松肌肉。

《跳的能力》教学设计

▌体育部　四年级　常　诚

教学目标

1.95% 以上的学生能够初步完成跳跃障碍物，90% 左右的学生能够按要求完成跳越障碍物。

2.通过讲解、示范、体验与反复练习，使学生逐步完成学习，掌握练习方法。

3 通过学习激发学生锻炼的兴趣，培养学生勇于挑战、克服苦难的精神。

教学重点、难点

按要求完成练习，动作要协调、自然。

教学过程

一、准备部分

跳前应做准备工作：（1）头部运动；（2）扩胸运动；（3）振臂运动；（4）体转运动；（5）体侧运动；（6）腹背运动；（7）活动踝腕关节。

【设计意图】充分活动身体各个部分，避免运动损伤。

二、基本部分

1.单脚跳越障碍物，左右脚各练习 10 次，身前摆放障碍物（长、宽、高 10 厘米以内）。

【设计意图】克服面对障碍物胆怯的心理。

2.兔跳练习，跳过障碍物，返回时慢跑到原来的位置，完成跳越 20 次。

【设计意图】增加学生跳越障碍物的信心。

3.让学生用自己的方式跳过障碍物，提问学生"用什么姿势跳更容易跳过障碍物"，引导学生说出"团身跳过障碍物"。

【设计意图】让学生体会出团身跳越障碍物时更容易完成跨越障碍物练习。

4.蛙跳练习，跳过障碍物，身前摆放 5 个连续障碍物（5 次 ×3 组）。

【设计意图】提高学生腿部力量，练习跳越障碍物时团身跳过障碍物。

5.游戏《跳数字》，把一个障碍物周围想象为数字（没有数字 5），教师给出数字。例如 1、3、6、8、1、7，让学生按照数字顺序完成双脚跳越障碍物练习。

【设计意图】让学生连续跳越障碍物时，保持全身动作协调。

6. 学生家长可根据学生完成跳数字的情况进行评价。

优秀：规定时间内完成跳数字。

良好：规定时间内完成大部分跳数字。

及格：规定时间内完成规定的跳数字。

【设计意图】对学生的跳越效果进行评价。

7. 放松拉伸，轻揉大腿，腿部拉伸。

【设计意图】养成运动后放松的好习惯。

《互联网+微运动：室内运动一起来》教学设计

▌体育部 五年级 李 欣

教学目标

1.通过"互联网+"背景支持下的数字化教学策略和途径，使学生跟随不同的内容练习，掌握不同的动作方法，并且达到锻炼的目的。

2.提高学生健康水平的运动干预模式，让学生在有限的空间、短暂的时间里跟随视频一起欢快地运动。

3.培养学生坚强意志和自主学习的能力，在练习中自主掌握一定的动作方法或技巧。

教学重点、难点

动作放松、自然、到位，节奏准确。

教学过程

一、准备部分

徒手操：（1）头部运动；（2）扩胸运动；（3）体侧运动；（4）体转运动；（5）腹背运动；（6）跳跃运动。

专项准备活动：（1）膝关节运动；（2）踝、腕关节运动。

【设计意图】充分活动各个关节，防止运动损伤。

二、基本部分

1.伸展模仿练习。

【设计意图】充分活动各个部位，调动学生积极性。

2.过山车模仿练习。

【设计意图】锻炼学生协调平衡的能力。

3.拳击模仿练习。

【设计意图】锻炼学生上肢灵活性。

4.足球模仿练习。

【设计意图】锻炼学生下肢协调性。

5.罗马尼亚综合项目练习。

【设计意图】锻炼学生上下肢协调配合，提升韵律感觉。

6. 过山车加强模仿练习。

【设计意图】在之前过山车练习基础上增加一定的难度，提高学生学习兴趣，锻炼身体协调性。

7. 篮球模仿练习。

【设计意图】通过不同的篮球动作模仿，锻炼学生的协调性，发展其耐力、力量。

8. 过纸板模仿练习。

【设计意图】培养学生的协调性及耐力。

9. 排球模仿练习。

【设计意图】发展学生上下肢的力量。

10. 手语舞蹈练习。

【设计意图】跟随音乐进行手语练习，使学生了解1~2个手语动作含义，并且放松身体。

《武术操：雏鹰展翅》教学设计

■体育部　五年级　王金斗

教学目标

1. 学习《雏鹰展翅》1~2节技术动作，100%的学生能够说出《雏鹰展翅》1~2节操的动作名称，90%左右的学生能够初步掌握1~2节操的动作方法。

2. 通过引导与示范，自主学习练习方法，逐步掌握《雏鹰展翅》1~2节操的技术动作。

3. 培养学生自主学习的能力和节奏感，领悟武术的精气神，增强民族自豪感，强化安全意识。

教学重点、难点

手形标准，动作连贯有力，节拍准确。

教学过程

一、准备部分

徒手操：（1）伸展运动；（2）扩胸运动；（3）体侧运动；（4）体转运动；（5）腹背运动；（6）下蹲运动。

专项准备活动：（1）拳、掌、勾组合运动；（2）踝、腕关节运动。

【设计意图】充分活动各个关节，防止运动损伤。

二、基本部分

学习《雏鹰展翅》1~2节技术动作。

（一）教师讲解并示范第1节起势

1. 第1个8拍：并步站立，1~2拍左脚向左侧开步同时两掌前托；3~4拍两掌收回腹前按掌；5~6拍两掌上穿成斜上举肘关节伸直；7~8拍收左脚并步同时两手收回腰间按掌。第2个8拍同第1个8拍方向相反。第3、第4个8拍同第1、第2个8拍。

【设计意图】学习《雏鹰展翅》第1节起势动作。

2. 根据讲解与示范学生模仿练习。

【设计意图】体会第1节正确动作。

3. 教师喊口令，学生根据口令练习。

【设计意图】巩固第 1 节动作，同时熟悉节拍。

4. 学生听音乐练习第 1 节动作。

【设计意图】强化记忆，熟悉音乐节拍。

（二）教师讲解并示范第 2 节抻拉运动

第 1 个 8 拍：并步站立，1 拍左脚向左侧开步，左手头上撑掌，右手腹前按掌；2 拍两掌收抱回腰间；3~4 拍两掌向身体两侧撑掌，肘关节伸直；5~6 拍左脚向前脚尖点地成高虚步，右手头上撑掌，左手向后成勾手；7~8 拍两手收回腰间并步抱拳。第 2 个 8 拍同第 1 个 8 拍方向相反。第 3、第 4 个 8 拍同第 1、第 2 个 8 拍。

【设计意图】学习《雏鹰展翅》第 2 节抻拉运动。

1. 根据讲解与示范学生模仿练习。

【设计意图】体会第 2 节正确动作。

2. 教师喊口令，学生根据口令练习。

【设计意图】巩固第 2 节动作，同时熟悉节拍。

3. 教师带领学生，听音乐练习第 1、2 节动作。

【设计意图】强化记忆，熟悉音乐节拍。

4. 学生听音乐练习第 1、2 节动作。

【设计意图】巩固技术动作，强化记忆，提高节奏的准确性。

《健体护眼》教学设计

■ 体育部 六年级 杜贝贝

教学目标

1.通过视频，要求学生模仿赛车途中跑，使90%以上的学生改进途中跑动作，做到轻快，呼吸有节奏；通过眼保健操练习，缓解学生眼疲劳，认识到爱眼护眼的重要性。

2.运用多媒体学习技能，激发学生的学习兴趣，使学生逐步掌握动作方法，发展耐力素质，增强体质。

3.培养学生坚强意志和自主学习的能力，并在有限的空间和时间里跟着视频一起欢乐地运动。

教学重点、难点

步幅均匀，呼吸有节奏。

教学过程

一、准备部分

（一）运动模仿操

1.学生观看《运动模仿操》视频，模仿篮球、足球、排球、棒球动作。

2.鼓励学生跟随视频完成2遍，要求动作到位、有力。

（二）活动踝、腕关节

活动踝、腕关节，要求活动充分。

【设计意图】激发学生练习的兴趣，使身体各个关节充分活动拉伸，避免运动伤害。

二、基本部分

（一）途中跑（模仿"赛车"）

1.播放"赛车"视频，语言引导学生联系实际，引出途中跑。

2.讲解途中跑的动作方法。

3.第二次播放视频，要求学生按照动作要领练习。

4.请学生关注自己的呼吸、摆臂、步幅等，强调途中跑的重点与难点。

5.第三次播放视频，要求学生巩固练习。

6. 养护小游戏：身体摆字母。

7. 定时 5 分钟慢跑，要求步幅均匀，两三步一吸气、两三步一呼气。

【设计意图】借助视频动画激发学生的学练兴趣，发展学生途中跑能力，培养耐力素质，增强体质。

（二）眼保健操

学生静坐，听音乐完成眼保健操，要求闭眼、揉压动作到位。

【设计意图】缓解学生眼疲劳，养成良好习惯。

三、结束部分

放松冥想，播放教师示范视频，要求学生跟着音乐节奏练习。

【设计意图】培养学生自我调整、放松的能力。

第二章

成长课程2.0

"语文园地"课程设计理念

　　史家教育集团语文团队教师从孩子们的心理特点和学习水平出发，通过对教材内容进行合理有效的整合，选取课本中最具代表意义的知识点，结合孩子实际学习中的重点与难点，按照字、词、句、段、篇的梯度，形成知识的框架和思维的阶梯，并以生动有趣的阅读材料一线贯穿，精心设计了主题复习课程"语文园地"。由文字渗透文学，由文学浸润文化，既激发了孩子们的学习热情，也大大提升了学习效率。

　　在课程建构中，老师们抓住贯穿各册教材的主线，前后勾连，对课本内容进行分层、分类，通过归纳总结，将细碎的知识点梳理成知识串，从"听说读写"不同的能力维度，依"字词句段篇"递进的层级目标，巧妙地"穿针引线"，对课程进行整体建构，力求帮助学生形成网状的知识体系。同时，本着"有讲有练，边讲边练"的原则，注重学生的主动参与。

　　在课程设计与实施中，教师注重方法和策略的指导，引导学生在学习中反思，在反思中总结方法、寻找不足，并逐步做到运用自如，帮助学生构建知识体系，形成实际获得，提升将书本知识转化为实际运用的能力。教师还注重引导孩子关注社会、关注现实，在语言文字的学习中浸润家国情怀、培养社会责任感，这既是学生品格养成的重要契机，也是语文教育的题中之义。在举国战"疫"的特殊时期，在复习知识的同时也对现实生活有所思考，引导学生在生活中学语文、用语文，让孩子们收获别样的成长。

《一年级上册汉语拼音复习》教学设计

▍语文部　一年级　周　舟

教学目标

1.能正确、熟练地拼读音节，借助汉语拼音识字、正音。

2.按照一定的顺序观察图画，看图说话，提高表达能力。

教学重点、难点

能正确、熟练地拼读音节，借助汉语拼音识字、正音。看图说话，提高表达能力。

教学过程

一、创设情境，引入课题

回顾第二、第三单元的内容，引入本课。

创设拼音王国游戏情境，开启汉语拼音复习之旅。

【设计意图】通过创设情境，激发学生的学习兴趣。

二、汉语拼音大冲关

（一）复习声母

1.出示声母表，学生自读。

2.学生巩固练习。

（二）复习韵母

1.区分单韵母、复韵母、鼻韵母。

学生自读韵母 ei、ün、i、üe、ong、eng、u，并分辨韵母，把韵母分类"送回家"。

2.区分易混的韵母。

出示韵母 ie、ei，iu、ui，教师指导学生如何区分。

（三）复习标调规则及 j、q、x 和 ü 的拼读规则

1.复习标调规则。播放视频《标调歌》，学生朗读标调儿歌。

2.复习 j、q、x 和 ü 相拼要去"点"的规则，进行音节拼读练习。

（四）复习音节拼读

1.两拼音节。掌握两拼音节的拼读方法，并练习。

2.三拼音节。掌握三拼音节的拼读技巧，并练习。

3.整体认读音节。掌握整体认读音节的发音方法，并巩固练习。

【设计意图】复习标调规则及 j、q、x 和 ü 的拼读规则，为后面的音节拼读做好铺垫，使学生的复习更加扎实。

三、日积月累

（一）拼读儿歌，识记生字

1.圈出儿歌中认识的生字和音节。

2.运用多种方法识记汉字。

3.出示词语：爸爸、妈妈、妹妹；发现规律，读准轻声。

（二）读一读，说一说

1.学生自读"车"及由"车"字组成的七个词语。

2.根据线段的颜色寻找规律，辨析分类。

3.根据规律，扩充词语。

【设计意图】通过多种方法识记汉字，学生在掌握汉字的同时，进一步掌握学习的方法。

四、快乐阅读

阅读《夹一张绿叶在你最爱读的书里（节选）》。

1.学生借助拼音，自读诗歌。

2.教师范读。

3.阅读闯关：诗歌共有几句话？圈出诗歌中的整体认读音节。用"绿"字组词，然后用这个词语说一句话。

【设计意图】字词句的拓展，训练了孩子们的思维和表达能力，同时，使字词句之间建立联系。

五、精彩表达

（一）观察图片

1.观察图中都有什么。

教师引导学生按照一定的顺序进行观察。

2.精准观察图中都有谁，在干什么。

（二）精彩表达

1.学生用"_____（谁）_____（在哪里）_____（做什么）"的句式说一句话。

2.教师指导学生在表达中加入动作等细节描写。

【设计意图】有步骤地指导学生从简单到具体地进行表达，使学生乐于表达。

六、教师总结

汉语拼音复习之旅就要结束啦！汉语拼音能帮助我们认字，还能帮助我们阅读。课后，同学们可以读一些带有汉语拼音的书籍，认识更多的汉字。

《一年级上册识字写字专项复习》教学设计

▌语文部　一年级　汪　卉

教学目标

1. 复习写字基本规范，巩固基本笔画、笔顺规则、间架结构及易错字，夯实写字基础。

2. 根据本学期学习内容，梳理识字方法，与生活实际相结合，巩固识字效果。

教学重点、难点

巩固基本笔画、笔顺规则、间架结构及易错字，夯实写字基础。梳理识字方法，巩固识字效果。

教学过程

一、激趣导入

展示学生生字作业前后对比照片，从学生获得的进步入手，利用"时光穿梭机"回顾学习内容，引入识字写字专项复习。

【设计意图】利用低龄学生喜爱的生动有趣的教学模式，激发学生复习旧知的兴趣。

二、生字书写部分

（一）复习"田字格"的组成

1. 出示田字格，结合《田字格拍手歌》复习田字格的组成。

2. 抢答小游戏。

（二）复习正确的执笔、写字姿势

1. 朗读《执笔写字歌》《童蒙养正　立规成范：书写篇》，回忆正确执笔、写字的姿势。

2. 出示正确的执笔、写字姿势图片，学生做一做。

（三）复习书写提示

1. 复习观察范字。

（1）独体字观察方法：①复习关键笔画。关键笔画就是压在横中线或竖中线，或穿过中心点的笔画。②完成识别关键笔画小练习。

（2）合体字观察方法：①复习已学合体字的结构类型。②复习合体字时，不仅要关注关键笔画，更要学会观察每个组字部件的宽窄、高低、大小。在半包围字中，还要看看到底是谁包住了谁，包到了哪里。③分析合体字字形结构小练习。

2.复习笔画。复习语文书第119页《常用笔画名称表》，完成识记笔画小练习。

3.复习笔顺。总结已知笔顺规则：从上到下、先横后竖、从左到右、先撇后捺、先外后内，完成笔顺小练习。

【设计意图】通过趣味游戏，让学生再次巩固生字的基本笔画、笔顺规则、间架结构，夯实写字基础。

三、生字运用部分

（一）复习同音字

1.词语接龙。教师借错字举例，引导学生发现问题，进行同音字辨析。

2.完成同音字选字填空。

（二）复习形近字

1.归纳已学形近字，学生认读。

2.完成形近字组词小练习。

【设计意图】通过区分同音字、形近字，再次夯实识字写字部分的基础知识。

四、生字识记部分

（一）总结已知识字方法

出示范例，寻根溯源，抓住会意字的演变，感受汉字的意象美；凭借插图帮助记忆，感受汉字的趣味性；通过同一汉字家族更换偏旁，感受汉字的丰富多彩；注重实践，在阅读中提升运用汉字的能力。这些都是非常巧妙的识字方法。

（二）生活识字及应用

出示照片，识记校园、车站、超市、菜单中出现的汉字。

【设计意图】总结识字方法，带领学生将已掌握的识字方法进行梳理、归纳，与生活实际相结合，在脑海中初步形成识字写字体系。

五、鼓励与拓展

出示并介绍故宫中的"正大光明"牌匾，引入书法艺术，展示书法家的作品。鼓励学生继续在"写一笔好字"的道路上努力前进。

【设计意图】让同学们感受到，识字不仅给生活带来无限便利，更是一种美的享受。通过介绍书法艺术、欣赏书法作品，提高学生的审美情趣，激发学生继续努力的愿望。

《一年级上册阅读专项复习》教学设计

■ 语文部 一年级 霍维东

教学目标

1. 激发阅读兴趣，在阅读中积累词语。

2. 借助文章中的插图阅读，能找出文本中明显的信息。

教学重点、难点

在阅读中积累词语，能找出文本中明显的信息。

教学过程

一、谈话导入

看图片，调动学生对校园生活的美好回忆。老师带领大家走进"阅读小屋"，开启阅读之旅。

【设计意图】以学生熟悉的"阅读小屋"开启本次学习内容，激发学生的学习兴趣。

二、看图猜文，阅读明理

（一）看图猜文

出示"第一间阅读小屋"中的三幅插图，回忆出自我们学习的哪些课文？

（二）阅读积累

引导学生自读积累佳句卡，并小结。

【设计意图】通过回顾课文，引导学生在阅读中亲近自然，积累好词佳句。

三、识文断句，认识标点

（一）故事导入，初步感知

出示图片，走进"第二间阅读小屋"，教师讲故事。

质疑：为什么同一句话，不同的人会有不同的理解？

（二）回顾课文，加深理解

1. 打开语文书第 84 页，读课文。

2. 这几种标点在《青蛙写诗》里有什么作用？

3.《青蛙写诗》里只有一个字"呱"，小青蛙透过这样的语言会传达什么呢？

（三）给句子加标点练习

给句子加上合适的标点符号，并读一读。

（四）指导读问句

1. 指导读《比尾巴》一课中的问句，读出语气。

2. 对比读出句号和问号的不同。

（五）看视频，巩固对标点符号的认识

向学生介绍其他标点符号（看视频），并让他们说一说。

【设计意图】通过多种形式，让学生感知标点符号的作用，学习正确使用标点符号。

四、读文品句，乐于积累

（一）叠词赏析

出示叠词，学生自读积累，感受叠词的魅力。

（二）积累 ABB 式叠词

引导学生读句子，发现句中词语的特点，并照样子说词语。

（三）积累 ABAB 式叠词

（出示图片）师：可爱的小蜗牛也慢吞吞地爬来了。春天来了，妈妈让小蜗牛到小树林里去玩，可是小蜗牛看到了什么景象？读读小蜗牛说的话。

师：读了小蜗牛说的话，你知道这是什么季节了吗？（夏季）

师：你还从哪里看出这是夏天？"碧绿碧绿"还可以形容什么事物？请你说一两个这样的词语。

【设计意图】激发阅读兴趣，在阅读中积累词语。

五、借助插图，拓展阅读

借助插图，续讲故事。

学生自读《拔萝卜》，边读边看看书上的插图画了什么。

师：大萝卜拔出来了吗？让我们一起把故事补充完整吧！

【设计意图】指导学生借助插图，加深对文本的理解，并解决在阅读中遇到的一些问题。

六、阅读短文，提取信息

读《小松鼠找花生》，完成练习。

【设计意图】指导学生学会通过提取文中明显信息，解答问题，加深理解。

《一年级上册口语交际与看图写话复习》教学设计

▌语文部　一年级　王连茜

教学目标

1.结合学生生活实际和感受，进行口语交际，提高学生的语言表达能力。

2.复习巩固基本句式，练习按顺序观察图片，精彩表达。

3.能认真听老师讲故事，借助图片，听懂故事内容，记住主要情节，并借助图片试着讲故事。

教学重点、难点

听懂故事内容，记住主要情节，并借助图片试着讲故事。

教学过程

一、结合生活实际，激趣进行口语交际

（一）情境导入

1.今天老师为大家请来了一位新伙伴和我们一起上课，他叫小明。这几天，小明遇到了一点小问题，怎么也想不明白。小明的困惑是什么呢？（播放录音）

2.小明到了哪里？要做什么？请你告诉小明该用什么样的音量说话。

3.教师小结：在我们的生活中，有的时候要小声说话，有的时候要大声说话，我们要根据不同的环境，控制好自己的音量。

（二）连接生活

1.由于疫情的关系，我们不能外出，小明还想问问大家：在家做什么事情的时候可以大声，什么时候又要小声一点呢？

2.交流在家学习、锻炼、聊天、游戏时的音量，提出合理建议。

2.教师小结：在家的这段时间，我们一定要控制好自己的音量，不要打扰到邻居，做一个文明有礼的小学生。

【设计意图】结合学生的生活实际，容易使学生产生情感共鸣。因为有了兴趣，学生才有交流的意愿，思维才会活跃。

二、分享假期生活，复习巩固基本句式

（一）激趣导入

1.看图，请你用"在假期中，我学会了＿＿＿＿＿＿。"这个句式来说说掌握的

新本领。

2.你在假期中还学会了什么？说给你的家人听听吧！

（二）复习巩固基本句式

1. 我的前面 _____，后面 _____，左边 _____，右边 _____。

2. _____像 _____。

3. 我喜欢 _____，因为 _____。

4. _____有 _____。

【设计意图】通过对基本句式的整理、复习，引导学生把句子说完整、说清楚、说具体。

三、看单幅图说话，精彩表达

复习看图说话的方法。

1. 在观察单幅图的时候，我们可以按照什么样的顺序来观察？

2. 看图，请用"什么时间，谁在哪里干什么，他的心情怎样"这个句式来说一说这幅图的内容。注意：要按顺序来表达，用上恰当的词语、发挥合理的想象，加入心情或感受会让表达更加精彩。

3. 分享交流。

【设计意图】练习按顺序观察图片，引导学生借助基本句式，运用积累的词语进行表达，在表达中落实看图写话的要求。

四、听故事，借助图片试着讲故事

（一）看图听故事，了解故事的主要内容

1. 边看图边听故事，想一想：小兔为什么戴上眼镜了？

2. 小兔在看书的时候不注意保护自己的眼睛，他在看书的时候是怎样做的？

3. 山羊伯伯、小鹿姐姐看到了，会对小兔说什么呢？

4. 山羊伯伯和小鹿姐姐的话小白兔听进去了吗？从哪儿可以看出来？

（二）了解讲故事的方法

1. 完整看图片，了解故事的主要内容。

2. 观察图与图之间的联系。

3. 每幅图配上一两句话，并展开合理想象，将几幅图片的内容串联在一起。

（三）练习讲故事

学生看图，试着讲一讲小兔戴上了眼镜的故事。

【设计意图】调动学生听故事、讲故事的积极性，勇敢、自信地开口讲故事。

《一年级上册七、八单元复习》教学设计

■ 语文部　一年级　陈　璐

教学目标

1. 复习七、八单元易错字音、字形，积累运用"的"字短语，合理搭配。
2. 结合文本复习在文中提取明显信息的方法，提升阅读能力。

教学重点、难点

积累运用"的"字短语，复习在文中提取明显信息的方法，提升阅读能力。

教学过程

一、直接导入，复习词语

今天我们复习七、八两个单元。请同学们打开书，看看这两个单元有哪几篇课文，讲了什么内容。

（一）回顾课文内容，巩固易错字读音

1. 读准轻声。

2. 读准含有前鼻韵母和后鼻韵母的字。

3. 读准多音字。

（二）回顾课文内容，巩固易错字字形

【设计意图】将学生易错的字音、字形与课文内容有机地结合起来，使学生在语境中复习生字和词语。

二、日积月累

（一）"的"字短语搭配的积累与拓展

1. 提取课文信息，积累"的"字短语搭配。

（1）回顾梳理，引导学生从课文中找到恰当的词语填空。

（2）拓展延伸：除了用课文中的词语，你还能用什么恰当的词语填空呢？

2. 拓展"的"字词语搭配。

（1）学生借助图片或联系自己的生活实际用上恰当的词语说一说。

（2）小结妙处。

（二）谚语、古诗的积累运用与拓展

1.谚语的积累与运用。

（1）学生自读谚语，回忆每一句谚语的意思。

（2）巩固运用：在语境中选择正确的谚语，再读一读。

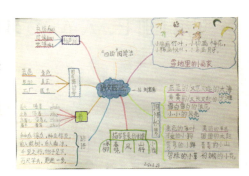

（3）小结妙处。

2.古诗的积累与拓展。

（1）学生背诵古诗《风》。

（2）拓展延伸：像这样描写景物的古诗，你还知道哪一首？

【设计意图】通过对已学课文内容的再提取，帮助学生积累语言，巩固词语的搭配。学生在复习课文中相关短语的基础上，借助图片、结合自己的生活经验说一说，提升了合理搭配"的"字短语的能力。

三、快乐阅读

阅读短文《时钟花》，学生借助拼音自读，并从文中提取明显信息，根据短文内容回答问题。

教师梳理归纳阅读方法，让学生读一读"四读法"小儿歌。

【设计意图】阅读题与教学难点相呼应，目的在于培养学生提取课文中明显信息的能力。阅读后，又以低年级学生喜欢的儿歌形式总结阅读方法，既能起到归纳要点的作用，又能让学生在轻松的氛围中记住阅读方法。

四、精彩表达

看图说话。

1.观察图片。

2.引导学生用上"什么时间，谁＋在哪儿＋做什么。"这样的句式进行表达。

3.学生自由表达，教师指导学生用上"的"字短语搭配，丰富表达。

4.小结表达方法。

【设计意图】引导学生仔细观察图片，展开想象，借助基本句式，运用"的"字短语看图说话。这样不仅有助于规范学生的语言表达，也让学生在有效地运用中真切体会到合理的搭配可以使表达变得丰满且有画面感。

五、总结

同学们，在今天的学习中，我们回顾了课文内容，巩固了易错字的字音字形，积累了"的"字短语，复习了从文中提取信息的方法，还进行了精彩的表达。课后，你可以与大家分享你的收获。

【设计意图】回顾课程，落实本课重点与难点。

《一年级上册综合复习（一）》教学设计

▌语文部　一年级　王　宁

教学目标

1.巩固汉语拼音的运用，复习易错字词、反义词，巩固运用多种方法识字。

2.丰富学生对四季的认知，积累描写春天的四字词语。

3.按顺序观察图画，运用积累的词语进行语言表达。

教学重点、难点

复习易错字词、反义词，积累描写春天的四字词语，运用积累的词语进行语言表达。

教学过程

一、创设情境，导入新课

同学们，通过前几次课的复习，你们一定对知识掌握得非常牢固了。今天老师为大家举办了一场"语文春游会"。我们出发吧！

【设计意图】创设学生熟悉喜爱的场景，调动学习热情。

二、词语冲关

1."春游"带什么：拼读词语并进行分类。

2.手拉手找朋友：拼读音节，并与相对应的词语连线。

3.参观"书画展"。

（1）象形字识字：欣赏甲骨文图片，猜测图片中甲骨文的意思，并选择正确的句子。

（2）韵语识字：回顾《对韵歌》中借助韵文识字的方法，尝试用学过的汉字编写一首对韵歌。

（3）小结识字方法。

（4）反义词：举例复习反义词，并拓展两个字的反义词和四字词语的反义词。

【设计意图】通过创设情境和游戏的方式，带领学生复习巩固拼音的拼读、识字方法及反义词。

三、日积月累

（一）积累描写春天的四字词语

（二）积累关于时间的名言

1.复习日积月累名言：

"一年之计在于春，一日之计在于晨。"

"一寸光阴一寸金，寸金难买寸光阴。"

2.讲述颜真卿练字的经历，欣赏书法作品《劝学》，引导学生积累名言：

"黑发不知勤学早，白首方悔读书迟。"

"少壮不努力，老大徒伤悲。"

3.通过钟南山爷爷写给中小学生的一封信，鼓励学生珍惜时间。

【设计意图】引导学生学习并积累好词佳句，带领学生感受四季魅力，认识到时间的宝贵，学会珍惜时间。

四、快乐阅读

1.阅读描写四季景物的儿歌，数数一共几句话。

2.将描写四季的四字词语与相对应的季节连起来，并积累下来。

3.用"我最喜欢，因为_____。"的句式，说一说自己最喜欢哪个季节以及原因。

【设计意图】通过阅读儿歌，感受四季之美，学习阅读方法，引导学生养成积累的好习惯。

五、精彩表达

1.观察图片，用"____（时间），____（谁）在____（哪里）____（做什么）。"的句式说说自己看到的画面。

2.引导学生按顺序观察图中都有哪些景物，试着用课上积累的四字词语表述。

3.尝试用"什么时间，谁在哪里做什么"的句式，完整表达图中内容，并用课上积累的四字词语。

4.教师朗读范文，引导学生学习并完善自己的表达。

【设计意图】引导学生按顺序观察图片，并用上合适的句式及词语描述画面，再鼓励学生大胆表达。

六、总结

在今天的学习中，我们巩固了拼音的拼读，复习了多种识字方法和有趣的反义词。感受四季之美，积累了名言警句和描写美好春日的四字词语，还在精彩表达中学会了运用。课下，同学们可以继续交流学习收获。

【设计意图】回顾课程，梳理本课所学内容，并落实教学重点、难点。

《一年级上册综合复习（二）》教学设计

▌语文部　一年级　张牧梓

教学目标

1. 根据本学期学习内容，抓住字形特点，掌握字形变化，巩固识字成果。
2. 积累诵读古诗，感受语言的优美。
3. 通过观察图片，学习表达方法，用"＿＿＿像＿＿＿。"句式说句子。

教学重点、难点

抓住字形特点，掌握字形变化。用"＿＿＿像＿＿＿。"句式说句子。

教学过程

一、字词复习

（一）了解书后识字表、写字表、常用笔画名称表和常用偏旁名称表的作用

（二）总结笔顺规则，正确书写汉字

1. 出示谜底是"水"的谜语。

2. 出示象形字"水"并用水组词，拓展积累四字词语。

3. 出示"水"字笔顺规则，总结本册书笔顺规则：从上到下、先横后竖、从左到右、先撇后捺、先外后内、先中间后两边。出示相应笔顺规则范字。

（三）总结识字方法，巩固识字成果

1. 复习识字方法：象形字识字法，会意字识字法，偏旁归类，熟字加一加、减一减、换一换，图文对照，找反义词和猜字谜。

2. 学习儿歌，了解形声字构字规律。

（1）学生读儿歌。

师：从儿歌中提取"芽、呀、鸦"三个字，请同学们仔细观察，有什么发现？

师：这三个字都有相同的部件"牙"，而且读音相近，都带有单韵母"a"，是一个汉字家族。

（2）出示本学期学习的读音相近、字形相通的汉字"爸、把、吧、爬"和"蛙、娃、挂"。

（3）区分"芽、呀、鸦"三个字的字义，用同样的方法说说如何区分上面两组字。

3.拓展巩固汉字与字义的联系。

观察"明、晚、昨、时"这组字，发现都有日字旁，说明都和时间有关。复习"穴宝盖""宝盖""秃宝盖"三个偏旁，了解偏旁的含义。

【设计意图】识字写字是低年级学习的重点，要让学生了解汉字的笔顺规则，掌握笔画之间的联系，真正地写好字。总结识字方法，体现识字规律，培养识字能力，倡导学生在生活中识字。

二、日积月累

1.复习本学期积累的古诗，完成练习。

2.由《画》《风》拓展谜语诗《画鸡》。

3.听音乐，感受里面有哪种动物。自主查找描写"蜂"的古诗。

【设计意图】积累古诗，大致明了诗意。借助猜谜语、听音乐的形式增强积累知识的趣味性，感受优秀传统文化的魅力。

三、快乐阅读

1.读短文，完成练习

2.总结阅读短文的方法

字音必须要读准，语句一定要读通。

主要内容要读懂，思考问题脑要动。

带着问题再读文，答案圈画在文中。

再带答案回文查，认真仔细别放松。

【设计意图】培养学生找出短文中明显信息的能力，提供方法，帮助学生准确提取。

四、精彩表达

1.回忆刚才阅读的短文，把句子补充完整：七色的彩虹像_____。

2.出示课文中插图，学生用"_____像_____。"的句式说一句完整的话。

3.学生试着用"_____像_____。"说一句话。

4.出示大象图片。

（1）大象身上有很多部位和我们生活中的事物相似。仔细看图片，观察一下大象身体的各个部位都像什么。

（2）教师示范。

（3）学生看图练习说话。

【设计意图】引导学生仔细观察图片，以提供句式的方式，引导学生规范表达。

《一年级下册有趣的汉字》教学设计

▌语文部 一年级 曹艳昕

教学目标

1. 复习巩固象形字、归类识字和字族识字方法，发现形声字的规律。
2. 复习借助图画把意思说清楚的表达方法。
3. 感受汉语言文字的博大精深，产生自主识字的热情。

教学重点、难点

复习巩固象形字、归类识字和字族识字方法，发现形声字的规律。复习借助图画把意思说清楚的表达方法。

教学过程

一、温故知新

亲爱的同学们，今天我们一起走进《有趣的汉字》，寻找记住汉字的好方法。在学习之前，我们先来玩一个"识字大冲关"的游戏。

（一）冲关游戏

1. 出示上学期做过的看拼音写字的练习"yǔ yī hé qì"，请学生闯关。
2. 公布答案，然后出示上学期出现的问题，请同学们找原因。

（二）梳理区分"同音字"的方法

先读词，了解词义，然后根据词义选择正确的汉字。

（三）方法运用

1. 我们用前面的方法来闯第二关吧！出示PPT："木 目""（ ）目（ ）木"，请同学们将两个同音字放进对应的同音词里。
2. 结合前面的学习方法，分析答案。

【设计意图】结合第一学期练习中的错题，梳理区分"同音字"的方法。

二、日积月累

（一）了解月字旁和肉及人体的关系

1. 由前面练习中的"目"字，引出和人体部位有关的词语。
2. 带读词语：脖子、后背、大腿、脚跟。
3. 引导学生发现：红色的这几个字都有月字旁。

4.通过播放视频，揭示月字旁和人体部位的关系。

5.拓展：其他和月字旁有关系的字。

（二）总结记字方法

这是我们以前复习过的偏旁归类记字法，用这样的方法，我们还能记住更多带有月字旁的字。

（三）游戏巩固

闪卡游戏"边读边指"。老师出字卡，学生一边读出字音，一边用手指出对应的身体部位。

【设计意图】复习归类识字记字的方法，归类识记带有月字旁的汉字。

三、快乐阅读

（一）读字族儿歌《放鸭》，学习字族识字方法

1.出示字族儿歌《放鸭》，学生自读并找到儿歌中"干"字族的形声字。

2.引导学生发现规律：它们的读音相近，都带有前鼻韵母：an。而且，"竿、赶、岸、汗"这几个字中都有"干"字。这几个字是以"干"为母体字的一组形声字。它们的声旁就是"干"，带有不同的偏旁来表达不同的意思。

3.发现形声字的特点：形旁表意，声旁表音。

（二）初试身手

1.请你借助拼音试着读一读儿歌《小画家》。

2.老师给出提示，引导学生识记"马"字族形声字。

（三）拓展延伸

1.学生自读《尧字歌》。

2.激发兴趣，引导学生创编字族儿歌。

【设计意图】了解形声字特点，学习用字族儿歌的方式识记同一字族的形声字。

四、精彩表达

（一）复习方法

讲故事的方法一共有三步：一是完整看，二是找联系，三是串情节。

（二）练习讲故事

老师播放学生讲故事范例，并提出听故事要求：在听故事的时候要认真看图画，讲哪幅图，就看哪幅图，有条件的同学还可以用手来指一指图片（放音频）。

（三）拓展：创意讲故事

很多同学都特别喜欢画画，你们也可以把自己想出的故事用图画展示出来。

【设计意图】复习借助图画把意思表达出来的方法。

《一年级下册一、二单元复习》教学设计

┃语文部　一年级　刘　杨

教学目标

1. 复习巩固基本笔画。

2. 结合图片和生活经验，积累和天气有关的词语。

3. 复习按部件识字的方法和其他学过的识字方法，学习猜字谜、编字谜。

4. 结合所学展示自己编的字谜，说出编谜依据，感受猜字谜的乐趣。

教学重点、难点

巩固部件识字法和其他学过的识字方法，学习猜字谜、编字谜。通过字谜的学习，自编字谜，感受猜字谜的乐趣。

教学过程

一、创设情境，激趣导入

师：这节课老师要带大家进行一场闯关游戏，你们准备好了吗？

【设计意图】从学生喜欢的闯关游戏入手，激发学生的学习兴趣，为后面的学习做铺垫。

二、勇闯第一关——复习基本笔画

（一）写出笔画名称

1. 出示笔画名称表，点明第一关与基本笔画有关。

2. 随机出示笔画名称"卧钩、横折钩、竖弯钩、横折弯钩"，学生写出对应的笔画。

（二）写带有弯钩、竖弯钩笔画的字

1. 出示含有弯钩、竖弯钩笔画的字，学生说一说、写一写。

2. 指导区分弯钩、竖钩和竖提。

3. 小结：弯钩向左弯弯钩，竖钩向左直直钩、竖提向右直直提。

【设计意图】识字写字是低年级教学重点。复习基本笔画，为写字打下基础。在充满趣味的闯关中学习，有利于学生的记忆。

三、勇闯第二关——感受天气变化

（一）积累天气词语

1. 出示天气图片，说明第二关与天气变化有关。

2.随机出示"晴、雹、雪、阴"对应的图片及词语，学生读一读。

3.老师解释"晴、雹、雪、阴"的含义。

（二）拓展小结

1.出示天气符号，让学生将天气预报中的符号和图片关联，巩固积累识字。

2.引导学生说出自己积累的与天气有关的词语。

【设计意图】用图片辅助识字，能降低生字的学习难度，发挥学生自主识字的作用。

四、勇闯第三关——读字谜，猜字谜

（一）第一则字谜，读文猜字

1.读字谜：一个白天跑，一个夜里行。两个碰了面，才能看得清。

2.你猜出谜底了吗？老师逐句教学，抓住特点，根据谜面想一想组合一起对应的汉字。

3.揭示谜底，再读整首字谜。

（二）第二则字谜，猜字谜

1.学生自由读字谜：有"人"就是男子汉，加"女"常梳马尾辫。遇"水"可以养鱼虾，添"土"长满绿庄稼。

2.老师逐句教学，引导学生思考每句话的特点。

3.揭示谜底，加深理解。

（1）引导学生了解"也"字族汉字特点，记住一组形声字。

（2）介绍部件识字法：利用已学过的熟字部件包括独体字或者偏旁，通过加、减、换方法，帮助识记生字。

（3）总结已经学过的识字方法。

（4）小结：当我们读明白每句谜面所暗示的字，谜底就出来了。

【设计意图】通过让学生读、想，发现形声字的构字规律；讲解字谜的猜谜思路，为后面的猜字谜和自编字谜打下基础。

五、勇闯第四关——我会编字谜

1.介绍字谜的来源。

2.出示新字谜：双木不成林（打一合体字）。学生猜谜，说说猜谜依据。

3.学生根据字谜的学习，进行编字谜，大家一起猜字谜。

4.总结：你们都成功闯关，成了"字谜闯关小能手"。

【设计意图】通过"也"字族的学习，拓宽学生思路。除了形声字外，独体字、合体字也可变成字谜，激发学生猜字谜的兴趣。

《二年级上册一、二单元复习》教学设计

▌语文部　二年级　潘　璇

教学目标

1. 积累并运用表示动作的词；能在生活情境中恰当运用数量词。
2. 复习巩固部首查字法。

教学重点、难点

积累并运用表示动作的词；能在生活情境中恰当运用数量词。

教学过程

一、字词冲关

通过第一、第二单元的学习，我们欣赏了美丽的景色，感受了生活的美好，体会到农家人的辛勤劳动，懂得了要尊重农民伯伯的劳动成果，还明白了动物是我们的朋友，应该保护它们。今天我们就一起分类复习这两个单元中的知识点！

【设计意图】明确学习目标，有的放矢。

（一）积累、运用动词

1. 学生读以下词语并思考：每组加点词的意思有什么不同？

迎上去　穿衣裳　甩甩头　追上去　披红袍　摇摇头

2. 对比体会加点动词的不同之处。

3. 选择恰当的动词，把儿歌补充完整。

（二）量词的巩固、运用

1. 读《拍手歌》，理解什么是"量词"，并找一找歌里的量词。

2. 出示图片：认真观察图片，填上合适的量词。

【设计意图】借助图片、拍手游戏等突破复习的重点和难点。

二、日积月累

（一）古诗

1. 同学们，"语文园地一"中，我们学习了一首跟"花"有关的古诗，你们还记得吗？

2. 背诵古诗《梅花》。

3. 出示《村居》，试着把诗中的动词找出来。

4. 借助动词，想象画面，初步理解诗意。

（二）谚语

1. 读一读下面关于树木的谚语，说一说这几句话的意思。

2. 了解《孟子》和《孔子》，把句子与相对应的意思连一连。

己所不欲，勿施于人。　　自己不喜欢的事物，不要强行加于别人身上。

与朋友交，言而有信。　　人与人交往，要守信用。

不以规矩，不能成方圆。　　不使用圆规和曲尺，就不能准确地画出方形和圆形。用来比喻行事如果没有准则，就什么事情也办不好。

同学们，希望你们能够坚守自己做人的准则，做个有规矩有信用的人，那样你就会交到更多的好朋友。

【设计意图】采用形式多样的练习，调动了学生复习的热情，从古诗中理解动词的运用。

三、快乐阅读

（一）出声读短文

（二）完成短文后面的练习

1. 回忆一下查字典的步骤并练习。

2. 请你找出第三段的动词，根据短文的内容连一连。

【设计意图】阅读教学要创设由内化向外化的转换实践活动，让学生切实地学好语言和表达方法，这是提高语文能力的有效途径。

四、精彩表达

1. 出示例句：我的脾气可怪了，有时候我很温和，有时候我却很暴躁。学生试着用"有时候……有时候……"的句式说话。

2. 出示句子：平常我在池子里睡觉，在小溪里散步，在江河里奔跑，在海洋里跳舞、唱歌、开大会。仿照例句说句子。

3. 出示图片，借助图片，用以上两种句式进行说话。

【设计意图】设计看图说话，激发学生的学习兴趣，使学生能够将自己所学的句式运用到平时的生活和习作中，从而促进学生综合运用语文能力的提高。

《二年级上册三、四单元复习》教学设计

▌语文部 二年级 张 彬

教学目标

1. 巩固联系上下文和生活经验理解词语意思的方法；掌握分类积累语言的方法。

2. 复习写留言条。

教学重点、难点

巩固联系上下文和生活经验理解词语意思的方法；掌握分类积累语言的方法。

教学过程

同学们，今天我们继续复习语文二年级上册第三、四单元的知识。

一、字词冲关

（一）多音字练习

1. 读词语，说出你的发现。

2. 读准句子中的多音字，复习巩固确定多音字读音的方法。

（二）回顾理解词语的方法

1. 联系上下文理解词语的意思。

（1）出示句子，回忆理解"陡峭"的方法。

在一座陡峭的山峰上，有一只"猴子"。它两只胳膊抱着腿，一动不动地蹲在山头，望着翻滚的云海。这就是有趣的"猴子观海"。

（2）请你联系上下文，说一说"五光十色"的意思，并用"五光十色"说句子。

2. 请你读句子，想一想加点词语在句子中是什么意思。

【设计意图】指导学生在语境、阅读中巩固和运用要认识的字，提高识别汉字的准确度，既巩固汉字音与形的联系，又学会了运用，使识字能力与阅读能力滚动发展。

二、日积月累

（一）词语

1. 读词卡，提炼并掌握按照类别进行"名词"积累。

2. 有一些词语特别有意思，我们在积累描写颜色的词语的时候，在"白""红""黄""绿"的前面加上不同的表示具体事物的名词，就可以区分不同的白色、红色、黄色、绿色。快来读一读吧。

3. 照样子拓展表示颜色的词。

4. 描写同一内容的形容词我们可以进行归类积累，边读边想象以下词语描写的景色。

（二）楹联

在"语文园地"的学习中，我们还学习了关于风景的楹联，大家快来读一读，感受祖国山河的壮美吧！

（三）古诗

背诵《登鹳雀楼》《望庐山瀑布》。

（四）段落

出示句子，请你边读边借助文字展开想象，带着你的感受读一读，并把这些佳句积累下来。

【设计意图】指导学生积累词语，可以从课文中找，也可以从课外书中摘录；可以积累两个字的词语，也可以积累四个字的词语；可以分类别积累名词，也可以描写同一内容的形容词等。帮助学生强化积累意识，从小养成在阅读中积累的习惯。

三、快乐阅读

阅读短文，完成短文后面的练习。

1. 根据词意从文中找出相应的词语。

2. 你会怎么向别人介绍海南岛呢？将你阅读后的感受和想法用一两句话说一说。可以用上我们积累的好词佳句。

【设计意图】让学生自主阅读，在阅读中运用自己掌握的学习方法解决问题，感受阅读的快乐，与大家分享阅读的成果。

四、精彩表达

在生活中我们经常要用到留言条，你们还记得上学期学习的留言条的写法吗？让我们一起来复习一下。

1. 留言条的内容：先写是留给谁的，再写有什么事，最后写自己的名字和时间。

2. 小丽想请小红3月21日晚上7点去参加她的生日派对，但小红不在家。小丽要给她写一张留言条。你能帮小丽想想她应该怎么写吗？

【设计意图】引导学生将所学的知识及时地加以运用，让学生感受到语文学习的价值和意义。

《二年级上册五、六单元复习》教学设计

▍语文部　二年级　杜建萍

教学目标

1.复习巩固带有"言"和"语"的四字词语，积累励志名句和古诗。

2.能联系生活实际，体会名言、寓言故事、成语故事及童话故事中讲述的道理。

教学重点、难点

复习巩固带有"言"和"语"的四字词语，体会名言、寓言故事、成语故事及童话故事中讲述的道理。

教学过程

一、字词闯关

（一）出示词语"自言自语"

你还记得"自言自语"是什么意思吗？你还能说出几个这样的词吗？

（二）词语积累

出示"语文园地五"中积累的"（　）言（　）语"的四字词语。

不言不语　　只言片语　　三言两语　　千言万语

豪言壮语　　少言寡语　　自言自语　　甜言蜜语

（三）理解词语意思

这些成语都和言语活动有关。因成语中其他汉字不同，成语的意思也就不同了。

（四）练习

1.把成语补充完整，再连线。

2.形容话很少的成语有哪些？试着写一写。

【设计意图】积累并运用带有"言"和"语"的四字词语，学会了解词意的方法。

二、日积月累

（一）积累励志名句

在第六单元里还有三句励志名句，分别向我们展现了古代圣贤成长立志的思

想与智慧，告诉我们要从小立志，坚持不懈，遇到困难不要放弃，终究会取得成功。让我们来读一读吧！

- 有志者事竟成。——《后汉书》
- 志当存高远。——诸葛亮
- 穷且益坚，不坠青云之志。——王勃

（二）积累古诗

1. 背诵《江雪》。

2. 同学们，你们知道吗？其实很多古诗也是在告诉我们做事、做人的道理。我们在第四单元学过的《登鹳雀楼》中的"欲穷千里目，更上一层楼"，就是比喻想要取得更大的成功，就要付出更多的努力。

3. 今天老师还带来一首《长歌行》，让我们一起来读一读。

这首诗告诉我们光阴如流水，一去不再回。我们要珍惜青春年华，发奋努力，不要等老了再后悔。

【设计意图】通过复习古诗、励志名句，让学生了解其中蕴含的道理。

三、快乐阅读

（一）阅读寓言《揠苗助长》，理解寓意

这个故事告诉我们：事物有自己的发展规律，光有良好的愿望和热情，做事情急于求成，违反了事物的发展规律，反而会坏事。

（二）阅读童话《麻雀造新房》并完成课后练习

1. 麻雀为什么没有造出新房？你是从文中哪句话看出来的？

2. 我想对麻雀说：＿＿＿＿＿＿＿＿＿＿＿＿＿＿＿＿＿＿＿＿。

【设计意图】通过阅读寓言、童话，让学生了解小故事里蕴含着大道理，激发学生阅读的兴趣。

四、精彩表达

1. 请同学们仔细观察图，看清图上有谁，他们把蛋壳当作什么。

2. 用表示时间或先后顺序的词、描写环境的词语，把四幅图连起来说一说。

3. 把四幅图的内容讲给家人听听。

【设计意图】教会学生观察图，并有序表达出来；能够用表示先后顺序的词，鼓励学生大胆展示。

《二年级上册词语专项复习》教学设计

■语文部　二年级　翟玉红

教学目标

1. 运用分类的方式复习词语，采用多种教学手段帮助学生理解词句的意思，并能正确使用。

2. 巩固"的""地"的使用。

3. 学生通过阅读名言、故事，拓展谚语，自编故事，感受如何与人相处。

教学重点、难点

掌握分类梳理词语、名言的方法，理解词句的意思，并能正确使用。

教学过程

一、词语闯关

（一）导入

同学们，今天我们一起走进词语乐园。

（二）复习"的""地"的搭配

1. 自由读以下词语。

碧绿的衣裳　雪白的肚皮　陡峭的山峰　茂密的枝叶　美丽的风筝
不住地啼叫　仔细地看书　顺利地过关　得意地端详　紧紧地抱住

2. 你有什么发现？

上边一组："的" + 名词。

下边一组："地" + 动词。

3. 怎样区分"的"和"地"的用法呢？

（1）自读："的""地"口诀儿歌。

（2）闯关游戏：连一连。

（三）归类复习，积累四字词语

1. 描写景色的词语。

（1）借助图片猜词语：

含苞欲放　百花争艳　花红柳绿　春色满园

（2）巩固复习书上描写景色的词语：

含苞欲放　　百花争艳　　花红柳绿　　春色满园

风景如画　　树木茂盛　　群山环绕　　山清水秀

2. 描写天气的词语。

（1）出示词语：云开雾散　　微风习习　　冰天雪地　　风雨交加

　　　　　　　　云雾缭绕　　寒风刺骨　　鹅毛大雪　　电闪雷鸣

（2）说一说：它们都描写了什么？

（3）继续复习、巩固书上描写天气的词语。

3. 叠词形式的四字词语。

（1）出示：高高兴兴　快快乐乐　开开心心

（2）拓展 AABB 式的词语。

（3）对比句子，体会叠词的作用。

①风筝在空中摇摆，有的还翻起了跟头。

②风筝在空中摇摇摆摆，有的还翻起了跟头。

4. 拓展学习：你还能用什么方法归纳四字词语？

（1）学生自主发现：可以采用"带有动物的""带反义词的""带有数字的"等形式来归纳、积累。

（2）出示相关练习，区分词意，进行使用。

【设计意图】采用多种形式进行词语复习，借助图片、儿歌、对比等形式帮助学生理解词意，使学生能更准确地使用。

二、日积月累

（一）相处名言

己所不欲，勿施于人。——《论语》　　与朋友交，言而有信。——《论语》

（二）拓展与人相处的谚语

予人玫瑰，手有余香。

平时肯帮人，急时有人帮。

与其锦上添花，不如雪中送炭。

【设计意图】理解并积累这些名言、谚语，合理地运用课内迁移的方法，感受古诗夸张手法的作用。

三、快乐阅读

出示短文《小蚂蚁》，边读边想：蚂蚁身上发生了什么故事？并完成后面的练习。

【设计意图】通过故事中小蜜蜂、小蜻蜓的做法，感受到与人相处时，为别人点一盏灯，照亮别人，也照亮了自己。

《三年级上册一、二单元复习》教学设计

▍语文部 三年级 周 婷

教学目标

1. 运用偏旁归类的方法和形声字的构字特点识字。

2. 积累描写春天的诗句及四字词语。

3. 梳理学习古诗的方法，学会边读边想象画面。

教学重点、难点

梳理学习古诗的方法，学会边读边想象画面。

教学过程

一、复习导入

（一）复习旧知

背一背：《春晓》《咏柳》《村居》。

（二）引出新知

读一读：《忆江南》《绝句》《惠崇春江晚景》。

【设计意图】引导学生在诵读中感受诗人笔下的春天，品味语言文字的精妙。

二、字词闯关

（一）偏旁归类——找规律

1. 圈画诗中带有"纟"的字。

2. 出示"纟"的演变图片，知道"纟"的字大多和丝线、丝织品有关。

3. 字理识字，说说这些字为什么是"纟"。

（1）联系生活，说一说："绦、纸、红、绿"。

（2）出示金文，想一想："绝"。

（3）拓展运用，猜一猜："继"。

4. 观察发现形声字的构字规律。

（二）利用规律——猜意思

1. "鸟字边"：鸳、鸯，出示《鸳鸯图》。

2. "草字头"：苏、蓝、萎、蒿、芦、芽。

（1）查字典：苏、蓝。理解"春来江水绿如蓝""青出于蓝而胜于蓝"。

（2）出示图片："蒌蒿""芦芽"。

3.总结方法——猜意思，查字典，看插图。

【设计意图】通过偏旁归类，发现形声字的构字规律。在学习古诗时，可以利用形声字的特点，理解诗句的意思，并通过查字典、看插图的方法进行验证。

三、积累比拼

（一）复习

出示一组四字词，读读，发现描写的是"春天的天气、气候"。

（二）新知

1.出示两组四字词，读读，发现描写的是"春天的植物、动物"。

2.边读边想象，把喜欢的词语积累下来。

3.看图猜词：用积累的词语来描绘看到的画面。

【设计意图】积累描写春天的四字词语，引导学生按照不同的观察角度将这些词语进行分类，在丰富语言的同时，渗透观察方法。

四、阅读进阶

（一）初读古诗——抓景物

读一读《忆江南》《绝句》《惠崇春江晚景》，想想诗人都描写了哪些春天特有的景物。

1.《忆江南》：日出、花朵、江水，这是春日里江南的特有景物。

2.《绝句》：春光里的江山、花草的芳香、燕子、鸳鸯，这是草堂浣花溪一带的独特风景。

3.《惠崇春江晚景》：竹子、桃花、江水、鸭子、蒌蒿、芦芽、河豚，有植物，也有动物。

（二）再读古诗——抓特点

1.出示《绝句》，边读边想象诗人眼中的春天。

"春光里的江山"——丽；"春风中花草"的味道——香；"口衔春泥的燕子"在做什么——飞；"沙地上的鸳鸯"在做什么——睡。

2.用思维导图来梳理景物和景物的特点。

（三）拓展古诗——用方法

出示：描写春天的诗句，运用学到的方法，边读边想象，诗人都描绘了怎样的画面，它们有什么特点。

【设计意图】引导学生跟随诗人从不同的视角观察春天，抓住诗人笔下特有的景物特点。结合想象，引导学生在头脑中描绘一幅春天的美景图，这是学习古诗的重要方法。

五、布置作业

读《滁州西涧》，边读边想象，将想象到的画下来。

《三年级上册借助关键语句概括段意复习》教学设计

▍语文部 三年级 孙 莹

教学目标

1. 复习描写春天的词语。

2. 积累古诗中的优美诗句，感受作者笔下春天的美。

3. 学习借助关键语句概括一段话的意思。

教学重点、难点

借助关键语句概括一段话的意思。

教学过程

一、积累比拼

复习写秋天的词语。你还积累过写其他季节的词语吗？

写春天的词语＿＿＿＿＿＿＿＿＿＿＿＿＿＿＿＿＿＿＿＿＿＿＿＿

写春天的优美生动的语句＿＿＿＿＿＿＿＿＿＿＿＿＿＿＿＿＿＿

写春天的古诗词＿＿＿＿＿＿＿＿＿＿＿＿＿＿＿＿＿＿＿＿＿＿

总结方法：都是描写春天，我们可以积累四字词语，可以积累古诗词，也可以积累一些优美的句段，在我们写作文的时候用上它们。

【设计意图】通过复习巩固"语文园地"中写秋天的词语，激起学生积累其他季节词语、语句、古诗词的兴趣，并运用到自己的习作中。

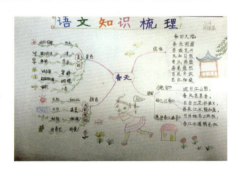

二、阅读进阶

（一）借助关键句概括一段话的大意

一位同学很喜欢春天，他是这样描写的：

春天很美。阳光照在我的身上真暖和。一场春雨过后，小草长出来了。小河边，开满了鲜艳的花朵，红的、粉的、黄的、紫的，我也叫不出它们的名字。蜜蜂在花丛中飞来飞去，忙着采蜜。蝴蝶也飞来了。小鸟在枝头喳喳地叫着，它的声音真好听。春风吹拂着小河，小河上起了波纹，一群孩子正在用垂柳的茎做柳笛，吹起他们最喜欢的歌。

可以说春天已经留在这位同学心中了，他看到了那么多美丽的景物，并写下来了。你读过之后有什么想法吗？想不想用自己丰富的积累让春天变得更加绚丽多彩呢？来试一试吧。

（二）运用思维导图梳理关键语句

在前面的课时中我们复习了第六单元的语文要素——"借助关键语句理解一段话的意思"，我们运用思维导图的方法梳理出一段话中的关键语句，帮助我们理解这段话的意思。你能不能再往下想一想，这段话到底在写什么呢，也就是说这段话的大意是什么呢？我们一起来看看下面这段话。

鲜花朵朵，争奇斗艳，芬芳迷人。要是我们留心观察，就会发现，一天之内，不同的花开放的时间是不同的。凌晨四点，牵牛花吹起了紫色的小喇叭；五点左右，艳丽的蔷薇绽开了笑脸；七点，睡莲从梦中醒来；中午十二点左右，午时花开花了；下午三点，万寿菊欣然怒放；下午五点，紫茉莉苏醒过来；月光花在晚上七点左右舒展开自己的花瓣；夜来香在晚上八点开花；昙花却在晚上九点左右含笑一现……

这段话介绍了许多种花开放的时间，不同的花开放的时间是不同的。哪句话写了这个意思呢？原来是这句："要是我们留心观察，就会发现，一天之内，不同的花开放的时间是不同的。"这是这段话的关键句。

（三）总结方法：找到了关键句，我们就知道了这段话是在写一天之内，不同的花开放的时间是不同的。值得注意的是，我们找到关键句以后要对它进行修改，去掉无关的内容，使语言更为简洁。

【设计意图】通过对"语文要素借助关键语句理解一段话的意思"这个内容进行复习，引发学生思考，进一步学习如何借助关键语句概括一段话的大意。

《三年级上册口语交际"学会沟通"》教学设计

▌语文部　三年级　鲍　虹

教学目标

1. 复习"明理""有礼"的名言警句，丰富语言积累。

2. 通过创设口语交际情境，明确"学会沟通"的重要性。

3. 复习向别人请教的方法，学会运用得体的语言进行劝告，明白在劝告时应注意说话的语气，做到换位思考。

教学重点、难点

了解和感悟劝告语言的特点与技巧，劝告时能以理服人、以情动人。

教学过程

一、复习名言，激发学习兴趣

回忆学过的有关如何待人的名言。

齐读：仁者爱人，有礼者敬人。

　　　　与人善言，暖于布帛；伤人以言，深于矛戟。

小结：以礼待人，学会沟通，才能拥有朋友！

【设计意图】用学过的名言点明"学会沟通"的重要性，为口语交际做铺垫。

二、创设情境，引出"请教"，明白"请教"

（一）情景导入

小明：邻居小辉借东西不及时归还，前些天他把我的足球借走了，到现在都没还。提醒他，怕显得我小气；不提醒，又担心他一直不还……

小明陷入了两难，他该怎么办？在生活中遇到类似问题，自己不知道怎么解决，就可以去请教他人。

（二）预设场景，梳理方法

陷入困境的小明是怎么请教老师的？他得到了想要的答案吗？

预设场景：老师正在打电话，小明跑上前去请教；小明过于着急，表述不清楚；老师给予解答，小明没听完就走了……

边预设情景，边分析解决办法。

总结方法：遇到问题莫慌张，请人帮忙想一想。说话态度要诚恳，礼貌用语要大方。表达清楚不糊涂，请教完毕说"谢谢"。虚心懂礼有耐心，遇到难题人人帮。

（三）拓展延伸，感悟请教态度

阅读《程门立雪》故事，交流感想。

小结：杨时用诚恳虚心的态度打动老师，学到本领，终成一代大家。所以，请教不仅要讲究方法，还要注意态度。

【设计意图】创设日常情境，让学生在情境中思考、练习、对话。

三、学法迁移，学习"劝说"，实践"劝说"

（一）回顾主题，引入劝告

生活离不开沟通。用言语规劝别人以改变其行为的方法，叫作劝告。

1. 思考："劝告"和"请教"有何相同点？有何不同点？

小结：请教是有问题时，向别人寻求帮助；劝告是给别人讲道理，让对方信服你的话，来改变自己的行为。

2. 背诵学过的俗语，感知"以理服人"的重要性。

灯不拨不亮，理不辩不明。

有理走遍天下，无理寸步难行。

一时强弱在于力，万古胜负在于理。

（二）创设情境，探究方法

1. 以理服人。

创设场景：小明在滑楼梯扶手，小天和小雅正好路过这里，他们会怎样劝告小明呢？请你想象一下。

预设：小天说："你这样太危险了，有可能撞到别人的！快下来！"

小雅说："你怎么能滑楼梯扶手呢？违反了学校纪律，太不应该！赶快下来！"

思考：两位同学讲的道理都对，可是他们的劝告却没有打动小明，为什么？

2. 以情动人。

预设：小菲说："小明，别这么玩，扶手很滑，你会摔伤的。快下来，好吗？"

思考：为什么小菲的劝告能够成功呢？

小结：站在别人的角度，为别人着想，以理服人，以情动人，这样的劝告才能成功。

（三）拓展阅读，尝试劝告

阅读《触龙说赵太后》的故事，讨论劝告技巧。

【设计意图】创设情境，引发思考，进行比较，帮助学生感知、理解在劝告时要注意的问题。

《三年级上册习作专项复习》教学设计

▌语文部　三年级　闫春芳

教学目标

1. 带领学生复习写事六要素。
2. 引导学生进行分类词句积累。
3. 使学生能够运用积累的词句和学到的方法，写好写事文章。

教学重点、难点

运用积累的词句和学到的方法，写好写事文章。

教学过程

一、阅读进阶

复习写一件事的六要素，并出示文章。

师：同学们，读完文章，你能试着填好六要素吗？

【设计意图】加强学生对写事文章六要素的认识，为下面要重点讲的写事过程做好铺垫。

二、积累比拼

（一）神态描写

1.大家看图上的表情，你能用积累的四字词语形容一下吗？

2.快拿出笔记本把这些词语记录下来吧。

（二）动作描写

1.出示段落，这段话中有一些表示动作的词语，找一找。

2.边读这段话边根据你画的动词，做做动作，体会一下主人公当时的状态。

（三）心理活动描写

1.出示段落，小作者心里想什么了？（PPT标红）

2.这位小作者直接写出了自己真实的想法，让我们一下子就走进了他的内心。

我们积累了这么多好词好句，一定要把它们用在自己的作文中。

【设计意图】培养学生在日常读书时积累好词好句的习惯，并为下面讲解如何写动作和心理活动做铺垫。

三、妙笔生花

大家已经熟知了写事文章的六要素，六要素中最重要的事件经过我们该如何写清楚、具体呢？下面我们就探讨一下吧！

（一）尝试准确运用连续动词

下面的两段话，看看哪段写得好？为什么？

师分析：

1.使用连续动词，分解动作。

所有的动作都不是一下子就能完成的，在观察和描写时，如果把动作分解成若干步骤，一步一步仔细观察，并选择恰当的动词一步一步地描写，就不难把动作写具体了。

2.使用准确动词，体现性格特点。

动词是文章活的灵魂，动词运用得妙，就能增强文章的生动性，使文章活起来。

3.运用以上方法，练习使用动词。

（二）细致刻画人物的心理活动

1.通过自言自语，呈现内心独白。

听老师读文，看看你有什么收获呢？

师分析：小作者在写文章时，把自己心里的想法像自言自语似的写了出来，使文章更加真实有趣。

2.依托虚构幻象，描写人物心理。

请你读读下面这个小片段，肯定有不一样的收获。

这里运用的是"想象描写"来刻画人物心理的，人物的心理特征却跃然纸上，给读者留下深刻的印象。

3.借助其他描写，展现内心世界。

大家一起再来读读这段话吧！

师分析：同学们在写文章时，把你们积累的那些描写神态的词用上，也能给文章添色不少呢！

精彩生动的语言描写，也能刻画人物的心理，我们在写作时要特别关注啊！

4.运用以上方法，练习心理描写。

【设计意图】通过对学生文章的分析，教给学生将事情经过写得具体生动的两种方法。

《四年级上册五、六单元复习》教学设计

▌语文部　四年级　化国辉

教学目标

1. 学习一字多义的辨析方法。

2. 复习把握文章主要内容的方法。

3. 积累成语，复习八字成语。

4. 能按一定顺序，把自己学会某种技能的过程写清楚。

教学重点、难点

复习了解事情的起因、经过、结果，把握文章的主要内容的方法，并试着在习作中运用。

教学过程

一、字字珠玑——辨析一字多义

（一）复习梳理一字多义的辨析方法

1. 示例引路，梳理方法。

2. 辨析"告辞""告诉"这两个词语在文段中"告"的意思是否相同。

3. 运用联系语境、结合词语、判断字义加以辨析。

4. 查字典验证。

总结方法：联系语境、结合词语、判断字义。

（二）练习运用，巩固方法

1. 读句子，思考"抽"在不同句子中的意思是否相同。

2. 联系语境、结合词语、判断字义加以理解。

3. 查字典验证判断。

【设计意图】梳理出辨析一字多义的方法，利用学会的方法尝试解决同类问题。

二、文海畅游——概括文章的主要内容

（一）复习梳理

1. 回忆第四单元的课文内容，想一想概括主要内容的方法。

2. 回顾课文《普罗米修斯》的起因、经过、结果。

3. 抓住主要人物，把故事的起因、经过、结果串联起来，概括故事的主要内容。

（二）练习运用

1. 读短文，想一想故事的起因、经过、结果分别是什么。

2. 自主思考，尝试表达起因、经过、结果。

3. 串联主要内容。

【设计意图】回忆已学课文的起因、经过、结果和主要内容，在复习中提高学生的认识。

三、艺海拾贝——成语积累

（一）复习"日积月累"中的八字成语

1. 回顾积累过的八字成语，并理解成语意思。

2. 练习运用。

（二）知识拓展

认识并积累五字成语、六字成语、七字成语等。

【设计意图】理解积累成语这一中国文化瑰宝，从中感受祖国文化的博大精深。

四、妙笔生花——我学会了_____

（一）激发习作兴趣

1. 回顾假期生活，自由表达学会了哪些新技能。

2. 梳理归类。

3. 明确写作顺序。

（二）出示范文，赏析评价

1. 出示学生习作，赏析点评。

2. 评价中提示：抓住人物的语言、动作、神态、心理活动来描写。

3. 评价、修改。

【设计意图】联系假期生活，激发创作兴趣。在交流中进一步启迪学生的思维，启发学生通过不同的角度、方面来表达。

《四年级上册习作复习》教学设计

■ 语文部 四年级 张 伟

教学目标

1. 复习惯用语和拟人的修辞手法。

2. 结合具体文章感知作者把事情写清楚的方法。

3. 习作指导，把一件事情写清楚。

教学重点、难点

了解作者是怎样把事情写清楚的，并在习作中运用。

教学过程

一、导入新课

"学而不思则罔，思而不学则殆。"这句话告诉我们，只有把学习和思考结合起来，才能学到切实有用的知识。这节课我们就是要把在阅读中的思考所得，运用到习作表达中去。

读一读这篇小故事，注意音读准、句读通。

【设计意图】引导学生在阅读中领悟揣摩，并将思考所得运用到自己的习作中。

二、字字珠玑

1. 出示文中例句，导入惯用语。

2. 复习第92页惯用语，体会好处并感受其感情色彩。

3. 练习使用惯用语。

【设计意图】由例文中的惯用语引出，理解其意思，了解其好处，体会感情色彩并尝试运用。

三、清辞丽句

1. 读例句，有什么新发现？

2. 复习拟人句，体会好处。

3. 欣赏名家佳句。

【设计意图】复习拟人的修辞方法，体会其好处，鼓励学生尝试着用在习作中，为文章增色。

四、文海畅游

（一）浏览范文，复习旧识

浏览《麻雀》《爬天都峰》，回忆作者是怎么把事情写清楚的呢？

1.《麻雀》。

（1）写了一件什么事？这件事的起因、经过和结果是怎样的？

（2）写重要内容是怎么写清楚的？

2.《爬天都峰》。

（1）第一段，小作者只用了 14 个字，就把时间、地点、人物交代清楚了。

（2）课文按照爬山前——爬山中——爬上顶峰后的顺序来写。

（3）抓住看到了什么、怎么想的、怎么说的、怎么做的，把爬山的过程写清楚。

小结：写事件要写清六个要素，按照起因、经过、结果的顺序把事情写清楚。在重要的情节，把看到、听到、想到的写下来。

（二）温故知新，梳理提升

1.轻声读读这个故事，然后试着说说围绕豆浆写了一件什么事？作者是按照什么顺序讲述的？

2.交流分享：

（1）按照事情的发展顺序来写，写了看到和想到的。

（2）运用比喻、拟人等修辞手法，将心情表现得淋漓尽致。把过程重点的部分写得特别清楚。

【设计意图】从具体课例中体会把一件事情写清楚的方法。对应阅读篇目，探究将事件表达清楚的方法。从感性认知中梳理提炼，并上升为理性思考。

五、妙笔生花

1.启发拓思，发现生活趣事。

2.例文引路，鉴赏佳作。

相处之道

我有一个三岁的小弟弟，这可让一些独生女的好朋友羡慕不已。她们都说我有个"活娃娃"，可是当姐姐的烦恼她们又怎么体会得到呢？

早上，我打开电脑，开始"和谐课堂"的学习。刚刚点进去，弟弟悄悄地凑了过来，一巴掌拍到键盘上，连拍几下，又伸手抢走我的本。嚓！撕下大半张——桌上狰狞的本子在不怀好意地笑着。瞬间，我想起他经常和我唱对台戏，顿时火冒三丈，冲他大吼一声。可是他却脚底板抹油——怪叫着跑了。"弟弟可真烦！"我又气又委屈，泪珠排着队坐着滑滑梯，一溜烟儿地滑到下巴颏。妈妈费了好大的劲儿，才把我劝好，重新开始学习。

刚下课，我就找"小捣蛋"算账去了。弟弟正在搭积木，看到我，他赶快拿着圆球积木、方块和三角积木，没事人似的跟我说："圆形圆圆的，方形方方的，三角形三三的。"我愣了一下，顿时笑得前仰后合。我拿过三角形积木，拉着小弟弟的手，让他摸三角形积木的尖角，告诉他三角形是尖尖的，不是三三的。弟弟马上乖乖地学了一遍。我又拿起书桌上削好的铅笔，告诉弟弟，铅笔也是尖尖的。小弟弟高兴地说："姐姐，你灯（真）棒！"还对我竖起了大拇指。我忍不住笑了，但马上又板起脸："以后还捣不捣乱？"弟弟笑了，眼珠一转，又说："姐姐灯（真）聪明！"……我觉得弟弟有那么一点儿可爱。其实，只要他不捣乱，我还是挺喜欢教他的，挺喜欢和他一起玩的。

今天"和谐课堂"锻炼的内容是体前屈，要坚持30秒。弟弟也在旁边学着样子凑热闹。我就让小弟弟帮我数数，他前面数得都很好，但数到29时，停了一下，接着数"29，29，29"。逗得我们哈哈大笑。然后我教他，29后面是30。弟弟一边学着做体前屈，一边跟着我学数数……

因为疫情我和弟弟天天黏在一起，每天我们的故事多多，有笑有泪，有喜有忧，像演小品似的，我越来越喜欢和弟弟在一起了。

（1）习作选材新鲜又真实。疫情期间，姐弟俩相爱又相杀的故事，拨动了小作者的心弦，就被她记录了下来，成就了一篇佳作。

（2）开头简单明了地交代事件的时间、地点和人物，按照起因、经过、结果，叙述得很清楚。

（3）特别细致地描写了自己和弟弟的语言、动作、神态以及心情。

小结：小作者把事件中看到的、听到的、感受到的细致地描写下来，使这两个人物活灵活现地站在我们面前。姐弟俩说着、笑着、行走着，如同在我们面前播放小电影，使读者如身临其境，观赏着姐弟俩上演的有趣又温情的小剧。

【设计意图】例文引路，引导学生观察生活用心感受，写出自己最新鲜、最独特的故事。进一步引领学生体会把事件写清楚的方法，引导学生学以致用。

《五年级七、八单元复习》教学设计

■ 语文部　五年级　秦　月

教学目标

1. 夯实字词基础，提升辨析和运用词语的能力。

2. 在诵读积累中，对古诗词、中国传统文化产生浓厚的兴趣。

3. 在赏析阅读时，体会到景物的静态美和动态美。

教学重点、难点

体会景物的静、动之美。对古诗词、中国传统文化产生浓厚的兴趣。

教学过程

一、课前导入

今天，我们继续复习七、八两个单元的内容。首先走进第一个板块——"字词闯关"。

二、字词闯关

（一）分享笑话，激发兴趣

（二）复习词语，巩固基础

第一关："音"。

1. 出声读词语，注意读准多音字的字音。

2. 你能用这些多音字的另外一个读音再组一个词吗？

第二关："形"。

1. 读准音节，记清字形，正确填写。

2. 这一组字就像几个亲兄弟一样，你们发现它们的相同点和不同点了吗？

3. 交流汉字背后的故事。

这五兄弟都是形声字，上边"莫"表示音，下边表示义。你是不是觉得咱们的汉字很有魅力呢？

第三关："义"。

1. 由"烈"你想到了哪些合适的词？

2. 师生交流，辨析词语。

在积累词语时，只有准确理解词义，才能够辨析近义词，从而做到正确填写。

【设计意图】字词的积累是语文学习中必不可少的。语文基础是由"字、词、句、段、篇"组成的，而"字、词"又是一切的基础，尤为重要。

三、积累比拼

（一）回忆诗句，自己试着背一背

（二）开展"史家诗词大会"

1.宣布史家"飞花令"比赛规则。

2.同学们，准备好了吗？"积累比拼"马上就要开始啦！

（1）《山居秋暝》，关键字"山"，你们想到了有关"山"字的哪些诗句呢？

（2）《枫桥夜泊》，关键字"月"，每当夜幕降临，背井离乡的人望着一轮明月就会不由得思念起家乡和亲人，很多思乡、思亲的诗句就会脱口而出。

（3）《长相思》，词中出现最多的一个字就是它的关键字，你发现这个字了吗？

（4）古时候，最基本的"飞花令"诗句中必须含有"花"字，《渔歌子》这首词就以"花"字作为关键字。

（5）观书有感（其一），关键字"水"。

（6）现在正值春暖花开，咱们就以"春"作为最后一个关键字吧。

（三）了解古代"飞花令"

【设计意图】叶圣陶先生说"厚积言有物"，意思是没有丰富的积累就言而无物。丰富的积累，能提高阅读能力、写作能力、口语交际能力以及审美情趣。

四、阅读进阶

（一）阅读《鸟的天堂》中第8、第12自然段

1.作者在傍晚和早晨两次看到"鸟的天堂"的景象，它们有哪些不同的特点呢？（本文先写树再写鸟，一静一动，对比鲜明）

2.朗读这两部分的时候，我们又该怎样读呢？（作者的情感是随着看到的景物变化而变化的，情感不同，语气就不同，节奏也就不同）

（二）课外阅读——《观瀑布》

1.找出文中的静态、动态描写。

2.体会动静结合描写方法的好处 。

3.希望同学们认真观察生活，用心记录，能够综合运用你所学过的描写手法，记录下你眼中的、生活中的美。

【设计意图】体会动静结合的好处，将动态描写与静态描写联系在一起，可以从不同的角度刻画景物和人物，可以让描写更加栩栩如生，让读者受到强烈的感染。

《五年级上册词句段专项复习》教学设计

▌语文部　五年级　白　雪

教学目标

1. 引导学生回顾书中词句部分的内容，体会表达方法。

2. 在课内练习、巩固的基础上，进行拓展运用，强化词、句、段的理解和运用。

3. 在生活情境中运用语言文字，提升运用语言文字的能力。

教学重点、难点

在课内练习、巩固的基础上，体会词、句、段表达方法，并进行拓展运用，强化词、句、段的理解和运用，提升运用语言文字的能力。

教学过程

一、字字珠玑

回忆一下，以往我们理解词语的意思，主要有哪些方法呢？我们不光要会用这些方法理解词语，更重要的是要学会恰当地运用词语，进行有效的表达。

（一）一单元"语文园地"

1. 通过读题和读例句，你发现了什么？

2. 我们先试着用"温和"的两个意思分别说一句话吧。它的一个意思是形容气候，一个是形容人的性格。联系生活实际想想，什么地方或者什么季节气候比较温和呢？谁让你感到性格比较温和、不粗暴呢？

3. 试着再练习一个词语。

（二）二单元"语文园地"

1. 读词语和句子，你发现了什么？

2. 我们首先要了解成语的意思，然后根据意思回忆或者想象符合情景的场面，借助语言、动作、神态等描写把情景描写得更具体、生动。

3. 我们尝试着描写一下"喋喋不休"这个成语。"喋喋不休"是什么意思？回想一下，你见过"喋喋不休"的场景吗？当时都有谁在场？在什么情况下，说了什么，做了什么？

【设计意图】在巩固理解词语方法的同时，学会恰当地运用词语，进行有效的表达，使表达更为具体、形象。

二、清辞丽句

七单元"语文园地"。

1. 读例句，你发现了什么？

2. 我们知道了这是把句子写得具体的一种形式。以前我们是在谁或者什么前面，以及干什么前面，加上修饰的成分。而这两句不仅添加了恰当的修饰，而且添加了静态或者动态描写的语句，以及补充说明的语句，使扩充的内容更加丰富细致了。

3. 我们一起来试一试。

【设计意图】在理解、运用词语的基础上，学会把画面写得具体的方法，运用恰当的修辞，以及动态、静态的描写，使语句更丰富形象。

三、文海畅游

（一）六单元"语文园地"

1. 请你读读这两段话，回忆一下它们出自哪篇课文，体会这两段场景描写在课文中的作用是什么。

2. 什么是场景描写呢？

3. 下面让我们再来看一段场景描写。看看这段话在表达上有什么特点。

4. 同学们一定发现了，这段话运用了点面结合的写法。这种点面结合的写法也是场景描写的一种方法。

（二）七单元"语文园地"

1. 请你读读题目和句子，看看这两个句子有什么共同点。

2. 在你的成长过程中是不是也有这样的"第一次"感受呢？

3. 下面我们以"第一次觉得妈妈苍老了"为例，来试着写一写。你可以这样去想：以前你眼中的妈妈是怎样的？此时的妈妈呢？你心中是什么滋味？

【设计意图】结合前面所学的恰当地运用词语与句子，进行生动、具体的表达的方法，有效地在段落中使用，提升在生活情境中运用语言文字的能力。

《五年级上册交流平台复习》教学设计

■ 语文部　五年级　王　瑾

教学目标

1.通过阅读"交流平台"，回顾课前导读及课后练习，总结、推荐提高阅读速度的方法。

2.明确阅读策略的目的是帮助学生形成阅读能力，掌握阅读方法。

3.通过练习，训练学生提高阅读速度，提高阅读能力，为以后阅读打下坚实的基础。

教学重点、难点

帮助学生提高阅读能力，掌握阅读方法，为以后阅读打下坚实的基础。

教学过程

一、游戏导入，回顾旧知

开展游戏：请你用手指按 1~25 的顺序依次指数字的位置，同时把数字读出声，看看你所用的时间是多少。别忘了计时。

1	11	7	21	4
18	5	14	9	23
8	25	2	16	13
22	10	17	19	24
3	20	15	6	12

测评小结：人的多种动作协调起来是有助于集中注意力的。这对学生的阅读能力、注意力、记忆力、观察力等都有很好的帮助。

回顾旧知：读书是人生一大乐事，要想在最短的时间内有效地阅读更多的内容，就要提高阅读速度。这也是我们上学期学习的一种非常重要的阅读策略。请同学们看"语文园地"二单元的"交流平台"，读读这四位小朋友的对话，你发现什么了？

【设计意图】通过游戏激发学生学习的兴趣，培养学生集中注意力的能力。

二、回顾总结，体悟新法

（一）回顾总结

师：这四段话都是在提示提高阅读速度的方法。课文题材各不相同，提高阅读速度的方法也各有侧重。先来看课前导读提示。

回顾总结：每篇课前导读都出现了"用较快的速度默读课文"，怎样才能

"较快"呢？这四篇课文都安排了训练点，总结如下：

《搭石》——集中注意力，不回读；《将相和》——连词成句地读，不要一个字一个字地读；《什么比猎豹的速度更快》——借助关键词句读；《冀中的地道战》——带着问题读。

（二）体悟新法

教师引导：除了本单元所学的关于提高阅读速度的方法，还有其他提高阅读速度的方法吗？

（1）浏览法。博览群书时，对不需要细致了解的书籍，从总体上粗略掌握书中大概内容的一种阅读方法。可以让读者在有限的时间内尽可能广泛地了解信息，有助于开阔视野。

（2）跳读法。阅读时有所取舍，只阅读最有价值的内容。

（3）寻读法。日常工作和学习中经常使用的一种快速阅读的方法。寻读时，要快速对自己所要查找的某些问题作出识别判断。

（4）猜读法。在读文章时，以所了解的题目或已看过的前文作为前提，对后面的内容预作猜想，然后与实际内容印证比较的一种阅读方法。

教师小结：你们还会发现更多提高阅读速度的方法，希望对你们今后的阅读有所帮助。

【设计意图】通过回顾提高阅读速度的方法及体悟新方法，提高学生的阅读能力。

三、拓展训练，提升能力

通过速记词语、快扫句子等游戏，让学生在游戏中训练提高阅读速度的方法。

教师小结：我们一眼看到的内容越多，阅读的速度就越快；省略了标点符号的间隔，尽量让眼睛扫过一整句话，学会在阅读时圈画或关注关键词句，这样把词或短语连成句子，有助于提高阅读速度。

【设计意图】通过游戏的形式，让学生在玩中提高阅读速度，真正让他们感受到提高阅读速度对他们今后的阅读有助益。

四、感悟方法，体会收获

总结：改进阅读方法，提高阅读速度，是现代社会工作和学习的需要，也是终身学习和发展的需要。希望你们形成良好的阅读习惯，为今后的阅读打下坚实的基础。

【设计意图】学习提高阅读速度的方法并自觉运用到阅读实践中，逐渐形成良好的阅读习惯，为今后的阅读打下坚实的基础。

《五年级上册口语交际复习》教学设计

▍语文部　五年级　陶淑磊

教学目标

1. 指导学生明确口语交际优秀的标准，提高口语交际能力。

2. 培养学生良好的交际品质。

3. 激发学生学习口语交际的兴趣。

教学重点、难点

指导学生明确口语交际优秀的标准，培养学生良好的交际品质。

教学过程

一、谈话导入，提升认识

用一组图片，谈话引出"口语交际"。

引导学生回顾口语交际的学习内容，了解话题的特点。（既有独白类话题，也有对话类话题）

从熟悉的历史故事到当代发展需要，谈学习口语交际的意义。

【设计意图】激发学生学习口语交际的兴趣并提升认识。

二、明确口语交际优秀的标准

以口语交际《父母之爱》为例讲解。

（一）明确口语交际的内容要求，有初步观点

1. 由标题初步了解话题方向。

2. 由标题下导语及事例进一步感知话题内容。

3. 由例子下面的文字了解具体任务。

4. 依据任务，对事例有初步观点。

（二）根据初步观点，多渠道搜集材料，进一步明确观点

1. 根据初步观点，多渠道搜集材料。（介绍搜集材料的多种方式）

2. 学习材料，进一步明确观点。

（三）根据观点整合交流材料，多角度表达观点

1.对材料进行筛选整合，围绕观点把最有说服力的材料挑选出来，并且从多角度准备交流。

2.每一个角度选择恰当的材料，并具体说明。

（四）梳理信息，分条讲述，要表达清楚

1.用事例表达观点时，运用表示次序的词语，使表达更有条理；运用关联词、过渡句等，完善表达；借助表格、提纲、思维导图，严谨表达。

2.交流时要有开场语和结束语，使表达更完整。

谈话总结：以上四方面高度概括了好的表达，即要做到：有观点，有材料，多角度，有条理。

【设计意图】结合例子让学生明确口语交际优秀的标准，知道努力的方向。

三、提高口语交际能力

（一）不断演练，不断提高

1.多种方式演练。

（1）小组内尝试交流：组内同学相互学习、相互评价、共同进步。

（2）居家演练：给父母说、对着镜子说，或自行录音，再收听录音，查找问题。

（3）根据交流评价标准查找问题，不断改进。

2.对照星级评价标准，自我评价。

（二）培养良好的交际品质

1.了解认真倾听的表现。

2.进行一个倾听测试练习。

3.培养其他交际品质。

（1）在与同学交流时，不但要认真倾听，还要积极回应，尊重和理解别人的观点，要有

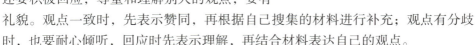

礼貌。观点一致时，先表示赞同，再根据自己搜集的材料进行补充；观点有分歧时，也要耐心倾听，回应时先表示理解，再结合材料表达自己的观点。

（2）回应时态度要真诚、语气要平和，不要把自己的观点强加于别人。

（3）尊重别人、积极回应不仅体现在语言上，还应体现在神态和动作上。

【设计意图】让学生了解提高口语交际能力的方法，不断提高自己，同时拥有良好的交际品质。

四、口语交际拓展练习

口语练习：以"感恩父母"为话题，进行口语练习。

总结谈话：鼓励学生多表达、自信表达。

【设计意图】鼓励学生在日常生活中勇于并乐于参与口语交际、自信表达。

《六年级上册一、二单元复习》教学设计

▌语文部　六年级　徐艳丽

教学目标

1. 品读课文，了解过年的风俗习惯，理解习俗中蕴含的民族文化。

2. 揣摩文章的表达顺序，体会详写、略写的好处。

3. 交流自己搜集到的民风民俗，借鉴本课的写作方法，学习抓住特点介绍民俗的方法。

教学重点、难点

交流自己搜集到的民风民俗，运用详写、略写的写作方法，学习抓住特点介绍民风民俗的方法。

教学过程

一、课前导入

欣赏作家丰子恺笔下的春节漫画作品，引出课题。

二、字字珠玑

（一）初读课文，了解主要内容

读一读这篇文章，想一想文中介绍了哪些风俗习惯，如果遇到不熟悉的字词，可以查一查字典。

（二）理解题目的含义

1. 回顾题目的作用。

题目可以帮助我们了解文章的主要内容、行文线索，清楚写作对象、写作顺序，领悟作者表达的情感等。

2. 了解"年"字的含义。

（1）"年"的神话传说。

（2）《说文解字》中"年"的含义。

【设计意图】通过了解"年"字的字形演变，学生知道了古时人们把谷物的生长周期称为年，人们过年就是庆祝丰收。由字理解题，使学生不仅了解字意，更了解了其中深邃的道理。

三、文海畅游

（一）时间顺序，理清结构

1. 了解过年习俗。

（1）浏览课文，圈画文中表示时间的词语。想一想，过年是从哪一天开始到哪一天结束的。

（2）思考作者围绕过年写了哪些重要的日子和习俗，并进行批注。

2. 梳理文章结构。

（1）列表格的方式。

（2）思维导图的形式。

3. 观看短片，进一步感受行文顺序。

（二）详略得当，分清主次

1. 自学提示：

（1）默读课文，想一想你最喜欢哪个节日的风俗习惯。

（2）重点了解大年三十的习俗及寓意，进行批注。

2. 补充资料，进一步了解年三十的习俗和寓意。

3. 对比阅读，体会年三十详写和大年初一略写的写作方法。

【设计意图】通过大年三十和初一两个日子的对比阅读，体会到大年三十是春节喜庆气氛的高潮，所以要详写。其他的日子大体相似，就没必要一一详写。所以说，文章主要写什么，次要写什么，是根据作者想要重点表达的意思来决定的。

四、妙笔生花

1. 了解自己家乡独特的风俗习惯。

2. 介绍一种风俗。

想一想从几个方面介绍，重点介绍什么。在介绍的时候，可以适当写写自己对这种风俗的实际体验。

3. 写一写参加风俗活动的经历。

想一想怎样把这种风俗的特点或来历自然地穿插在合适的地方。重点要描写活动现场的情况和自身的感受。

【设计意图】学习《过年》的详略写作方法，了解自己家乡的民风民俗，编写提纲进行写作，学以致用。

五、课后拓展

进一步了解作家笔下的各种民风民俗，例如斯妤的《除夕》、老舍的《北京的春节》、梁实秋的《过年》，感受他们的写作风格。

【设计意图】体会不同作家笔下介绍春节的民风民俗，感悟语言风格和写作特点。

《六年级上册三、四单元复习》教学设计

■语文部　六年级　杨　丽

教学目标

1. 通过音、形、义三个角度复习三四单元中易错的字词。

2. 通过积累比拼，引导学生了解诗意、积累诗句。

3. 通过阅读进阶，引导学生体会小说中人物的对话、心理活动、环境描写对塑造人物形象的作用，了解微小说的特点。

教学重点、难点

复习易错易混淆的字词，积累诗句。体会小说中人物的对话、心理活动、环境描写对塑造人物形象的作用，了解微小说的特点。

教学过程

一、导入新课

今天我们继续复习六年级上册三、四单元的内容，打开目录，回忆一下这两个单元的内容。

【设计意图】通过看目录，帮助学生回忆三、四单元学习的内容。

二、字词闯关

（一）追根溯源，认清字形

记清"御"字，通过观察汉字的演变过程，知道"御"字中间部分的组成和来历，记住这个字的写法。

（二）理解字义，辨析读音

1. 辨析"供"字的读音，根据它的注释，准确地读出这个词。

2. 练习：读一读下面的句子，读准字音。

祭祀时，摆放供品的供桌上摆满了供果。

需要者太多，供给不足以适应需求。

这本书很受欢迎，常常供不应求。

总结：一个字在词中的读音一定是源于字词的意思，而不是凭习惯、凭想象。

（三）巧辨字形，灵活应用

1. 区分"燥"和"躁"。这两个字既是同音字又是形近字，特别容易混淆，那

么我们怎么区分它们并正确组词呢？

（区分形近字，我们可以从它们的偏旁部首来入手，很多字的意思大多与它的偏旁部首有关系，借助部首区分这些字，是一个很好的方法。）

2.练习：读下面这段文字，你能不能将正确的字填在括号中。

天气本来就很（　）热，再加上外面街上传来汽车的（　）音，更让我的心情烦（　）不安了，老半天作文也没写出一个字，冲个凉水（　），才舒服一点，重新（　）起笔，争取一气呵成。

总结：根据部首理解意思，可以帮助我们更好地区分形近字，达到事半功倍的效果。

【设计意图】通过不同的方法认清字形、读准字音、了解字义，灵活应用。

三、积累比拼

1.交流学过的描写春天的诗句。

2.复习《春日》，想象一下诗中描绘的画面，思考一下这首诗除了写春景，还抒发了作者什么样的情感呢？

3.交流积累的蕴含了深刻哲理的诗。

【设计意图】通过复习春天的诗句，了解作者是如何通过诗句表达自己情感的。

四、阅读进阶

1.第四单元三篇课文的共同特点就是人物形象鲜明，情节引人入胜，善于制造悬念。

2.复习《在柏林》这一课，浏览课文，交流作者是怎样用从语言、动作、心理，以及情节和环境描写来塑造人物形象，表现战争的罪恶与残酷的？

3.这三篇文章，因为篇幅短小，我们也叫它们微型小说或小小说。结合回顾的内容，说说微型小说在篇幅、立意、情节设置等方面有什么特别之处。（微、新、密、奇）

4.拓展阅读：阅读《烛心》这篇短文。

（1）你们发现这篇小说与《在柏林》有什么相似之处了吗？

（2）这篇小小说构思精巧，作者塑造的主人公是谁呢？又是如何来塑造人物形象的呢？

5.阅读推荐：给大家推荐《鲁滨逊漂流记》《汤姆索亚历险记》《骑鹅旅行记》，在读书过程中可以做做批注、写写读书笔记，也可以和同学、家人一起交流。

【设计意图】复习小说单元，通过《在柏林》一课复习如何通过人物语言、动作、心理，以及情节和环境描写刻画人物的方法，了解微型小说的特点。

《六年级上册五、六单元复习》教学设计

■ 语文部　六年级　吕闽松

教学目标

1. 从音、形、义三个角度复习巩固五、六两个单元中易错的字。

2. 通过积累比拼，引导学生学会运用词语；积累古诗词并在不同语境中正确使用。

3. 通过阅读进阶，引导学生深入理解六单元语文要素"抓住关键句把握文章的观点"，学会运用这种方法，提高自己语言表达的水平。

教学重点、难点

通过阅读进阶，引导学生深入理解六单元语文要素"抓住关键句把握文章的观点"，学会运用这种方法，提高自己语言表达的水平。

教学过程

一、回顾单元内容

今天我们进行五、六单元复习。五单元是习作单元，六单元通过形式多样的四篇课文，要掌握"抓住关键句，把握文章的主要观点"这一阅读方法。

【设计意图】回顾学习的内容。

二、字词闯关

第一关：请你快速说出下列生字的部首：瓦（瓦）、甩（丿/凵）、裹（衣/亠），并写出"裹"的字体演变 。

直接用两个及以上的独体字，根据各自的含义组合成的一个新字属于会意字，部首是"衣"也符合这个字表达的意思。

同类型的会意字还有衷、哀、衰、衮。关注到汉字表意的部分，对于我们辨析形近字、正确运用形近字是个好方法。

第二关：正确运用形近字：崖与涯。

第三关：书写有规则：按照笔顺原则，能正确书写"柜"的笔顺吗？柜字笔顺：横、竖、撇、点、横、横折、横、竖折。

【设计意图】巩固五、六单元中易错的字。

三、积累比拼

在六单元的"日积月累"中，我们了解了五行、五谷、五音、五色。注意五行（xíng）、角（jué）这两个读音。中国古代哲学家用五行理论来说明世界万物的形成及其相互关系。"五行"意味着万事万物运动；意味着万物之宗。

在这两个单元的学习中，我们还积累了古诗。想一想，在生活中如果你遇到了这样壮观的景色，能不能试着用上我们积累的古诗来抒发感情？

唐代诗人_____在《咏柳》中用"_____，_____"来描写柳树的碧绿和飘逸，让人感受到了春天的勃勃生机。

杜甫的《_____》中的诗句"_____，_____"则写出了春雨无声地滋润着万物，表达了作者对春雨的喜爱之情。

《江南春》中的诗句"_____，_____"写出了江南春景的万紫千红、丰富多彩。

【设计意图】积累古诗词并学会在不同语境中正确使用。

四、阅读进阶

第六单元导读中就明确了"抓住关键句，把握文章的主要观点"。

我们要关注两个要点："关键句"和"主要观点"。"关键句"主要是指文中那些能揭示题意、点明主旨、归纳要点、承转前后的语句。"文章的主要观点"是思想感情中的"思想"，也就是要说明作者表达的是什么道理。

按照语文教学来说，通常有以下几种。

关键句在开头：总领全文，引出下文，为下文做铺垫，点明文章中心。

关键句在文章中间：承上启下。

关键句在文章结尾：总结全文，首尾呼应；点明中心，深化主题。

一篇文章的关键句，与它的主要观点并不完全等同，不能简单地把文章的关键句都理解成文章的主要观点。

《只有一个地球》课后第二题"我们要精心地保护地球，保护地球的生态环境"，这样的结论是怎么一步一步得出的？找出文中每段的关键句，再说明只有一个地球的事实。

依据《只有一个地球》课文内容填空。

课文从宇航员在太空遥望地球所看到的景象写起，引出了对地球的介绍，接着从 ＿＿＿＿＿＿＿＿＿、＿＿＿＿＿＿＿＿＿、＿＿＿＿＿＿＿＿＿等方面进行论述，一步步得出"我们要精心地保护地球，保护地球的生态环境"这一结论。

这些关键句，或揭示文章的中心，或抒发作者的情感，或概括文章的内容，或暗示文章的思路，我们抓住这些关键句就可以概括文章的主要内容。

【设计意图】引导学生深入理解六单元语文要素"抓住关键句把握文章的观点"，并通过读写结合，学会运用这种方法，提高自己语言表达的水平。

《六年级上册词、句、段运用复习》教学设计

▌语文部　六年级　魏晓梅

教学目标

1.引导学生回顾全册书中词、句、段部分的内容，体会表达方法。

2.通过补充拓展课外资料，巩固强化词、句、段的理解和运用。

3.能在生活情境中运用语文，提升运用语言文字的能力。

教学重点、难点

回顾全册书中词、句、段部分的内容，体会表达方法。在生活情境中运用语文。

教学过程

一、激趣导入

同学们，这节课我们走进语文园地，看看如何在生活情境中运用语文，提升运用语言文字的能力。

【设计意图】引导学生明确本节课的单元复习目标，激发学习兴趣。

二、字字珠玑

（一）用词丰富

1.复习回顾。

出示二单元"词、句、段运用"中的四个例句，看看这些句子在表达上有什么特点。师生交流，用多种形式替代"说"。

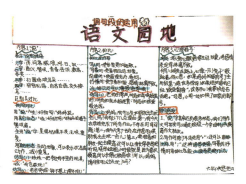

2.补充拓展：其他表示"说"的词语。

3.学以致用：用不同词语表示"说"；学会用人物的行为和神态去"说"。

（二）特殊词语

1.复习回顾：出示七单元"词、句、段运用"中与戏剧有关的词语，读一读。

2.补充拓展：展示其他与戏剧有关的词语，课后查一查含义，试着运用。

【设计意图】通过多种形式的词语复习、运用，让学生的表达更生动。

三、清辞丽句

（一）排比

1.复习回顾：出示一单元"词、句、段运用"中的句子，思考这样写的好处。师生交流，体会排比句的特点和作用。

2.补充拓展：出示四个排比句示例，看看内容有什么不同，从中可见排比句还有什么作用。师生交流，体会用排比句写人、写景、说理、抒情的妙用。

（二）反复

1.复习回顾：出示二单元"词、句、段运用"中的句子，看看又发现了什么。师生交流，体会反复写法的好处。

2.补充拓展：读余光中的《乡愁四韵》，感受反复用语的妙处。

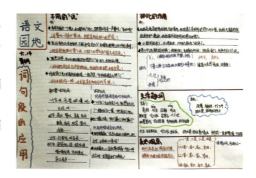

【设计意图】通过排比句和反复用语的复习运用，体会多种表达的妙处，让语言更富有感染力。

四、文海畅游

（一）先总说观点再逐条说明理由的方法

1.复习回顾：出示三单元"词、句、段运用"中的句子，注意加点的部分，思考这样表达的好处。师生交流，体会总分写法和逐条阐述表达的好处。

2.补充拓展：除了书上这种表达以外，你还知道其他的表达方式吗？

3.学以致用，说说这两个话题：竞选中队委员；向妈妈请求，每周三放学后踢一会儿足球。

（二）通过心理描写体会人物内心世界

1.复习回顾：读读四单元"词、句、段运用"中的两段话，体会人物复杂的内心世界，并思考有什么不同。师生交流，从心理活动描写体会人物形象的方法和不同的表达方式。

2.学以致用：尝试着把这些心理感受写具体，如"卷子发下之后……""明天要秋游了……"

【设计意图】通过复习，让学生仿照示例学会逐条阐述理由的方法，并试着描写心理活动。

五、布置作业

课下尝试写一写复习中的句、段练习。

【设计意图】落实本课难点。

《六年级上册交流平台复习》教学设计

■ 语文部　六年级　刘　迎

教学目标

1. 回顾第六单元语文园地中交流平台的内容，复习理解诗词大意、体会诗词之美的阅读方法。

2. 回顾第七单元语文园地中交流平台的内容，复习课堂笔记的基本内容和方法。

3. 回顾第八单元语文园地中交流平台的内容，复习把握文章主要内容的方法。

教学重点、难点

1. 回顾第六、第八单元语文园地中交流平台的内容，复习理解诗词大意、体会诗词之美的阅读方法和把握文章主要内容的方法。

教学过程

一、导入

1. 梳理八个单元的语文园地，发现重要板块"交流平台"。

2. 教师出示八个单元的"交流平台"内容，学生整体回顾。

【设计意图】谈话导入，明确学习目标和内容。

二、聚焦"交流平台"，明确阅读方法

（一）课堂笔记很重要

1. 通过浏览，知道交流平台都在梳理一些阅读方法。

2. 通过第七单元语文园地，回顾课堂笔记的方法和内容：可以记录老师讲的内容；也可以记录产生的疑问，需要继续思考或查找资料的内容；还可以记录听讲过程中产生的想法以及老师的板书；等等。

3. 知道记课堂笔记的好处：有助于集中注意力，专心听讲；有助于理解学习内容；有助于复习和记忆所学知识；有助于积累资料，扩展新知，等等。

（二）多种方法解诗意

1. 通过第六单元交流平台，回顾理解古诗词意思的三种方法：借助注释、通过想象画面、了解传统文化知识，来加深对古诗词意思的理解。

2. 结合《三衢道中》《惠崇春江晚景》《元日》三首古诗进一步体会理解古诗

词意思的方法。

3. 通过《元日》《静夜思》《早发白帝城》了解诗人经历及创作背景，帮助理解古诗词，体会情感意境的方法。

4. 通过《望庐山瀑布》《夜宿山寺》《赠汪伦》三首诗了解修辞方法对理解古诗词意思的作用。

5. 通过《春晓》《村居》两首描写春天的古诗，了解对比同一诗人、同一题材或有同一意象的诗词对理解古诗意思的作用。

6. 小结：除此之外，我们还可以通过查阅《古汉语词典》、结合地域特色等方法更准确地理解古诗词的意思。理解诗意通常是多种方法的综合运用。

7. 通过练习，复习巩固。

柳宗元的《柳州二月榕叶落尽偶题》中，三、四句描绘了怎样的画面？春天本是令人欣喜的季节，是什么使诗人产生了"春半如秋"的感受？

（三）把握文章主要内容的方法

1. 通过第八单元交流平台，回顾三种把握文章主要内容的方法："将各部分内容连起来""关注文章题目""抓关键句（如总起句、总结句、过渡句等）"。

2. 叙事文章概括方法：写事的文章，可以通过厘清事情的起因、经过、结果来把握主要内容。比如，《狼牙山五壮士》一文，起因是七连五班的五位战士掩护群众和连队转移，经过是五位战士将敌人引上狼牙山顶峰，痛击敌人，结果是五位战士英勇跳崖。厘清事情的起因、经过、结果，就把握了文章的主要内容。

3. 小结：把握文章的主要内容，不同的文章有不同的方法，因此，我们要灵活运用。

4. 通过练习，复习巩固。

请同学们阅读《父亲的作品》这篇文章，先想想用什么方法来把握这篇文章的主要内容，再试着说一说。

【设计意图】复习课堂笔记的基本内容和方法；理解诗词大意，体会诗词之美的阅读方法；把握文章主要内容的方法。

三、课后作业

1. 整理课堂笔记。

2. 把课上所学和爸爸妈妈分享。

【设计意图】增强学习实效性，使课堂所学得以巩固和延伸。

《六年级上册口语交际复习》教学设计

▌语文部　六年级　张书娟

教学目标

1. 提升学生的口语交际能力，能观点明确、条理清楚地说明观点。
2. 培养学生良好的口语交际习惯，尊重别人的不同意见，以理服人。
3. 激发学生参与口语交际的兴趣，对感兴趣的话题深入交流。

教学重点、难点

观点明确，选择合适的材料清楚且有条理地说明。耐心倾听、把握对方的观点，尊重对方的不同意见，以理服人。

教学过程

一、创设情境，导入主题

老师引导：同学们，我们一起走进"口语交际"板块的学习。请大家打开书看看目录中一共安排了哪些口语交际内容。

师生交流：四个交际话题各有侧重，既有侧重培养表达能力的独白类话题，也有侧重解决实际问题的功能类话题。

【设计意图】引导学生从整体上了解口语交际内容，明确口语交际目标，激发学生参与口语交际的兴趣。

二、交际指导，提高能力

（一）在表达中，明确观点

老师指导：以"演讲"为例。演讲是一门语言的艺术，要针对具体话题，鲜明、完整地发表自己的见解和主张，表达的观点要鲜明，才具有说服力。

学生交流："读书的快乐"这一演讲题目，围绕快乐可以表达出读书中获得知识的快乐、增长智慧的快乐、明白做人道理的快乐。这样的表达观点明确，主题突出。

（二）在交流中，选择合适的材料来说明观点

老师引导：结合要阐述的观点，搜集相关的资料；结合具体话题，整理出最有代表性的资料；将资料和要表达的观点相结合。

学生交流："聊聊书法"话题中，在聊书法家时，可以出示书法家的画像、作

品图片，再配合介绍人物故事和作品特点。这样丰富的材料可以让交流更加有声有色。

（三）在沟通中，表达要清晰且有条理

老师引导：当你想就某一个话题清晰表达的时候，需要在说话之前厘清所要表达内容的逻辑。

学生交流：可以设计一些参考句式，搭建语言支架。如"我最喜欢的书法作品是……这幅作品有三个特点……我认为练习书法的益处有……我想举出我亲身经历的这件事来说明……"

可以运用"其次""接着""最后"这些连接词，有规则地把你要表达的观点串联起来；或者运用"因为""所以""不仅""而且"这些关联词，把背后的理由清晰地讲述出来。

（四）在倾听中，准确把握别人的观点

老师引导：当我们对同一件事持有不同意见的时候，我们要耐心地倾听别人的意见，从而全面准确地把握对方的观点，不歪曲，不断章取义。

学生交流："意见不同怎么办"这一话题，要注意倾听对方表达的不同观点，有利于我们积极沟通，以积极合作的态度参与到协商中。

（五）在应对中，解决实际问题

以"请你支持我"为例：在交流中，我们要有意识地分析每个交际对象的特点，设想每个人的反应，思考面对不同的对象，应该采取怎样的称呼、态度、语气、行为和表达方式进行交流。

（六）注重交际礼仪和技巧

有礼貌，态度诚恳，是交际的前提。在现实生活中，你的观点或建议，即使不能说服别人并获得支持，也要学会尊重他人，礼貌待人。

【设计意图】在情境交流中，提高学生口语交际的能力，增强交际意识，注重交际礼仪，养成交际好习惯。

三、课后练习，拓展实践

古诗词是中国古典文化的精华，深受同学们的喜爱。请你和家人一起聊聊古诗词，交流时可以结合搜集的资料，让你的讲述更加生动，对感兴趣的话题要深入交流。

【设计意图】激发学生的口语交际兴趣，在实践中提升口语交际能力。

《六年级上册习作复习》教学设计

▌语文部　六年级　温　程

教学目标

1. 通过回顾点面结合的写法，使学生更深层地理解如何进行场面描写。

2. 通过复习倡议书的书写格式及技巧，使学生能得心应手地书写倡议书这种应用文。

3. 通过复习在写人记事作文中怎样围绕中心把人或事写具体，使学生更扎实地掌握写人记事文章的技巧和要领。

教学重点、难点

通过复习在写人记事作文中怎样围绕中心把人或事写具体，使学生更扎实地掌握写人记事文章的技巧和要领。

教学过程

一、激趣导入

今天，我们来上一节习作复习课。内容既包含场面描写中的"点面结合"写法，还有"倡议书"这种非常有实用价值的应用文，当然还有我们的重头戏——写人记事作文的技巧。

【设计意图】明确本节课重点，让学生进入学习状态。

二、复习场面描写

（一）复习回顾

大家先来回忆一下什么是场面描写。出示场面描写定义和"点面结合"定义。

（二）补充拓展

出示"点面结合"例文。

（三）学以致用

如果我们在写场面描写时利用好"点面结合"，就既能写出宏观场面，又能展示微观特写，让读者有身临其境的感觉。

【设计意图】复习场面描写的定义，强调点面结合写法的要领，并以具体例文进行强化理解。

三、复习倡议书

（一）复习回顾

出示倡议书格式。

（二）补充拓展

写倡议书，不但要注意格式的准确，而且要关注倡议书内容方面的顺序和写作技巧。一般要先写清楚存在的问题，再说明产生问题的原因，最后提出解决问题的方法。

出示倡议书的写作顺序和写作技巧。

【设计意图】首先复习倡议书的标准格式，在此基础上强调写作倡议书容易出现的问题，以及写好倡议书的技巧。

四、复习写人记事作文

（一）记事

回顾记事类作文。同学们还记得记事类作文有哪些要求和要点吗？

出示记事作文要求。

在中低年级，大多是写一件事。到了六年级，开始在一篇文章中围绕中心意思选择不同的事例来写，这时候就要记住：除了上面的要求外，还要在布局谋篇的时候分清主次，不要平均"用力"。

（二）写人

1. 复习回顾。

写人的文章也离不开叙事，因为人物的特点很多是在事件中显现出来的。那么写人记事的作文该怎么写才好呢？

2. 补充拓展。

写好写人作文，是有一些具体的方法的。上学期学的课文中，有通过写几件事来凸显一个人特点的。比如《少年闰土》一文中通过雪地捕鸟、看瓜刺猹、海边拾贝、看跳鱼儿这几件事突出表现闰土是一个知识丰富、聪明能干、机智勇敢的少年。

比如《我的伯父鲁迅先生》这篇文章先写伯父逝世后受人爱戴，又回忆了伯父生前的几件事：谈《水浒传》、笑谈"碰壁"、救助车夫、关心女佣，突出伯父是一个有革命乐观主义精神，平易近人，为别人想得多、为自己想得少的人。

教师小结：两篇文章，都是通过几件事来写一个人。人与事分不开，一个人做的事很多，在写作文时，我们先要海量选材，然后精心聚焦，选择那些最能表现人物思想、性格和能表现中心思想的典型事件，然后通过这两三件事，去刻画人物。

【设计意图】分别复习写人和记事习作的要领、技巧，并结合已学课文进行梳理。

"数形启智"课程简介

从题目"数形启智"不难看出，此阶段课程设计的目标是通过数学特有的"数"与"形"的复习与研究，沟通知识之间的内在联系，提升学生的数学学习能力，做到自主发展，学会学习，培养学生的数学核心素养。

结合疫情期间学生居家学习的特殊性，我们每个年级精选11个学习主题，来展开丰富多彩的探究学习。老师们在课程设计的过程中，从学生的实际出发，如何将旧知识以新的样态呈现给学生，让学生通过温故知新而提升学习能力，成为老师们新的思考和挑战。

"数形启智"课程关注具体知识内容的梳理，在梳理过程中让学生通过联系、沟通、延伸，将所学知识由点连成线、由线构成面，再构建知识网络。

"数形启智"课程关注学生学习方法、学习策略的积累和提升。在学习课程的过程中，教师的授课以知识为载体，借助知识的回忆、梳理、重构，更多的是传递给学生学习的能力，让学生学会学习，储备一生发展的能量，让学生学到有生命力的数学。

"数形启智"课程关注学生学习品质、学科素养的培养。数学源于生活，又要服务于生活，但这远远不够。学生通过数学学习，更应该形成良好的思维品质、严谨的数学精神、至高的科学境界。

《"数"与"数"》教学设计

▌ 一年级部　一年级　杨　玥

教学目标

1. 通过复习，使学生进一步理解数的组成及含义，能熟练地数、读、写 20 以内的数，掌握 20 以内数的顺序。理解"一一对应"的方法比较数的大小。

2. 引导学生初步感知利用知识网络图对知识进行归纳整理的方法，培养和发展学生的学习能力。

教学重点、难点

引导学生利用知识网络图进行归纳整理，培养和发展学生的学习能力。

教学过程

一、引入

这个字你们认识吗？（数）没错，这个字既念数（shǔ），还念数（shù）。下面我们就围绕着这个字展开我们的数学之旅。

【设计意图】激发学生的学习兴趣，引入学习主题。

二、新授

（一）数的顺序、数数

估计一下有多少朵美丽的小花。

要知道到底有多少，数一数。数的时候要注意什么呢？

你知道红花、白花、蓝花各有几朵吗？

从左边数，第 5 朵是什么颜色的花？从右边数，第 5 朵又是什么颜色的花呢？

你能根据下面的提示填出这些数吗？

（1）按顺序写数：

___　17　___　14　___

（2）写出这两个数的相邻数：

___　7　___　　　　___　19　___

（二）数的组成

1. 用小棒来表示小花，需要多少根小棒?"18"是由（　）十和（　）个一组成的？

观察这个计数器，从右边数的第一位是什么位，第二位是什么位？

要表示"18"，计数器的十位应该有几颗珠子，个位有几颗珠子？

十位的 1 颗珠子表示几个几？个位的 8 颗珠子表示几个几？

2. 在计数器上任意地拨出两颗珠子，你都可以怎么拨？它们分别表示几？你能写一写吗？

"2"十位上的 0 写不写？

"11"中的这两个 1 表示的意思一样吗？

"20"个位上的 0 写不写呢？"20"里面有（　　）个一？为什么？

3. 完成下面的练习。

1 个十和 4 个一合起来是（　　）。

"12"是由（　　）个十和（　　）个一组成的。

"19"是由（　　）个一和（　　）个十组成的。

（　　）个十和（　　）个一合起来是"17"。

（三）比一比

白花比红花多几朵？蓝花比白花少几朵？（用"一一对应"的方法摆一摆）白花的朵数能分成哪两部分？

蓝花比白花少 2 朵，还可以怎样说？

【设计意图】通过边讲边练，对"20 以内数"所学的内容进行复习，再次讲解学生难理解的知识点。

三、归纳整理

刚才我们复习的内容之间有什么联系吗？有什么好办法能把它们串联起来呢？归纳整理就是一个好的办法。出示老师整理的知识网络图。（边出示边讲解制作过程）

【设计意图】引导学生利用思维导图，对所学知识进行归纳整理，教给学生学习方法。

四、游戏：猜数

线索一：这个数比 4 大，比 20 小。

线索二：它是一个单数。

线索三：它是一个两位数。

线索四：把它们按从大到小的顺序排列，这个数排第四。

【设计意图】通过游戏进一步激发学生学习数学的兴趣。

《等量代换》教学设计

数学部　一年级　徐　虹

教学目标

1. 根据已知信息寻找事物间的等量关系，解决日常生活中的问题。

2. 初步认识等量代换的数学思想，培养学生的推理能力和语言表达能力。

教学重点、难点

找到中间量，运用相等的量进行代换。

教学过程

一、创设情境，引出课题

播放动画片《曹冲称象》，看看曹冲称大象的体重时用什么替换了什么？多一块石头或少一块石头行吗？

曹冲称大象时运用了一种重要的数学思想方法——等量代换，用和大象重量相同的石头代替了大象。这节课我们就来学习如何用"等量代换"解决问题。

【设计意图】初步感知只有相等的量才能进行交换的道理。

二、互动探究，获取新知

（一）以物换物的等量代换

例如，1只小狗和3只兔子一样重，1只兔子和3只小鸡一样重，1只小狗和几只小鸡一样重？

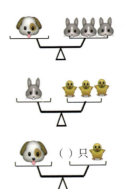

1. 出示任务单，自主探究。

（1）谁和谁有等量关系，应该用谁替代谁？

（2）拿出学具摆一摆，或拿起笔画一画、算一算。

（3）完成后和同学说一说你的想法。

2. 汇报交流，展示分享。

（1）摆一摆：用9只小鸡实物图替代3只兔子，一只小狗和9只小鸡一样重。

（2）算一算：根据"1只兔子和3只小鸡一样重"，用计算的方法3+3+3=9，所以1只小狗和9只小鸡一样重。

3. 小结方法：通过读题，我们知道小狗和小鸡之间没有直接的相等关系，那我们可以借助哪只小动物找到它们之间的关系呢?

　　兔子既和小狗有关系,又和小鸡有关系,所以兔子就像一座小桥,把小狗和小鸡联系了起来。我们一定要先找到哪些量是相等的,再找到哪个量把另外两个量关联起来,相等后才可以替换。

　　(二)数学图形的等量代换

　　1.算式中有一种图形。

　　(1)△ + △ =6　　△ = (　　)

　　在同一道数学题中,相同的符号和字母一般都表示相同的数字。这道题中两个三角形表示的数字是相同的,你能推算出三角形表示几吗?

　　(2)4 − ● − ● =0　　● = (　　)

你能用自己的话讲一讲这道题目的要求吗?圆形表示几呢?你是怎么思考的?

2.算式中有两种图形。

　　(1)☆ + □ =12　　☆ =2　　□ = (　　)

　　正方形等于几?你是怎么想的?

　　(2)▲ + ▲ = 10　　▲ + ★ = 13

　　　　▲ = (　　)　　★ = (　　)

三、巩固练习,运用等量代换

　　(一)△ + △ =8　　　△ − ○ =1　　　☆ + ○ =10

　　　　　△ = (　　)　　○ = (　　)　　☆ = (　　)

　　(二)■ + ● + ● =10

　　　　■ + ● =8

　　　　● = (　　)　　■ = (　　)

1.你能快速地算出圆、正方形等于几吗?独立思考后和同桌说一说你的想法。

2.把两个算式中一样的部分圈起来,整体地来换一换,这样就能很快算出答案。

　　【设计意图】学生自主探究为主,通过摆一摆、画一画、算一算,搭建多元思维交流的平台,有效找到中间量,运用相等的量进行代换。

四、回顾总结,交流提升

遇到等量代换的题目时应该注意:

1.同一种图形表示同一个数。

2.能算先算,能写先写。

3.没有办法算出一种图形时,在长算式中找到和短算式相同的部分,圈出来,整体替换。

《借"图"述"理"》教学设计

▍数学部　一年级　郭雪莹

教学目标

掌握用画图的方法解决排队类型数学问题。

教学重点、难点

将题目中的已知条件转化成符号语言，并根据数量关系准确画出完整的图辅助答题。

教学过程

一、复习引入

看排队图片，填出缺少的序数。

小动物排队，小牛说：从前面数，我排在第几？从后面数，我排在第几？我后面有几个人？

小兔说：我前面有几个人？我后面是谁？

【设计意图】复习巩固一年级上册中学习的基数序数问题，为排队问题做铺垫。

二、第一类典型例题及对比教学

1. 小猪说：从前面数，我排第5，从后面数，我排第3，你知道我们这队一共有多少人吗？

用圆圈表示小动物，先画出一个圆圈表示小猪并且涂上颜色，从前数小猪排在第5，从后数小猪排在第3，补齐缺少的圆圈。在图中用小问号表示出问题，就可以用数一数的方法解决问题。这道题列式计算的关键在于，从前面数和从后面数小猪被计算了两次，应该减掉重复的一次，列式是5+3-1=7（人）。

2. 小男孩说：我前面有9人，后面有5人，一共有多少人？

画好图之后，列式计算：9+5+1=15（人），前面的9个人和后面的5个人里，都没包括小男孩自己，所以在算式里要加1。

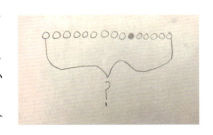

可见，这两道题的算式中，一个减1，一个

加 1。图中的方框圈出来的部分，第一题的两个方框都圈到了自己，所以自己被数了两次，要减去一次，而第二题的两个方框都没有圈到自己，所以在计算一共有多少人的时候，要加上 1。

【设计意图】第一类排队问题为易混淆的"加 1""减 1"类型题，用画图的方式帮助学生厘清思路，更好地区分两种近似题型。

三、第二类典型例题及对比教学

1. 乐乐今天从第 7 页读到了第 13 页，你知道他今天读了几页吗？

用圆圈代表页数画图。先用 13 减去 7，是表示 7 后面的那一页到第 13 页，一共有多少页，但是第 7 页我们也读了，所以还要加上 1，最后完整算式是 13−7+1=7（页）。

2. 在大熊猫馆排队的过程中，小丽排在第 10，小宇排在第 15，那么他们之间有几人？

画出完整的图，用这一队的 15 个人，先减去包括小丽在内的前面 10 个人，再减去小宇，就是 15−10−1=4（人）。

可见，我们在计算第一道题的时候，算上了两边的两个红圆，而第二道题，我们只算了中间的部分，而没有算上两边的红圆。所以要认真研读题目的关键字。

【设计意图】这一类是非常典型的易错题型，学生往往分不清"之间"指的是哪一部分，本节课设计的画图方法帮助学生一目了然，厘清数量关系，降低错误概率。

四、总结提升

思考题：有 12 个人在排队做操，从前面数，小明排在第 5，请问从后面数，小明排在第几？

【设计意图】留下课后思考题，使课上的内容继续延伸，加深学生的理解。

《巧填括号》教学设计

数学部　一年级　常媛媛

教学目标

1. 初步知道加减法的关系，根据数的组成填未知数。

2. 会表达解决问题的过程和结果。

3. 积极参与数学活动，通过游戏培养数感。

教学重点、难点

会利用数的组成填出未知数，学会观察，掌握一定的做题技巧。

教学过程

一、引入

同学们，我们一起用学过的知识来玩填数游戏吧，在游戏中寻找学习数学的快乐。你愿意接受挑战吗？

【设计意图】用游戏吸引学生注意，让学生快速地参与到学习中。

二、创设情境，在活动中思考

（一）基本练习

1. 在表格里填数。

我们来观察这个表格，你是怎样想的？快来填一填。

加数	9		3
加数	3	4	
和		7	13

被减数	9	5	
减数		5	6
差	6		12

在填第二个表格时，有些同学用第二行的减数加上第三行的差，就能够得出被减数。看来，加法和减法之间是有着密切联系的。

2.（　）里填几。

（1）6+（　）=9　　（2）6+（　）< 9　　（3）6+3=（　）+2

第（2）题你是怎么思考的呢？

只要左边算式的和比 9 小就行，刚刚我们计算了 6+3=9，要想计算的结果小于 9，括号里的数小于 3 就行。那么（　）里可以填 0，或 1，或 2。

第（3）题应该怎样做呢？我们来看一个小视频。（播放跷跷板视频）

现在你一定会做了吧，等号两边的算式结果一定要相等，左边 6+3=9，右边 7+2=9，所以括号里填 7。

（二）提高练习

（　　）+（　　）-6=2

这道题你是怎样思考的呢？加减混合两步式题要按照从左到右的顺序来计算，先算出第一步，再用第一步的结果计算第二步，第一步计算的结果是 8，只要我们填写的两个数相加等于 8，就符合这道题的要求。你能按顺序找到所有答案吗？

同学们都喜欢做游戏，填数游戏不但有趣，而且能促使你积极地思考问题，让你的小脑瓜动起来。有时虽有一定难度，但只要你掌握了方法和技巧，填起来就很轻松了。

（三）灵活应用

1. 在圆圈里填数。

在玩这个游戏之前，我们先来看看游戏规则。请你小声读一读，这道题的意思是让我们在圆圈里填数，使每一条线上的三个数相加都等于10。请拿出手中的作业纸，自己试着填一填。

填数，使每条线上的三个数相加都得 10。

你们填对了吗？说说你的想法。

怎么检查我们是否做对了呢？我们把每条线上的三个数加起来，如果等于 10，就是正确的。

2. 在圆圈里填固定的数。

请看游戏规则。看懂了吗？图中有这么多空要填，从哪里入手好呢？拿出笔，在纸上写一写吧。

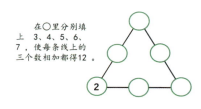

在○里分别填上 3、4、5、6、7，使每条线上的三个数相加都得12。

【设计意图】填未知数对一年级学生有一定难度，因此教学设计从填表格到圆圈中填数，由浅入深，层层递进。

三、总结

同学们，这节课我们做了很多有趣的填数游戏，你填对了吗？有什么收获？数学是一门非常有趣的学科，只要你肯动脑，一定能从中得到很多乐趣。

【设计意图】鼓励学生自己概括总结，锻炼学生的语言表达能力，培养学生自我评价的意识。

《清"理"明"法"》教学设计

▌数学部　一年级　李　宏

教学目标

1.熟练地计算 10 以内的加减法，会计算 10 加几和相应的减法，会表达计算过程和结果。通过 20 以内进位加法的练习进一步掌握计算方法，提高计算能力。

2.初步知道加法和减法的含义，熟练掌握一图四式的写法。

3.通过形式多样的复习充分调动学生的学习积极性，让学生在生动有趣的复习活动中体验、感受数学学习的乐趣。

教学重点、难点

对学生易错易忘易混淆的题型进行比较讲解，增强学生的记忆力。学会观察，掌握一定的做题技巧。

教学过程

一、10 以内的加减法

完整地读题：8 可以分成 3 和几。能写出几道加法和减法算式呢？

3+5=8　　　5+3=8　　　8-3=5　　　8-5=3

这个小小的分解和组成帮我们准确地解决了 4 道口算题。

小结：在计算 10 以内的加减法时，如果能把 10 以内的分解和组成记得清楚准确，就会算得又对又快！

【设计意图】根据 10 以内的分解与组成进行熟练、准确的计算。

二、10 加几和相应的减法

在方格里填上合适的数。

17-7=□　　　10+3=□　　　13+6=□　　　19-4=□　　　15-10=□

小结：在计算中遇到困难时可以借助小棒或计数器，数形结合能更好地掌握知识，多动手、勤动脑有助于深入学习。

【设计意图】借助小棒或计数器，利用数形结合理解算理。

三、20 以内进位加法

刚才我们计算了一些加减法，那么在计算 20 以内的加法时，又会有什么小窍门儿呢？

1.计算 8+6=□，利用凑十法。给 8 凑十需要 2，把 6 分成 2 和 4，8+2=10，10+4=14，所以 8+6=14。

7+9=□怎样计算的呢？

有两种方法，或者给 9 凑十，或者给 7 凑十，就可以知道 9+7=16，所以 7+9=16。

小结：可见，在计算 20 以内的进位加法时，可以用接着数的方法，也可以用画图的方法，还可以用凑十法。利用凑十法计算比较简单。使用凑十法时，我们要尽量拆小数，凑大数，这样可以降低难度，减少错误。

2.从 3、7、10、13 中选 3 个数写出两个加法算式和两个减法算式。

我们知道 10 可以分成 3 和 7，3 和 7 组成 10，所以可以选 3、7、10 这一组数。你自己写一写。

这道题还可以怎样选呢？ 3、10、13 这一组数也是有联系的，选了这 3 个数，你可以列出哪些算式呢？

3.下面让我们到错题"门诊部"去看看吧！

7−2=9　　　9+6=16　　　16−4=2

小结：看来我们在做题时要养成良好的审题习惯，看清楚运算符号和数据之后再进行计算。一定要养成细致认真的好习惯。

4.在（　　）里填上">""<"或"="。

7+6（　　）8+6　　　6+9（　　）4+7　　　5+6（　　）6+5

小结：通过上面的练习让我们明白，做题时要先仔细观察题目，做到心中有数，才能动笔。

【设计意图】深入理解破十法。一图四式，学会观察，掌握一定的做题技巧。

《乘法知识巧运用》教学设计

▌数学部　二年级　魏颖琳

教学目标

1. 让学生经历运用乘法知识解决实际问题的过程。
2. 巩固学习方法，提高学生处理各种问题的能力。
3. 感受数学与生活的联系。

教学重点、难点

运用乘法知识，灵活解决实际问题。巧用数学方法，理解数学思想。

教学过程

一、抓住基础，落实方法

出示《乘法口诀表》，再次熟悉口诀表的排列顺序，横、竖以及拐弯看，牢记规律，解决基础题型。如：

1. 将口诀填完整。

三（ ）十五　　（ ）九二十七　　（ ）六二十四

（ ）四十二　　七（ ）五十六　　五（ ）四十五

打乱乘法口诀顺序，出示任何一句，都能将口诀补充完整。

2. 填空。

$7 \times \square = 42$　　　$\square \times 2 = 18$　　　$2 \times \square = 12$

$\square \times 9 = 63$　　　$4 \times \square = 20$　　　$\square \times 8 = 24$

汉字与数字转换，数学中的数与符号，如：

3. □里最大能填几？

$\square \times 4 < 30$　　　$9 \times \square < 41$　　　$7 \times \square < 36$

$8 \times \square < 48$　　　$\square \times 5 < 17$　　　$6 \times \square < 50$

【设计意图】三个练习，都是乘法口诀最基本的运用，旨在检查学生对基础知识掌握的程度。

二、触类旁通，学会迁移

简单体会加、减、乘、除之间的关系。

1. 请你用3、5、8三个数写出两道加法算式和两道减法算式，并说说它们之间的关系。

　　3+5=8　　　5+3=8　　　8-3=5　　　8-5=3

　　加法算式的和就是减法算式的被减数，加法算式的两个加数分别是减法算式中的减数和差，减法是加法的逆运算。

　　2. 请把 3+3+3+3+3=15 和 5+5+5=15 两个算式改写成乘法算式，并说说它们之间的关系。

　　3 × 5=15　　　5 × 3=15

　　相同加数和相同加数的个数分别是乘法算式中的两个乘数，加法中的和是乘法算式中的积。乘法是加法的简便运算。

　　根据关系，大胆尝试，感受除法。一年级学习过"从 20 里依次减 4，最多可以减几个 4"这样的题，其实就是除法的前身。

　　连减列式：

　　20-4-4-4-4-4=0

　　箭头法：

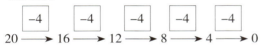

　　3. 已知△ + □ = ○，◇ × ◆ = ☆，下列算式正确的画"√"，错误的画"×"。

　　（1）△ + ○ = □　　（　　）　　　　（2）○ - △ = □　　　（　　）

　　（3）◆ × ◇ = ☆　　（　　）　　　　（4）☆ × ◇ = ◆　　　（　　）

　　【设计意图】世界是物质的，物质是联系的。知识也是这样，通过学习，将知识建立联系，感受知识间微妙的关系，为后续学习打下基础。

　　三、联系生活，体会价值

　　1. 疫情期间，社区要统计一号楼有多少住户。一号楼有 9 层，第一层住着 6 户人家，从第二层到第九层，每层住了 7 户人家，这栋楼房一共住了多少户人家？请你帮社区的叔叔阿姨解决这个问题吧！

　　在解决数学问题时，方法有时不是唯一的，思考的角度不同，解决问题的方法也不同，但是答案都是一样的。

　　2. 我国在疫情期间向意大利捐赠 31 吨医疗物资，要用卡车运往机场，每辆卡车最多只能装 4 吨货物，至少需要几辆卡车才能运完？

　　"最多"是什么意思，"至少"又是什么意思？在解决数学问题时，往往需要孩子们的数学阅读能力，理解关键句、重点词很重要。

　　【设计意图】数学来源于生活，应用于生活，让学生感受到生活中处处都有数学，用知识解决问题，生活更美好。

《画图帮我学数学》教学设计

▌数学部　二年级　赵　民

教学目标

1. 梳理复习"求比一个数多几或少几的数""乘法和加法""多角度思考"三类问题。

2. 体会画图是整理信息、解决问题的一种常用策略，进一步积累经验，提高解决实际问题的能力。

3. 感受画图策略、数形结合思想对于解决问题的价值，获得解决问题的成功体验。

教学重点、难点

使学生掌握用画图策略解决问题的方法，增强解决问题的策略意识。

使学生体会画图策略的价值，并能在解决实际问题中主动运用。

教学过程

一、交流回顾，调整起点

（一）游戏激趣

"我说你猜"：一个大圆，左右两边是半圆。大圆里有两个并排的小圆，小圆下是一个小三角形，三角形下又有一个小长方形。猜猜它是什么？

（二）展示图例，引起回忆

（三）两种表征的比较

（1）盘子里原来有13个草莓，小华吃了4个，盘子里还剩几个草莓？（2）

【设计意图】唤醒经验，做好画图策略的孕伏。

二、自主梳理，引导建构

（一）"求比一个数多几或少几的数"

出示：一班有 12 盆花；二班比一班多 3 盆；三班比一班少 4 盆。

1.画图厘清信息之间的关系。

2.选择两个信息，提出用一步解答的问题。

3.画图厘清信息与问题之间的关系，并列式解答。

4.根据已知信息再次提出数学问题，并列式解答。

思考：如果没有解决前一个问题，能直接解决这个问题吗？

小结：这两个问题之间是有前后联系的，前一个问题的结果是解决后一个问题的条件。

5.知识延伸：如把前面的问题去掉，解答这个问题需要几步呢？这是我们三年级要学习的知识。

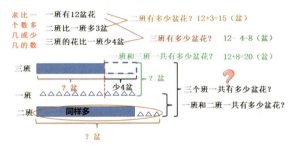

（二）乘法和加法

1.出示题组，列式计算。

（1）有 3 排花，每排 5 盆，一共多少盆？

（2）有 2 排花，一排 3 盆，另一排 5 盆，一共多少盆？

（3）每盆花 5 元，买 3 盆一共多少钱？

2.思考：为什么有的题做乘法？有的题做加法呢？

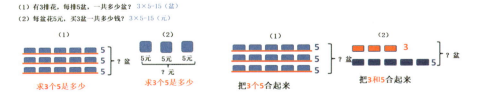

3.三幅图对比，区分乘法和加法。

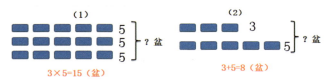

（1）
3×5=15（盆）

（2）
3+5=8（盆）

（3）
3×5=15（元）

（三）多角度思考

1. 出示：老师准备布置花坛。有 17 盆月季花和 13 盆百合花，摆一个右边这样的花坛，这些花够吗？

思考：有几种不同的方法？

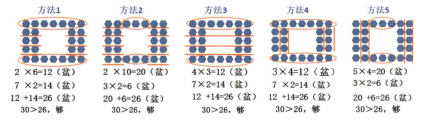

方法1
2 ×6=12（盆）
7 ×2=14（盆）
12 +14=26（盆）
30>26，够

方法2
2 ×10=20（盆）
3×2=6（盆）
20 +6=26（盆）
30>26，够

方法3
4×3=12（盆）
7×2=14（盆）
12 +14=26（盆）
30>26，够

方法4
3×4=12（盆）
7 ×2=14（盆）
12 +14=26（盆）
30>26，够

方法5
5×4=20（盆）
3×2=6（盆）
20 +6=26（盆）
30>26，够

2. 小结：信息相同，问题相同，为什么有多种不同的算法？这些不同的算法中有什么相同的地方？

【设计意图】激发需求，在体验探究中感受、理解画图解决问题的策略。

三、典型错例，画图纠错

1. 一个排球 29 元，一架玩具飞机 37 元，还差 7 元是什么意思呢？小明有多少钱？ 29+37+7=73（元）

29元 + 37元
7元
?元
29+37—7 = 59（元）

2. 一个水壶 42 元，比一个闹钟贵 28 元，一个闹钟（70）元。

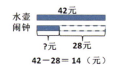

水壶
闹钟
42元
?元　28元
42—28 = 14（元）

3. 体育室里有 40 个篮球，二年级有 5 个班，每个班借走 6 个篮球，体育室里少了多少个篮球？ 40–5×6=10（个）

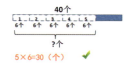

40个
1班 2班 3班 4班 5班
6个 6个 6个 6个 6个
?个
5×6=30（个） ✔

4. 第 1 棵到第 10 棵之间的距离是多少米？

5米
?米
5 ×10 = 50（米） ✗

【设计意图】在错题分析中，进一步感受画图策略的价值。

《加减法巧算》教学设计

▌数学部　二年级　韩晓梅

教学目标

1. 通过小棒图和点子图的动态演示，使学生理解加减法巧算的算理，并会用巧算的方法进行巧算。

2. 通过对三种加减法巧算方法的知识梳理，使学生学会在计算中观察数据的特点，熟悉巧算的方法，运用巧算的方法解决问题。感悟巧算中凑整的数学思想。

3. 在学习知识的过程中，使学生感受数学的灵活性，理解数学的思考方法，培养学生灵活解决问题的能力。

教学重点、难点

在理解算理的基础上学会巧算的方法，对加减法巧算的知识进行梳理。理解减法简便运算的算理。

教学过程

一、课题引入

（一）观察算式：64+28　　　　64-28

在计算中体会十进制，想想十进制的来历。

（二）视频展示

古代人在生活实践中发现用十根手指为一个计数单位比较好算，于是采用了逢十进一的方法。逢十进一的方法是十进制最早的由来。

（三）比较算式：7+8+5　　　2+8+5

哪个算式好算？为什么？

（四）回忆 1~9 这 9 个数的凑十方法

1、9，1、9 好朋友；2、8，2、8 手拉手。

3、7，3、7 真亲密；4、6，4、6 一起走。

（五）凑数游戏

1.43+（　　）=100　　（　　）+19=100　　（　　）+（　　）=100

观察：各个数位上的数有什么特点？

规律：个位相加都等于十,十位相加都等于九。

2. 说说括号中的哪些数可以凑成 100（57　29　34　41　18　62）。

3. 算一算：（　　）+（　　）+（　　）=100

想一想：是不是也有这样的规律呢?

【设计意图】在学生掌握了加减法计算方法的基础上,理解十进制的由来,引导学生根据数据特点,学会用凑整的方法进行巧算。

二、凑整法巧算

1. 43+82+57

=（43+57）+82

=100+82

=182

结合小棒演示帮助学生理解算理。

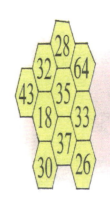

2. 14+66+34　　　　　　　14+66+34

　=（14+66）+34　　　　=（66+34）+14

　=80+34　　　　　　　=100+14

　=114　　　　　　　　=114

比一比：这两种算法哪个更好?

小结：我们要根据数据特点,合理凑整,进行巧算。

3. 火眼金睛：能不能凑整巧算。

58+27+42（　　）　　16+53+29（　　）　　31+35+65（　　）

动脑筋：画一条线,使这条线通过的三个数的和是 100。

【设计意图】在学生理解了凑整法的基础上通过直观演示引导学生应用凑整法进行巧算,使学生学会观察数据特点并根据特点进行巧算,体会巧算的好处。

三、减法的简便运算及加减抵消

1. 45−23−17　　　　　96−74+29−29+74

=45−（23+17）　　　=96+74−74+29−29

=45−40　　　　　　　=96+74−74+29−29

=5　　　　　　　　　=96

2. 练习。

64−23−17　　　　64−14−15−1

【设计意图】在学习了加法巧算的基础上结合点子图的动态演示,使学生理解减法简便运算的算理,并且会运用巧算方法进行巧算。

《奇思妙解话九九》教学设计

▌数学部　二年级　杨　扬

教学目标

1. 通过数学活动，加深对乘法含义的理解，熟记乘法口诀，并能够熟练地使用乘法口诀。

2. 通过整理乘法口诀表，感受到表格整理比较清楚，体会利用规律解决问题的优越性，提高观察能力、语言表达能力以及计算能力。

3. 提高探索的意识，感受探索的乐趣。在获得知识的同时，感受数学与生活的联系，感受我国悠久的数学文化，获得积极的情感体验。

教学重点、难点

熟记乘法口诀，并比较熟练地使用乘法口诀。

教学过程

一、拼图游戏，复习乘法基本计算

1. 谈话导入：

同学们，你玩过拼图吗？请你仔细观察一下这个拼图有什么特点，猜一猜它该怎样拼一拼呢？

2. 观察碎片，猜测游戏规则。将对应的算式和结果拼摆在一起。

3. 自主尝试，完成拼图。

4. 交流讨论：

（1）关于乘法含义：4+4+4+4+4　　5+5+5+5

（2）关于乘法计算：$5×6$、$8×7$、$2×4$、$7×2$、$4×9$、$3×6$

（3）关于乘加、乘减计算：$3×4+2$、$8×9-6$、$2+3×5$、$7+6×3$、$10-2×4$、$7×4+7$、$4×9-4$、$6×8-8$

【设计意图】利用拼图游戏的方式，激发学习兴趣。进一步理解乘法含义，知道几个相同加数相加，可以用乘法计算；复习用口诀计算乘法；加深理解乘加、乘减的运算顺序。

二、结合数学书梳理，形成知识网络

1.刚才在玩拼图时，我们计算了很多乘法算式，那么提到"乘法"，你都能想到什么呢？

2.请同学们打开数学书，翻一翻，看一看，找一找我们都学习了哪些关于乘法的知识。

3.交流讨论，梳理知识网络图。

三、探究口诀表规律、深化乘法理解

1.用自己喜欢的方式，表示出"四七二十八"的含义。

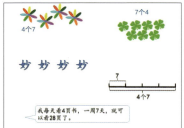

（1）可以画图，也可以用编数学小故事等方式表示这个口诀的含义。

（2）计算：$4 \times 7 =$　　　$7 \times 4 =$　　　$7 \times (\quad) = 28$　　　$4 \times (\quad) = 28$

2.观察、回忆乘法口诀表中的规律。

（1）回忆横、竖的规律，学生交流、小结规律。

（2）创设疑问，探讨拐弯观察：

①$(\quad) \times 7 = 35$　　　一个乘数是7，想7的乘法口诀。

②$(\quad) \times 6 = 54$　　　6的乘法口诀中，结果最大的是三十六，找不到五十四。我们可以拐弯向下看，就能找到了。

③尝试拐弯记口诀。

【设计意图】利用多元表征表示乘法口诀，进一步理解乘法含义。借助规律记忆并使用口诀，重点推荐拐弯记，为除法试商打好基础。

四、圈地游戏，灵活地运用口诀

1.介绍游戏规则。

2.尝试游戏。

【设计意图】游戏中巩固乘法计算，增强趣味性。同时，边玩边思考游戏获胜的策略，提升学生思维力。

五、拓展延伸

我们在记忆乘法口诀时，不仅要能算出结果，还要能根据结果想出它的乘数。今后要学习的除法就需要这样使用乘法口诀。

《奇思妙想七巧板》教学设计

▌数学部 二年级 乔 艳

教学目标

1. 引导学生掌握制作七巧板的一般步骤和方法，初步培养学生的观察能力、动手操作能力和创新能力。

2. 了解各个板块之间的关系，会按要求用不同的七巧板拼组，提高观察能力，积累拼组图形的经验。

教学重点、难点

让学生掌握七巧板的制作原理和方法，培养学生的动手能力、动脑能力和创新能力。

教学过程

一、创设情境，了解历史

1. 设疑导入：我们来看一段视频，视频中出现的是我们的老朋友，它会是谁呢？

2. 播放视频《七巧板图案定格动画》。

3. 回顾已学的七巧板内容，介绍七巧板辅助教学的重要性。

4. 了解七巧板的发展历史：欣赏视频《七巧板的来历》，介绍七巧板在世界上产生的影响。

【设计意图】通过回顾教材中出现的七巧板知识，体会七巧板在教学中所起的重要作用。了解七巧板的发展历史，在欣赏七巧板拼图的过程中，感受古代人的聪明才智，增强民族自豪感。

二、动手实践

（一）自制七巧板

1. 观看视频《自制七巧板》。

2. 学生通过折、画、涂、贴、剪五个步骤制作七巧板。

（二）图形拼组

活动一：数一数，比一比。

数数一共几块，有哪些图形？比比有没有形状、大小相同的？

活动二：想一想，拼一拼。

（1）任选 2 块，拼成认识的图形。

展示一：两个完全相同的三角形拼板。

展示二：不同形状的两个图形拼板。

启发：如在梯形旁再添一块小三角形，会变成什么图形？

（2）任选 3 块，拼成认识的图形。

展示：3 块不同形状的拼板，可以拼成完全相同的图形。

比较：拼 3 块与拼 2 块相比有什么不同？

（3）任意选择拼图（任意选 4 块、5 块、6 块或 7 块拼一拼）。

展示：由 3 个三角形和 1 个平行四边形所拼成的图形不同。

小结：拼法不同，即使选择相同的拼板，也可以拼成不同的图形。

活动三：创意无限。

（1）依图成形，即按照已知的图形来拼摆。

学生活动：请从四幅图中任选一幅，照着拼。

（2）见影排形，需要自己通过观察、尝试找到每一块拼板所在的位置。

学生活动：任选一幅黑影图拼摆。

（3）自创图形，可以自创新玩法、排法。

学生活动：自由创作。

【设计意图】让学生从自制七巧板到拼摆图形、图案，在"做"数学中学习数学。从简单到复杂，放手让学生尝试，积极参与数学交流活动。

三、总结收获

这节课，你有什么收获？

【设计意图】让学生通过回忆整理所学内容，不仅加深了对知识的理解，也发展了学生的学习能力。

《巧数图形寻方法》教学设计

▌数学部　二年级　张　倩

教学目标

1. 通过观察、操作、对比等学习活动，学习有序数图形的方法，进一步加深对平面图形特征的认识。

2. 在对比中，感受数线段、数角等之间的联系，学会方法迁移，发展有序思维。

3. 初步形成有序思考的良好习惯，激发学生学习数学的兴趣，增强学好数学的信心。

教学重点、难点

在数图形的过程中，体验有序数图形的方法，加深对平面图形的认识。感受数线段、数角之间的知识联系，初步学会方法迁移。

教学过程

一、开门见山，揭示课题

同学们，今天我们来学习巧数图形的方法，请你们想想我们学过哪些图形？

预设：线段、角、正方体、长方体……

我们就从最简单的线段开始研究吧。

【设计意图】通过对之前学习的图形的复习，激活学生对已有知识的记忆，同时为后续的学习做准备。

二、探究新知，挖掘规律

（一）数线段的方法

1. 回忆线段的特点。

线段的特征：（1）直的；（2）有两个端点；（3）可以测量出长度。

2. 认识基础线段、组合线段。

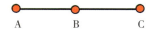

设问：看看这个图形一共有几条线段？

在这样的图形里，我们把相邻两个点之间的线段叫作基本线段。像这样把两条或者两条以上的基本线段组合在一起的，我们叫作组合线段。

3.渗透有序思考的方法。

设问：我们该怎么数出线段的数量？

引导学生有序思考，做到不重不漏，并动手尝试，分享交流。

4.对比中发现规律。

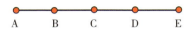

（1）设问：这个图形里有多少条线段？

组织学生独立思考，并全班汇报。

（2）观察对比图，得出规律：

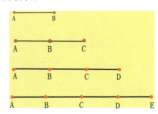

预设1：第一个加数每次都是比点数少1，然后依次往下，加到1为止。

预设2：加数的数量比端点数少1。

5.验证规律。

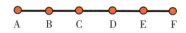

设问：如果是6个点，请快速说出它有几条线段。

小结：在数线段时，从比点数少1的那个数开始一直加到1，最后就可以求出线段数。

（二）数角——方法迁移

1.回忆角的特点。

角是由一个顶点和两条边组成的。

2.初步感知共性。

设问：右图里有几个角？

类比数线段的方法，引导学生先数基本角的个数，再数组合角。

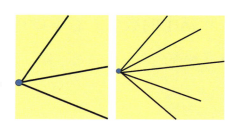

3.挖掘共性。

设问：左图有多少个角呢？

学生动手操作，教师组织交流。

小结：在数角的时候，总是从比边数少1的那个数开始一直加到1为止，就可以得到角的个数。

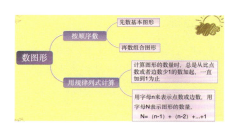

4.方法梳理。

5.课中练。

【设计意图】通过探寻数图形的方法，使学生加深对平面图形特征的认识，同时发展学生的有序思维，在对比数线段和数角中感知图形变了、方法不变，初步体验方法迁移。

三、联系生活，应用规律

1.出示题目。

引导学生理解题意，并思考。

预设1：用数的方法。

预设2：用规律直接列式。

2.课后练习。

【设计意图】结合生活中的实例，让学生感受到生活处处有数学，激发学生学好数学的信心。

四、全课总结，方法提升

老师总结数图形的方法和规律。

【设计意图】通过课堂总结，让学生明确本节课的学习重点与难点，帮助学生完成对知识的构建。

《生活中的数学》教学设计

▌数学部　二年级　梁　英

教学目标

　　1.结合生活实际，综合运用知识、经验，灵活解决实际问题。

　　2.体会数学与生活的密切联系，培养学生的应用意识。

　　3.培养学生审题、思辨、灵活且全面地思考问题的良好习惯。

教学重点、难点

　　灵活运用所学知识解决生活中的实际问题，体会数学与生活的密切联系。

教学过程

一、谈话引入

　　同学们，今天的这堂数形启智课，老师想跟你们分享一个同学的亲身经历，看看她遇到了哪些问题呢，你能帮她解决吗？我们一起看看吧。

二、灵活运用，解决问题

　　问题1：请帮小涵选择去动物园的最佳方案吧。

　　出示路线图。

　　小涵先要到学校带上动物科普小册子，然后再继续到动物园。

　　请问小涵从家到动物园可以有几种走法？

　　【设计意图】将数学知识灵活运用到生活中，将生活问题抽象成数学问题，在解决实际问题中巩固排列组合的数学思想方法。

　　问题2：六条路怎么选呢？我们快来看一看都有哪些信息？哪条路线用的时间最少，至少需要多长时间？

　　【设计意图】创设学生感兴趣

问题1：请问小涵从家到动物园可以有几种走法？

问题2：哪条路线用的时间最少？至少需要多长时间？

15+12=27（分）

答：先乘公交到学校，再乘地铁到动物园用时最少。至少需要27分钟。

的生活实际问题，引起学生的共鸣，同时又渗透简单组合及根据实际情况合理选择方法的数学思想。

问题3：快来帮小涵看看时间吧，7时58分。这种接近整时的时间最容易出错了。你做对了吗？

小涵已经出发8分钟啦，她是几时出发的呢？

问题4：现在小涵离集合时间还有1小时12分，那么几时几分集合呢？你能从右边的表中圈出小涵与小朋友们在动物园门口集合的时间吗？

现在离集合时间还有1小时12分钟

小涵几时集合？

$7时58分+1时12分$
$=8时70分$
$=9时10分$

问题4：从右边的表中圈出小涵与小朋友们在动物园门口集合的时间。

【设计意图】帮助学生梳理知识脉络，回顾数学方法，获得学习经验。

小朋友们到动物园了，快来帮小涵买门票吧！

问题5：小涵给所有的小朋友买票，请问她的钱够吗？

你们看到了哪些信息？成人票的一半是什么意思？23元够吗？

【设计意图】培养学生的观察能力和提取信息、总结信息的能力。

同学们按动物科普手册把动物园转了个遍，科普小册子最后一页有一张《中国特有动物种数统计表》，你们看懂了吗？

问题6：哺乳类和爬行类一共有多少种？鸟类和两栖类一共有多少种？

方法一：竖式笔算。

方法二：凑整法。

方法三：移多补少。

快来帮小涵买门票吧！

一张成人票10元，儿童票价是成人的一半。
小涵还要给另外4个小朋友买票，她一共有23元钱。

问题5：请问她要给所有的小朋友买票，钱够吗？

儿童票每张5元
一共有4+1=5（人）

一共需要$5×5=25$（元）

23元<25元

答：23元不够。

$25-23=2$（元）

快来帮小涵当好动物科普小达人吧！

中国特有动物种数统计表

类群	中国特有种数（种）
哺乳类	110
鸟类	98
爬行类	25
两栖类	30

问题6

1、哺乳类和爬行类一共有多少种？

$110+25=135$（种）

2、鸟类和两栖类一共有多少种？

$98+30=128$（种）

```
    9 8
+   3 0
-------
  1 2 8
```

$98+30$
$=100+28$
$=128$（种）

$98+30$
$=100+30-2$
$=130-2$
$=128$（种）

【设计意图】练习设计有层次性，由浅入深，由易到难，使不同层次的学生都有获得成功的机会，都能体验成功的乐趣。培养数感，为学生新旧知识的迁移做铺垫。

终于逛完动物园了，三个小朋友在门口不同的位置拍照留念。

《时间分配巧安排》教学设计

▌数学部　二年级　杨敬芝

教学目标

1. 体验思维导图的形成过程，进一步准确认读时刻，理解 1 时 =60 分。
2. 经历归纳构建知识网络图的过程，体验数学知识的内在联系。
3. 使学生感受数学与生活的紧密联系，建立时间观念，激发数学学习的兴趣。

教学重点、难点

回顾梳理知识点，构建知识网络，准确认读时刻。

教学过程

一、谈话引入

今天我们一起探讨时间分配巧安排问题。关于时间，你们掌握了哪些知识？如果把这些知识有条理地加以梳理，就会更清晰。

【设计意图】回忆学过的关于时间的知识，让学生有条理地梳理知识点。

二、知识梳理

（一）知识块梳理

1. "认识时间"要从哪几个方面学习？（认识钟面、时间单位、认读时间、记录方法、解决问题）

2. 过渡：每个方面都是一个知识块。那么每个知识块又包含哪些知识点？

（二）知识点、知识块梳理

1. 认识钟面。

（1）你从钟面上知道了什么？有什么特点？（时针、分针、秒针）

（2）时针和分针是怎样转动的？

（3）从钟面上还知道了什么？（12 个数、12 个大格、1 大格 =5 小格、60 个小格）

小结：认识钟面包含指针和刻度两个知识点，指针包含时针、分针、转动方向三个知识结。刻度包含 12 个数、12 个大格、1 大格 =5 小格、60 个小格四个知识结。

2. 时间单位。

（1）时间单位是什么？（分和时）

（2）怎样表示1分？ 1分钟有多长？能做些什么？

（3）分针走到刻度1、3、6、9分别是几分？

（4）分针从12走回到12是几分？

（5）谁的转动表示时？

（6）时与分是什么关系？（1时 =60分）

小结：时间单位包含分、时、关系三个知识点，分别包含1分、一刻、半小时三个知识结。

3. 认读时间。

（1）7时和9时是整时，有什么特点？（动态演示）

（2）出示4：05。这是整时吗？怎样认读？（动态演示）

（3）4：30时针走到哪儿？

（4）4：50钟面上快到几时？快整时认读注意什么？

小结：认读时间知识块包含认读几时、几时几分、几时半、几时差几分四个知识点。

4. 记录方法。

记录方法包含文字记录法和电子表记录法。

5. 解决问题。

利用时间的知识能够解决推算发生时间，以及合理分配、安排时间的问题。

（三）构建知识网络

通过回顾、反思、梳理、记录，形成知识网络图：中心主题—知识块—知识点—知识结，就这样把思考过程一层一层地有序记录下来就形成了数学思维导图。

【设计意图】通过回顾、反思、梳理、记录，分层级展开整理，逐步形成一幅重点突出、思维清晰、图文并茂的知识网络图，使学生充分体验数学思维导图的形成过程。

三、对比辨析

1. 出示10：50，判断11：50对吗？分析错误。

2. 对比钟面9：55和10：05有什么不同。

四、拓展延伸

1. 填一填：3：00过5分（　　） 9：30过20分（　　）

　　　　　　5：15过一刻（　　） 7：30过半小时（　　）

2. 7：55开始画画，9：05画完，10：55去看动画片，画完画去跳舞。推理：可能在哪个时间跳舞？

《数学就在我身边》教学设计

▌数学部　二年级　容　戎

教学目标

1.结合生活实际，综合运用知识、经验，灵活解决实际问题。

2.体会数学与生活的密切联系，培养学生的应用意识。

3.培养学生审题、思辨、灵活且全面地思考问题的良好习惯。

教学重点、难点

灵活运用所学知识解决生活中的实际问题，体会数学与生活的密切联系。

教学过程

今天我们跟随小美、小兵、小新一起去游乐园玩，看看这一天他们都遇到了哪些数学问题？

一、时间

（一）看给出的时针猜集合时间

因为时针正好指向 9 和 10 这个大格的正中间，所以猜集合时间应该是 9 时 30 分。

9时30分 - 40分
= 9时30分 - 30分 - 10分
= 9时 - 10分
= 8时60分 - 10分
= 8时50分

9时30分 - 40分
= 8时90分 - 40分
= 8时50分

8时50分

（二）推算起床时间

路上需要 40 分钟，需要几时出发呢？可以往回拨分针；或者计算 9 时 30 分 -40 分。

7时55分

（三）看给出的分针猜起床时间

因为分针指着 11：00，又因为最晚 8：50 就得出发，我们要做个守信守时的人，8：55 淘汰；而 5：55、6：55 又有点儿太早了……所以是 7：55。

【设计意图】集合、出发、起床都用到了有关"时间"的知识。我们审题时不仅要看，还要思，想一想知道什么，要解决的是什么？

二、搭配

（一）选择服装

1. 2 件上装和 2 件下装，有几种搭配？

2. 如果有 3 件上装，2 件下装呢？ 3 件上衣，8 条裤子呢？

3. 若 3 件上衣不变，有 10 条、15 条、99 条、N 条裤子呢？

（二）合影拍照

1. 三人站在不同的位置合影，能照多少张照片？

2. 若小美坐中间，可以照几张？

3. 小美说：我不坐中间；小兵说：我坐左边……你知道他们的位置了吗？

【设计意图】选衣服、照相都用到了"搭配"的知识。先分辨问题的异同。在衣服、裤子搭配问题上，无论怎样调换位置也都是那一套，不会因为位置的不同而出现新的结果，所以连线就可以了。而照相时，他们之间交换位置，就会出现新的照片，即新的结果，再连线就不好表示了，所以最好一一列举出来。

三、运算

（一）买门票

票价 8 元 / 人；儿童半价；团体 10 人及以上 5 元 / 人 。

1. 6 位大人 3 个儿童，需要多少钱？怎样买票更划算呢？

2. 团体票就一定便宜吗？若是 6 个儿童和 3 位大人呢？

3. 小结：我们在解决问题时，要学会全面思考问题，具体问题要具体分析。

（二）游乐项目

飞机：18 元 / 人；碰碰车：16 元 / 人；太空船：25 元 / 人；旋转木马：15 元 / 人；小火车：2（ ）元 / 人。

1. 带 30 元能玩儿两个不同项目吗？

因为 15+16 ＞ 30，两个最少的价钱之和都已经超过了 30 元，所以不能。

2. 带 50 元能任意玩两个不同项目吗？

从钱数最多的两项考虑。若 25 + 2（ ）≤ 50，则可以任意玩儿两个不同项目。

3. 带 50 元想玩三个不同的项目可以吗？

从钱数少的项目考虑 18+16+15=49（元）剩 1 元。

（三）课后思考

空中飞人：25 元 / 次；摩天轮：18 元 / 次；海盗船 2（ ）元 / 次 。

1. 带 50 元够玩这三个项目吗？

2. 50 元能任意玩其中两个不同项目吗？

【设计意图】解题时不仅仅注重学生的计算结果，还要进一步询问学生是怎样想的，有时我们不需要把所有的都计算出来，寻求省时省力、合理简洁的途径来解决问题，培养学生的择优意识。

四、总结

在解决实际问题时我们不仅要运用学过的数学知识，还要学会认真、灵活，考虑全面。

《以形助数巧计算》教学设计

▌数学部　二年级　鲁　静

教学目标

1. 通过梳理百以内加减法计算，深化算理，巩固算法，提高计算的正确率。

2. 借助点子图理解运算关系，培养学生的观察能力，渗透数形结合思想。

3. 培养学生良好的学习习惯，发展数学思维能力。

教学重点、难点

复习百以内加减法笔算算理、算法。疏通 100 以内加减法的关系，构建完整的知识体系。

教学过程

一、梳理巩固

（一）谈话导入，分类计算

"温故而知新，可以为师矣。"意思是说：温习学过的知识进而能从中获得新的理解与体会，凭借这一点就可以成为老师了。让我们一起来回顾整理吧！

将以下 6 道算式分类，再计算出结果。

$$35+37=\qquad 54+38=\qquad 64-42=$$
$$3+44=\qquad 53-36=\qquad 85-58=$$

（二）多元表征，巩固加法算理

1. 出示 3+44，想一想，3 要和 44 中的哪个 4 相加？为什么？

2. 结合小棒图来说一说 35+37 计算的道理。

3. 请同学来讲解一下 54+38 的计算方法。

（三）数形结合，深化减法算理

1. 圆片图巩固减法算理。

提问：这些看着长得相同的小圆片，表示的意思一样吗？（不一样）

2. 小棒图巩固退位减法算理。

3. 和家长说一说 85-58 的算法。

（四）复习巩固加减混合运算

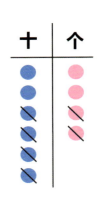

1. 出示：① 45+29+16=　　② 45+29-16=　　③ 45-29-16=　　④ 45-29+16=
仔细观察，找到这 4 道算式的相同点和不同点。

2. 不计算，很快地判断出 4 个算式结果的大小。
学生讨论后发现②和④不太容易比较大小。

3. 借助点子图比较 45+29-16 和 45-29+16 的大小。

4. 学生计算出结果，验证推理。

5. 比较 45-（29+16）和以上 4 个算式的大小。

6. 借助点子图感受 45-29-16 和 45-（29+16）的关系。

（五）比较归纳，沟通联系

对比笔算加减法时，有什么相同和不同？引导归纳笔算加减法方法，结合学生回答，将 100 以内加减法的内容整理成思维导图。

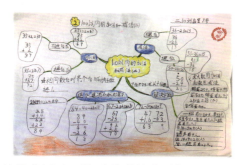

【设计意图】通过给算式分类，利用多种表征方式，梳理笔算加减法的计算方法，巩固算理。通过比较，疏通笔算加减法之间的联系。通过对加减混合算式的排序活动，渗透数形结合思想。

二、对比辨析

（一）请你来当小老师，判断以下计算对与错

$19+57 = 66$　　　　　　$87-49 = 42$

```
   1 9              8 7
 + 5 7            - 4 9
 ------           ------
   6 6              4 2
```

$24+18+13=37$　　　　　　$24+18+13=$

```
   2 4      2 4           2 4
 + 1 8    + 1 3         + 1 8
 ------   ------        ------
   4 2      3 7           4 2
                          1 3
                        ------
                          5 5
```

（二）回顾检查方法

检查"四回头"

抄完横式一回头，检查数字和符号；

列完竖式二回头，检查进退位符号；

计算完毕三回头，检查横式写得数；

报告得数四回头，验算结果对与否。

【设计意图】通过错例辨析，查漏补缺，帮助学生弥补知识缺漏。借助错例分析，培养学生良好的学习习惯。

三、拓展延伸

（一）用简便方法计算

27+34+23　　　　70–12–18

（二）小挑战

185+26 =

【设计意图】通过一些简单的巧算方法，我们对所学的知识有了更深的理解和感悟，让计算更快速，使各层次的学生都能得到切实有效的发展。

四、全课小结

感兴趣的同学可以在课下探究这样的巧算题，把收获和大家交流一下。

【设计意图】通过分享交流、探究活动，培养学生的学习积极性。

《藏在圆圈中的秘密》教学设计

■ 数学部　三年级　肖　畅

教学目标

1. 理解集合的意义，会借助维恩图解决简单的实际问题。

2. 在解决问题过程中，提高操作能力及思考和推理的能力。

3. 培养乐于观察、善于思考的学习习惯，提高学习数学的兴趣。

教学重点、难点

借助维恩图，利用集合思想方法来解决简单的实际问题。

教学过程

一、课题引入

（一）脑筋急转弯

提问：两对父子一同去看电影，却买了 3 张票，为什么呢？

预设：因为这两对父子是祖孙三人。

师：有了图中的神奇圆圈，我们能够清晰地理解两对父子的关系，这个圆圈就是我们学习过的"集合"内容。

（二）集合的定义

师：在数学中，我们经常用平面上封闭曲线的内部代表集合，这种图被称为维恩图。利用维恩图，能够很好地解决重叠问题。你们还记得应该怎样做吗？

【设计意图】趣味引入，学生在描述事物关系时体会到使用集合的优势，激发学习兴趣。

二、用维恩图解决问题

（一）出示题目

为抗击疫情，武汉市多名快递员自发为医护工作者运送餐食和物资。快递公司要对这些员工进行表彰，根据右侧的人名单，你知道有几人该获得奖章吗？

	1	2	3	4	5	6	7	8	9
运送物资	陈明	张旭	王鹏	李丽	苏军	刘东	张伟	赵霞	卢强
运送餐食	李平	刘红	苏军	马涛	王鹏	陶伟	陈明		

（二）解决重叠问题的基本方法

运送物资（9人）　　运送餐食（7人）

预设 1：9+7=16（人）

预设 2：9+7−3=13（人）

师：到底哪个列式正确呢？让我们借助维恩图来判断。

师：在神奇的集合圈的帮助下，我们发现有 3 名员工既参加了物资运送又参加了餐食运送，被重复加了 2 次，应减去 1 次，所以预设 2 的列式正确。

小结：看来，在解决重叠问题时，"不重复计数"是正确解题的关键。

（三）解决重叠问题的多种列式方法

师：下面是一些同学列出的算式，为什么可以这样列式呢？

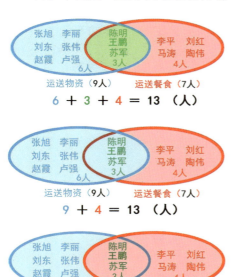

运送物资（9人）　　运送餐食（7人）

6 + 3 + 4 = 13（人）

运送物资（9人）　　运送餐食（7人）

9 + 4 = 13（人）

运送物资（9人）　　运送餐食（7人）

6 + 7 = 13（人）

出示：6+3+4 = 13（人）

预设：6 表示只运送物资的 6 人，3 表示既运送物资又运送餐食的 3 人，4 表示只运送餐食的 4 人，把三部分人数合起来就是参与服务的总人数。

出示：9+4 = 13（人）

预设：9 表示所有运送物资的人，4 表示只运送餐食的人，把这两部分合起来就是总人数。

出示：6+7 = 13（人）

预设：6 表示只运送物资的人，7 表示所有运送餐食的人，把这两部分合起来就是总人数。

【设计意图】通过一题多解的形式，使学生加深对与交、并有关的计算体会，学会灵活使用数据解决问题的方法。

三、两个集合的多种位置关系

（一）写数游戏

出示：请你从 0~9 这 10 个数字中，任选 4 个不同的数字，写出来。

预设：（0、2、4、6）（1、3、5、6）（1、3、7、9）……

答案：1、3、7、9。

（二）集合体会位置关系

提问：如果将老师与同学们写出的答案分别用一个集合来表示，你能画出正确的维恩图吗?

预设:

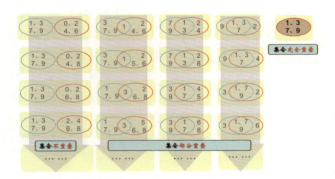

小结: 两个集合的位置关系可以有不重叠、部分重叠、完全重叠三种情况。

追问: 想一想还有其他的情况吗?

预设: 两个集合还可以是包含关系, 比如正方形与长方形的关系就是这样。

【设计意图】通过实践操作, 感受集合的多种位置关系。

四、集合知识梳理

师: 常言道: 温故而知新。我们学习了这么多圆圈中的秘密, 就要及时进行梳理和总结。请你尝试设计一个思维导图吧!

【设计意图】帮助学生对知识进行全面和系统的梳理, 使学生进一步将知识内化, 加深理解。

《探规律 解奥秘》教学设计

▊数学部 三年级 万银佳

教学目标

1.通过观察、猜测、推理等活动，使学生发现数学中和生活中的规律。

2.培养学生的观察能力、逻辑推理能力和动手操作能力。

3.使学生知道事物排列的规律中隐含着数学知识，让学生在数学活动中体会数学的价值，增强学习数学的兴趣。

教学重点、难点

学生学会探索规律的方法——多角度观察。

教学过程

一、复习重复排列的规律

师：同学们发现了哪些有规律的地方吗？

路边的路灯按照绿、红、黄、蓝的顺序，一组一组地重复出现，有规律地排列着。这是我们一年级时学习过的重复排列的规律。

【设计意图】通过找路灯的排列规律，复习一年级时学习的找规律知识。

二、探索循环排列的规律

（一）开密码锁

师：先观察有几种图形，它们有什么不同？（形状、颜色）

师：密码锁的排列是有规律的，请你们仔细观察它们是怎样排列的。

反馈学生的发现：横着看，循环排列，即第一个图形移到最后，其余图形依次前移的排列方式。斜着看，每斜行都一样。竖着看，缺什么补什么。

（二）铺地板

地板被弄乱，只剩下三列了。

重新铺好地板后，你发现了什么规律？

学生发现：从前往后、从后往前，从上往下、从下往上地循环排列。

如果继续往下铺，第五行、第六行……想象一下会是什么样？

小结：按照循环排列的规律一行行摆下去，又出现了新的重复排列的规律。通过多角度观察，我们探索出了规律。

【设计意图】学生通过不同的角度进行观察后发现循环排列规律。

三、日历中的规律

（一）观察 2020 年 4 月的日历，你发现什么规律了吗

横着观察，发现每相邻的两个数相差 1。竖着观察，发现每相邻的两个数相差 7，竖向的相邻日期相差 1 周即 7 天。斜着观察，从左上角向右下角，每相邻的两个数逐渐多 8；从左下角往右上角，每相邻的两个数逐渐少 6。

（二）认识等差数列

（三）等差数列求和方法：中间数 × 个数

1. 例题：14+15+16=

在日历表中，发现 15 是这个数列的中间数，那 14 和 16 跟这个中间数有什么关系呢？在计算等差数列的和时，发现可以用中间数乘个数来快速求和。

2. 练习：

13+14+15+16+17=

26+20+14+8+2=

981+982+983+984+985+986+987=

【设计意图】学生通过不同角度对日历进行观察并发现日历中的规律，认识等差数列，掌握等差数列求和的方法。

四、算式中的规律

根据发现的规律，你能不计算就说出下面两道算式的积吗？

99 × 1=99　　　　99 × 2=198　　　　99 × 3=297　　　　99 × 4=396　　　　……

99 × 8=　　　　99 × 9=

先观察每个算式的因数和积，找出其中的规律：竖着观察，发现个位数字依次减少 1，百位数字依次加 1。横着观察，发现积的最高位百位都比第二个因数小 1，中间十位都是 9，个位与百位的和都是 9。积的个位上的数字与第 2 个因数的和是 10。

还发现：计算 99 × 3 等于几时，想 9 × 3=27，将 27 的 2 和 7 分开分别写在百位和个位，中间十位插入一个 9，就算出 99 × 3 的积是 297。

在日常生活中，还有许多规律等待我们去探索，只要我们从不同的角度去观察，善于分析、猜想、验证、总结，就能发现规律，找到解决问题的好方法。

【设计意图】让学生运用探索规律的方法——多角度观察，探索出算式中的规律。

《玩中学，做中思》教学设计

▌数学部　三年级　樊　咏

教学目标

1. 熟练掌握长方形、正方形周长的计算方法，并能解决问题。

2. 在轻松和谐的氛围中主动参与，感受数学与生活的密切联系，激发学习数学的兴趣。

教学重点、难点

会运用周长的知识灵活解决问题。

教学过程

一、引入

师："数形启智"课堂中，我们复习了长方形和正方形周长的知识，知道图形中的周长变与不变的情况，这节课我们结合长方形和正方形的周长进一步深入研究。

【设计意图】通过复习会计算周长，知道图形中的周长变与不变的情况，为本节课动手操作做准备。

二、剪一剪

（一）周长不变

师：出示长方形：把这个图形从上面剪掉一块儿，它的周长会有什么变化？（不变）为什么周长没有变化？

师：除了这样剪，长方形的周长不变，还可以怎样剪，它的周长也不变？

师：这个图形到底什么样？用阴影画出来。这个图形的周长在哪儿？

（二）周长变少

师：在长方形的一边剪掉一块儿，它的周长有什么变化？（变少）

少哪儿了呢?

（三）周长变多

师：将长方形剪掉一块儿，有周长不变或周长变少的情况，那么有没有周长变多的情况呢?

师：这样剪周长会变多吗？你知道多哪儿了吗？你们有什么发现?

小结：从一个图形里去掉一块儿以后，它的周长有可能变多，有可能变少，还有可能不变，关键要看去掉的这块儿位置在哪儿。

（四）练习

一个边长为 10 厘米的正方形，如果四角都减去一个边长为 1 厘米的小正方形，它的周长有怎样的变化?

【设计意图】在剪一剪的过程中，通过对图形的平移、转化，明白从一个图形里去掉一块儿以后，它的周长有可能变多、变少或不变，关键要看去掉的这块儿的位置在哪儿。

三、拼一拼

（一）用两个相同的长方形拼

出示：两张长 6 厘米、宽 3 厘米的长方形纸。

师：请你用 2 个长方形拼成一个大长方形或正方形。想想怎样拼周长最长、怎样拼周长最短，并思考为什么这样拼周长最长，而那样拼周长最短。最后计算它们的周长。

小结：要使周长最长，就要对短边；要使周长最短，就要对长边。

（二）用两个相同的梯形拼

师：你会拼两个相同的梯形吗？怎样拼周长最长，怎样拼周长最短？试着计算它们的周长。

小结：要使周长最长，就要对短边；要使周长最短，就要对长边。

（三）用 12 个相同的正方形拼

师：有 12 个边长为 1 厘米的正方形，请按要求拼一拼。

用 12 个正方形拼成一个大长方形，可以怎样拼？试着计算它们的周长。你有什么发现?

小结：边重合得越多，拼成的图形的周长就越短。

（四）练习

把长 3 厘米、宽 2 厘米的长方形一层、两层、三层地摆下去，摆完第二十层，这个图形的周长是多少厘米?

【设计意图】同学们通过动手拼一拼，拼出周长最长和周长最短的图形，发现"要使周长最长，就要对短边；要使周长最短，就要对长边"的规律。

《重关联，巧辨析》教学设计

▌数学部　三年级　王　颖

教学目标

1. 经历整理知识的过程，理解周长的概念，掌握长方形、正方形和四边形的特征。

2. 通过直观操作，在找一找、摆一摆、剪一剪的活动中让学生感受长方形、正方形和四边形之间的联系与区别。

教学重点、难点

在梳理知识的过程中感受知识之间的联系与区别，构建知识网，提高归纳能力。

教学过程

一、谈话引入

师：同学们，我们已经学完了第七单元长方形和正方形，今天就把这个单元的知识整理一下，看看这些知识之间有哪些联系。

【设计意图】明确本节课的复习重点。

二、游戏引领，辨析特征

（一）找一找

从图形中找出四边形。

（二）摆一摆

1. 摆正方形。

预设1：用4根小棒摆出正方形。

预设2：用8根小棒摆出正方形。

预设3：用12根小棒摆出正方形。

师：用的根数不同，为什么都能摆出正方形？

2. 摆长方形。

师：摆一个长方形至少需要几根小棒？

小结：把它们的特征记录在思维导图中。

（三）变一变

1. 出示四边形。

四边形的对边相等，四个角变成直角，变成什么图形？

长方形的四条边变得一样长，会成什么图形？

师：四边形、长方形、正方形之间有着紧密的联系，可以用集合图表示它们之间的关系。

2. 展示集合图。

它们的关系还可以用表格来梳理。

（四）剪一剪

1. 平行四边形转化成长方形。

2. 等腰梯形转化成长方形。

3. 长方形中剪出一个最大的正方形。

4. 等腰直角三角形拼成正方形。

预设 1：用 2 个等腰直角三角形，将它们的斜边重合。

预设 2：用 4 个等腰直角三角形，把 4 个直角对上，用斜边作为正方形的 4 条边。

预设 3：用 8 个等腰直角三角形拼出正方形。

【设计意图】通过找一找、摆一摆、变一变、剪一剪等活动，让学生进一步了解长方形、正方形和四边形的特征，并感受它们之间的联系与区别。

	边	角	关系
四边形	四条直边	四个角	四边形
长方形	对边相等	四个直角	长方形
正方形	四边相等	四个直角	正方形

三、联系实际，感受周长

（一）周长概念

1. 小明妈妈给小明买裤子，妈妈为什么买得这么合适？

2. 蚂蚁走叶子的路径，突出周长是"封闭图形""一周"的长度。

（二）周长计算

1. 周长公式。

2. 抢答游戏：说出长方形、正方形、三角形、四边形、五边形的周长。

3. 方法提升。

师：图形边的条数在变化，不管有几条边，都是把每条边的长度进行累加，就是这个图形的周长。

4. 圆的周长。

预设 1：用一根绳子沿着圆的外围围一圈，然后测量绳子的长度。

预设2：在圆上确定一个点，然后在直尺上饶一圈回到原点，圆走过的轨迹的长度。这种方法叫"化曲为直"。

5. 整理记录。

（三）判断周长

1. 把长方形分成两部分，哪部分长?

2. 把三角形分成两部分，哪部分长?

（四）周长变化

每个小正方形的边长是1厘米，在正方形不同的位置剪掉一部分，周长有变化吗?

【设计意图】复习周长概念和周长计算，并通过变式练习让学生感受周长的变化以及知识间的内在联系。

四、课后小结，感悟提升

数学知识很奇妙，它们之间既有联系又有区别，只要我们认真观察，勤于思考，再难的数学问题也难不倒我们。

【设计意图】回顾所学知识，构建知识网，拓展思维，延续学习。

《当1遇到平均分》教学设计

▌数学部　四年级　牟凤敏

教学目标

1.进一步理解分数和小数的含义，巩固简单分数和小数比较大小与计算的方法。

2.借助米尺模型，感受分数与小数的产生，建立整数、分数、小数三者之间的联系，挖掘数的本质。

3.通过生活实例，感受数来源于生活又服务于生活的数学思想。

教学重点、难点：

挖掘分数和小数的本质，建立整数、分数、小数三者之间的联系。

教学过程

一、激趣导入，引入新课

提问：当1遇到平均分，你的脑海中会想到什么呢？

有8块月饼平均分给4个人，每人分2块。当只有1块月饼要平均分给4个人时，你想到了什么？如果我们把这个月饼平均分成10份，你又能想到什么呢？

【设计意图】让学生感受到当1遇到平均分时，就不能用整数表示了，而要用分数表示。当分数的分母是10时，还可以用小数表示。

二、挖掘本质，建立联系

把米尺平均分成10份，一份是1分米，如果用米做单位，这一份是十分之一米，也就是0.1米。

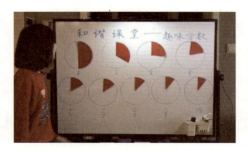

你能在米尺上找到3分米吗？是怎么找到的？

你能在米尺上找到7分米吗？用分数和小数怎么表示？

【设计意图】借助米尺模型挖掘分数和小数的本质，建立整数、分数、小数三者之间的联系。不管是用整数表示还是用分数和小数表示，表示的都是几个"一份"。

三、通过练习，深化本质

1. 看图（右图），比较各数的大小，并说一说你是怎么比较的。

总结：比较相同分母的分数和比较小数的大小，只要看看哪个数里面包含的"一份"多就可以了。

2. 分数和小数的简单计算（右图）。

总结：分数和小数的加减法都是几个"一份"在相加减。

3. 用竖式计算小数的加减法（右图）。

总结：整数的计算方法同样适用于小数，比如满十进一，不够减向前一位退一等。注意小数点要对齐，这样相同数位才能对齐。

【设计意图】通过练习，让学生感受到分数和小数的比较与计算的本质，都是几个"一份"在比较或相加减。

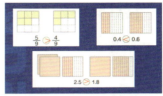
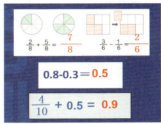

四、变式练习，内化提升

故事：猪八戒分西瓜。

听完故事，学生通过分一分、画一画、比一比，感受到同一个整体被平均分的份数越多，其中的一份反而小，也就是分子相同，分母大的数反而小。

探究整体：当1遇到平均分时可以产生分数和小数，这里的1表示的是一个整体，1个物体可以是一个整体，多个物体也可以看成一个整体。

下面通过生活中的实例感受一下。

1. 把6个苹果看成一个整体，平均分成3份，一份是苹果总数的三分之一，两份是苹果总数的三分之二。

2. 在右侧图里涂上颜色，分别表示出它的五分之三。

不管把几个看成一个整体，只要把这个整体平均分成5份就可以了，一份是这个整体的五分之一，五分之三是3个五分之一，所以涂其中的3份。

【设计意图】通过变式训练，强化对数的本质的理解。

五、拓展习得

在数轴中找一找0.5、十分之九、1.2。

【设计意图】让学生感受到分数和小数都可以表示数轴上的一个点。

《当点遇到线》教学设计

数学部　四年级　范　鹏

教学目标

1. 在已梳理知识的基础上，沟通知识间的联系，选用合适的方法解决问题。

2. 在解决问题的过程中引导学生观察、想象、操作、验证，培养学生的空间概念，提升学生解决问题的能力。

3 通过学习活动使学生感受到知识间的联系，能用变化的观点多角度思考。

教学重点、难点

沟通知识联系，选择合适的方法灵活、准确地解决问题。

教学过程

一、沟通知识联系，谈话引入

出示：

_____

看到这幅图，你会想到哪些知识?

【设计意图】借助图，展开想象，梳理所学过的知识，感受知识之间的联系。

二、当点遇到线，分类计数

（一）数线段

看看下列图，数数一共有多少条线段?

线段 1：

基本线段有 2 条，2 条基本线段组成的有 1 条，一共 2+1=3 条线段。

线段 2：

基本线段有 3 条，一共 3+2+1=6 条线段。

发现规律：一条线段有 N 个端点时，就可以找到 N-1 条基本线段，从基本线段数开始，直到加到 1 为止，就可以得到线段的个数了。

（二）数角

出示图：

先数基本角，以此类推，一共有 5+4+3+2+1=15 个角。

归纳出：有 N 条边，就可以从 N-1 加起，直到加到 1 为止。

（三）数三角形

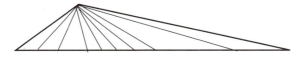

讲解思路：

1. 找到基本三角形，有 9 个，就是 9+8+…+2+1=45（个）。

2. 数三角形和数线段、数角的方法相同。

【设计意图】借助点和线之间的关系，引出数线段、数角、数三角形等数学问题，渗透分类计数的数学思想。

三、当点遇到线——多角度思考

接下来我们继续应用点和线的关系解决问题。

展示：

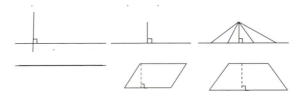

1. 小明用两根 13 厘米和两根 10 厘米的小棒先拼出了一个长方形，接着他把这个长方形拽成一个平行四边形。在这个过程中，什么发生变化，什么没有变化？

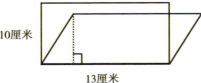

10厘米

13厘米

高变短，面积变小，周长没有变化。

2. 如果变化后的平行四边形的底是 13 厘米，那么它的高可能是多少厘米呢？

因为垂直线段最短，它应该小于斜边的长度，高应该在 0~10 厘米的范围内。

3.还是这个平行四边形，小明却在画这个平行四边形中画出了一条 11 厘米的高，请你想象一下，你觉得可能吗？把你的想法在纸上画出来。

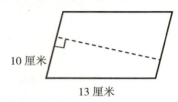

10 厘米

13 厘米

平行四边形有两组相对应的底和高，把 10 厘米作为底的时候，高的范围就在 13~0 之间，可以画长是 11 厘米的高。

4.小明画了一个平行四边形，底是 6 厘米，高是 5 厘米，它的周长可能是（　　）厘米。

要求：请你从中选择一个正确答案：A.20　B.22　C.24

5厘米

6厘米

斜边长度一定大于垂直线段（高）的长度。用排除法，答案是 C。

5.在直角梯形中，上底是 5 厘米，下底是 10 厘米，一条腰长是 13 厘米，高是 12 厘米。你知道这个梯形的周长是多少厘米吗？

通过平移高可以得到，它的周长是 5+10+13+12=40（厘米）。

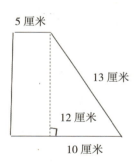

5 厘米

13 厘米

12 厘米

10 厘米

【设计意图】借助点和线的关系，在解决问题时运用知识之间的联系，多角度思考问题。

四、总结提升

借助知识间的关系，通过分类、比较、多角度的思考问题，解决问题。

《合理安排巧优化》教学设计

▋数学部　四年级　滕玉英

教学目标

1. 复习巩固"沏茶问题""烙饼问题"及"田忌赛马"故事中对策论问题的解决方法和关键。

2. 让学生感受并体会优化的数学思想，逐渐养成优化做事的良好习惯。

教学重点、难点

体会合理安排时间的重要性，掌握合理安排时间的方法。

教学过程

一、故事引入

讲"运筹帷幄"的故事。

问：你还记得第八单元有哪些内容吗？

【设计意图】回顾上学期优化策略方面的知识，通过故事引入激发学生思考探究的欲望。

二、回顾整理

（一）沏茶问题

1. 小明早晨是这样安排的：（1）刷牙、洗脸3分钟；（2）淘米2分钟；（3）用电饭锅煮饭18分钟；（4）背英语单词12分钟；（5）吃早饭8分钟。一共用了43分钟。

小明说：妈妈总说我太磨蹭，你们有办法吗？

一个同学：2+18+8=28（分）

另一名同学：3+2+18+8=31（分）

线段图：2+18+8=28（分）

问：哪个同学的安排更合理呢？为什么？

问：解决沏茶问题时，应注意什么？

小结：首先，要思考完成一项工作要做哪些事情；其次，分析做每件事情各需多长时间；再次，考虑好各项事情的先后顺序；最后，还要考虑有些事情可以同时进行，这样就能节省时间，提高做事效率。

2．在吃饭的时候看书，你们觉得怎么样？

小结：看来，同学们在合理安排时间时，还要注意讲究科学、合理的生活方式。

【设计意图】学生带着问题设计方案，再通过展示、比较，找出最优化方案。对他们进行了科学运用时间的教育。

（二）烙饼问题

平底锅比较小，每次最多只能煎两个鸡蛋，两面都要煎，每面 2 分钟。要煎5 个鸡蛋，怎样才能尽快煎好？

师：回忆煎 2 个、3 个、4 个、5 个鸡蛋的方法。

问：如果煎更多的鸡蛋，你会有什么发现？

小结：当一只平底锅中每次最多能煎 2 个鸡蛋时，煎蛋所需要的最短时间 = 鸡蛋个数 × 煎每面所需时间（注意：煎一个蛋除外）。

问：根据这个规律，煎 10 个、20 个、100 个鸡蛋至少需要多长时间呢？

小结：在解决煎鸡蛋的问题时，可借助图画、表格等多种方法进行思考，发现其中的规律。

【设计意图】对所学知识进行了巩固，使学生找到最优方法，体会优化思想在解决实际问题中的应用，为后面的学习打下基础。

（三）田忌赛马

小明和爸爸玩扑克牌比大小的游戏。每人每次出一张牌，各出 3 次，赢两次者胜。

问：小明有可能获胜吗？

解决田忌赛马问题应注意什么？

小结：首先，优势一方先提出方案，劣势一方利用自己的劣势资源，来消耗对方的优势资源，使自己利多弊少，形成最优策略，从而在整体上由劣势变为优势，取得最终胜利。

【设计意图】学生要灵活运用已有知识解决问题。让学生在活动中体验、感悟，在感悟中升华。

三、拓展习得

1. 要用 18 米长的篱笆给小羊围羊圈，羊圈是长方形的，当长和宽各是多少时，羊圈的面积最大？

2. 围成面积是 16 平方米的长方形或正方形羊圈，怎样围所用篱笆的长度最短？

3. 看视频，用刚才的天平秤，至少称几次就能保证找出次品？

【设计意图】综合、灵活运用所学方法解决问题。

《巧用小妙招》教学设计

▌数学部　四年级　赵彦静

教学目标

1. 学生能够正确、灵活地应用积、商的变化规律进行简便计算，巩固对变化规律的理解，提高应用规律计算的能力，增强应用意识。

2. 在计算过程中，学生体会运算方法的多样性，感受应用规律可以使一些计算变得简便。

3. 渗透转化的数学思想，提升学生的计算能力，培养学生的数感和综合素养。

教学重点、难点

学生能够正确、灵活地应用积、商的变化规律进行简便计算，体会运算方法的多样性。

教学过程

一、回顾梳理，建构网络

师：同学们，大家好！还记得四年级上册我们学习的第四和第六单元的内容吗？是的，就是三位数乘两位数和除数是两位数除法。我们一起回顾梳理一下。

【设计意图】与学生一起回顾梳理三位数乘两位数和除数是两位数除法的内容。

二、夯实基础，提升运算力

师：运用我们掌握的知识完成下面的练习，看看你有没有新的收获。

（一）口算引入，回顾规律

1. 口算：40×8=　　420÷6=　　5×16=　　23×4=　　630÷3=　　560÷40=

师：你们算得好快！可以任选两道题说一说计算过程。

2. 比较大小：

13×9 ○ 13×90　　　　48×400 ○ 40×480　　　600×53 ○ 350×60

240÷90 ○ 480÷90　　326÷32 ○ 326÷23　　910÷7 ○ 9100÷70

师：你们是怎样比较的？我们一起回忆积、商变化规律的具体内容。

【设计意图】初步应用积、商的变化规律，解决简单的口算和比较大小问题。

（二）简便计算

1. 出示：23×32　　39×15　　22×34

提问：先估一估这三道题的答案，你有什么发现？

先自己独立思考，可以和伙伴交流想法，然后大家汇报交流。

预设：三个算式都可以估成600。

39×15≈600，实际乘积比600少1个15，即15。用600−15=585。

23×32≈600，实际乘积是30个23加上2个23，即690+46=736；或20个32加上3个32，即640+96=736。

22×34≈600，实际乘积是30个22加上4个22，即660+88=748，或20个34加上2个34，即680+68=748。

如果你还有不同的方法能得到结果，可以和朋友分享。

师：我们得到的结果正确吗？有什么好办法可以验证？如果不笔算，你能得到这三个算式的准确结果吗？

39×15=117×5=585　　23×32=92×8=736　　22×34=11×68=748

师：你们太厉害啦！这样计算的依据是什么？

2. 出示：630÷42　　405÷45　　320÷64

提问：仔细观察，不笔算，你能判断出这三个除法算式中哪个商最小？

请你们独立思考并解决，然后汇报交流。

师：630÷42，不用竖式计算能得到结果吗？

预设：630÷（7×6）=630÷7÷6=15，这样做的依据是什么？

（630÷21）÷（42÷21）=30÷2=15，这样做的依据又是什么呢？

3. 脱式计算：810÷（9×5）　　270×（90÷15）

3600÷24÷5　　216÷27×52

师：你有什么新发现？

不是所有计算都可以用积、商的变化规律解决，要根据数的特点，具体问题具体分析，找到恰当的解决方法。

4. 课后练习：420÷35　　245×22　　8000÷125

270÷（6×9）　　1800÷25÷4

【设计意图】进一步应用积、商的变化规律进行简便计算，同时培养学生的估算意识，提升数感。

三、回顾总结

提问：通过本节课的学习，你有哪些收获？

《变与不变在计算中的应用》教学设计

▌数学部　五年级　侯　琳

教学目标

1. 系统整理小数乘除法的计算方法，沟通小数乘除法与整数乘除法之间的联系。

2. 建立数学知识和方法之间的内在联系及完整的知识体系。

3. 灵活运用积、商的变化规律解决有关问题。

教学重点、难点

沟通小数乘除法与整数乘除法之间的关系，形成系统的知识结构。

教学过程

一、梳理、沟通联系

（一）小数乘法和整数乘法的相同点和不同点

1. 计算方法。

出示：$0.12 \times 1.8=$　　　$2600 \times 30=$

怎样算呢？为什么可以这样算呢？

2. 灵活运用积的变化规律求积。

根据 $35 \times 125=4375$，直接写出下面各题的积。

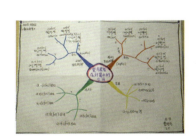

$0.35 \times 125=$　　　$35 \times 250=$　　　$3.5 \times 1.25=$

$350 \times 1250=$　　　$3.5 \times 1250=$　　　$350 \times 12.5=$

3. 梳理积的变化规律。

（二）小数除法和整数除法的相同点和不同点

1. 计算方法。

出示：$0.744 \div 0.24=$　　　$2800 \div 70=$

怎样计算呢？为什么可以这样算呢？

2. 灵活运用商的变化规律求商。

根据 $416 \div 52=8$，直接写出下面各题的商。

$4.16 \div 0.52=$　　　$4160 \div 520=$　　　$4.16 \div 52=$

$832 \div 52=$　　　$416 \div 5.2=$　　　$416 \div 5200=$

3. 梳理积的变化规律。

【设计意图】把小数乘除法和整数乘除法进行对比复习，在比较两者计算方法的联系和区别的基础上，初步体会变与不变在计算中的应用。

二、应用、拓展提升

变与不变在计算中的应用。

1. 计算下面各题，你有什么发现？

$6.8 \div 0.5=$　　　　$4.2 \times 4=$　　　　$2.1 \div 0.2=$　　　　$4.8 \times 0.125=$

$6.8 \times 2=$　　　　$4.2 \div 0.25=$　　　　$2.1 \times 5=$　　　　$4.8 \div 8=$

你们知道这是为什么吗？其背后隐藏着什么规律？我们一起来看看。

2. 小明做了一道题，他做得对吗？你是怎么判断的呢？

$3.78 \times 2.5=0.945$

3. 在下面的○里填上"＞"或"＜"。

$756 \times 0.9 ○ 756$　　　$49.5 \div 1.1 ○ 49.5$　　　$4.25 \times 1.2 ○ 4.25$　　　$1.2 \div 0.8 ○ 1.2$

通过这四道题，我们来梳理这个规律。

乘法里：一个数（0除外）乘大于1的数，积比原数大；一个数（0除外）乘小于1的数，积比原数小。

除法里：一个数（0除外）除以大于1的数，积比原数小；一个数（0除外）除以小于1的数，积比原数大。

4. 已知 $a \times 0.6=b \div 0.6=c$（$a$、$b$、$c$ 都大于零），它们的关系是（　　）＞（　　）＞（　　）。

你有解决问题的方法了吗？

【设计意图】通过复习小数乘除法的计算方法，再次明晰了其背后蕴含的道理，更深入地研究了乘除法中各部分之间"变与不变"的规律。掌握了积、商的变化规律，能帮助我们更准确地计算、更灵活地巧算，提高我们的运算能力。

三、反思、内化延伸

通过今天的学习，让你来做"$0.42 \div 3.5$"这样的题，你会有什么想法呢？你还能想到巧妙的办法吗？有兴趣的同学可以试一试。

【设计意图】积、商的变化规律不仅可以用在整数和小数的计算中，将来我们学习分数计算时，同样适用。只要同学们在今后的学习中敏于观察、善于思考，就能发现数学中更多的奥秘。

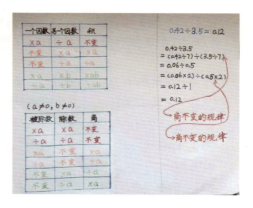

《三角尺的"大作为"》教学设计

▎数学部　四年级　刘　颖

教学目标

1. 在学生了解熟悉了一副三角尺各个内角度数的基础上，会利用三角尺画特殊角。

2. 在学生画角的过程中，经历观察、操作、讨论、交流、归纳、分析和整理的过程，积累基本的数学活动经验，体验画角方法的多样性，发展学生的空间观念。

3. 让学生在数学活动中增强实践能力。

教学重点、难点

让学生理解并掌握三角尺的拼组与重叠所形成的特殊角。会利用角度差画角。

教学过程

一、回忆引新

谈话引入：同学们，一副三角尺的每个内角都是多少度呢？利用三角尺还能画出哪些不同度数的角？

【设计意图】回顾三角尺上角的度数，激发学生思考探究的欲望。

二、探索发现

（一）尝试新法

1. 组合画角（两部分相加）。

教师演示：75° = 30° +45°

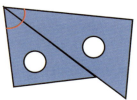

请你也用三角尺拼一拼，看看还能拼出哪些不同的角度？

105° = 60° +45°　　　　120° = 90° +30°

135° = 90° +45°　　　　150° = 90° +60°

2. 多种方法画角（重叠相减）。

问题：150 度角除了这种拼加的方法外，还可以怎样利用三角尺画呢？

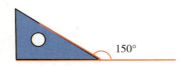

$180° -30° =150°$

3. 对比中总结画法。

问题：两次画 $150°$ 角用的方法有什么不同？

小结：前面是用拼加角的度数画的，后面是借用 180 度角和三角尺的 30 度角做减法画的。

（二）发现规律，利用经验解决新问题

1. 请把刚才我们所画的角，按从小到大的顺序排列。

2. 问题：发现了什么规律？

按照同学们发现的规律，30 度角前面应该是多少度角呢？ 150 度角的后面又是多少度角呢？

3. 问题：利用手中的三角尺怎样才能画出 15 度角呢？请你试一试。

4. 反馈总结：先画 45 度角，在里面画一个 30 度角，$45° -30° =15°$ ；或者先画 60 度角，在里面画一个 45 度角，$60° -45° =15°$ 。

5. 小结：除了可以把三角尺的角度相加，还可以把三角尺的角度相减。

6. 问题：能利用三角尺画出 165 度角吗？

方法一：$120° +45° =60° +60° +45° =165°$ 。

方法二：利用前面画好的 15 度角的一条边反方向延长，就能得到 165 度角，也是用减法得到的。因为根据刚才发现的规律——12 个 15 度拼加起来就是 180 度，所以 180 度减掉一个 15 度就是 165 度。

（三）对比总结

165 度的角既可以用三角尺拼加的方法画出，也可以利用平角与已有角度差来画出。

请同学们观察一下，这次画 165 度角用的减法与刚才我们画 15 度角时用的减法有什么不同？

$15° = 45° - 30°$ $\qquad$ $165° = 180° - 15°$

【设计意图】在拼加画角的基础上，引出整体减部分画角的新方法，再总结过渡利用平角进行画角，不仅在运算上让学生自然地发现了加法和减法，还巧妙地利用平角度数进行减法计算，渗透了邻补角的概念，从"表象"上给学生奠定了基础。

三、巩固延伸

1. 观察图中的三角尺，∠1、∠2、∠3分别是多少度？

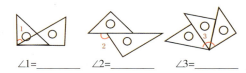

∠1=_____　　　∠2=_____　　　∠3=_____

2. 利用15度角画一个75度角。

方法一：60°+15°=75°　是最基本的拼加方法。

方法二：90°−15°=75°　是利用直角进行减法计算。

【设计意图】综合、灵活地运用所学方法解决问题。

3. 神奇的三角板。

同学们，你们知道吗？三角板在古希腊时就有了。它是由两种基本图形分割而成的。当把正三角形对半分割时，就得到了30度角、60度角、90度角，当把正四边形对半分割时得到了45度角、45度角、90度角，而它们正好就是我们现在所用的一副三角板的形式。

4. 制作有60度角的三角尺。（播放录像）

5. 总结收获。

《触类旁通，取巧凑整》教学设计

▌数学部　五年级　刘　斐

教学目标

1. 通过对运算定律和性质的梳理，使学生能准确运用运算定律和性质并合理、灵活地进行简算，提高计算能力。
2. 使学生积极参与学习活动，对题目进行归类，总结方法、技巧。
3. 培养学生的迁移类推能力、归纳概括能力，以及思维灵活性。

教学重点、难点

灵活运用运算定律和性质解决问题。根据算式特点，灵活准确地进行简算。

教学过程

一、口算引入

$0.25 \times 7=$　　$8.5 \times 7=$　　$0.25 \times 7 \times 4=$　　$8.5 \times 7+8.5 \times 3=$

思考：你喜欢做哪道题？为什么？

【设计意图】使学生进一步体会凑整就是简算的核心。

二、知识梳理

我们研究过哪些运算定律和性质？怎样用含有字母的式子进行表示？

运算定律和性质
- 加法
  - 交换律：$a+b = b+a$
  - 结合律：$(a+b)+c = a+(b+c)$
- 减法　性质：$a-b-c = a-(b+c)$
- 乘法
  - 交换律：$a \times b = b \times a$
  - 结合律：$(a \times b) \times c = a \times (b \times c)$
  - 分配律：$(a+b) \times c = a \times c+b \times c$
- 除法　性质：$a \div b \div c = a \div (b \times c)$

观察运算定律，你有什么发现？

总结：交换律、结合律和性质只有同级运算，只有分配律含有两级运算。掌握特征可以帮助我们正确地选择运算定律、性质进行简算。

【设计意图】通过梳理，进一步明确运算定律和性质的特征，为准确选择运算定律和性质解决问题奠定基础。

三、分类解决问题

你能给这些式子分分类吗？并说明理由。

$2.5 \times 6.37 \times 0.4$ 58×10.1 $1.25 \times 3.2 \times 2.5$ 8.8×12.5 $99 \times 8.7+8.7$

19.8×25 $59.8 \times 0.8 \times 1.25$ $0.48 \times（503-478）$ $101 \times 7.6-7.6$

$1.2 \div 1.25 \div 0.8$ $6.8 \times 1.5+3.2 \times 1.5$ $61.7+25 \times 16$ $（25-2.5）\times 4$

分为两类：一类是可以利用运算定律和性质直接简算的。

$2.5 \times 6.37 \times 0.4$ $59.8 \times 0.8 \times 1.25$ $1.2 \div 1.25 \div 0.8$

$6.8 \times 1.5+3.2 \times 1.5$ $（25-2.5）\times 4$

另一类是不能直接简算的。

58×10.1 $1.25 \times 3.2 \times 2.5$ 8.8×12.5 $99 \times 8.7+8.7$ 19.8×25

$0.48 \times（503-478）$ $101 \times 7.6-7.6$ $61.7+25 \times 16$

不能直接简算的怎么办呢？有以下四种方法。

拆分法：58×10.1、19.8×25、$1.25 \times 3.2 \times 2.5$、$8.8 \times 12.5$ 都可以先将其中一个数拆成和、差或积的形式，再利用运算定律进行简算。

添"1"法：$99 \times 8.7+8.7$ 先将不完整的式子补充完整，就可以考虑用乘法分配律来解决。

部分简算：$61.7+25 \times 16$、25×16 可以简算，其他的按照运算顺序计算。

过程中简算：$0.48 \times（503-478）$先按照运算顺序做，$503-478$的结果是25，将0.48拆分成0.12×4的积，4就能和25凑整。

【设计意图】让学生感受到要根据不同的情况用不同的技巧进行简便运算，提高学生简便运算的灵活性。

四、总结提升

一审：看清运算符号、数据特点，判断是否可以用简便方法计算。

二算：正确运用运算定律或性质进行简便计算。

三查：检查解题方法和结果是否正确。

【设计意图】总结概括方法，进一步明确如何正确进行判断和解决问题。

五、拓展提高

1. $5.2 \times 7.6+0.48 \times 76=?$

2. 从下面数中选择一些数编算式并计算，数可以重复使用；算式能运用乘、除法运算定律或性质进行简算。

0.25 12.5 3.2 7.6 40 18.2 0.8 99 13.2

3. $\frac{1}{3} \times 3.5+3.5 \times \frac{2}{3}$，通过解答这道题你有什么发现？

【设计意图】提高学生简便运算的灵活性，为分数简算学习打下基础。

《从数学角度看公平》教学设计

▌数学部　五年级　朱　文

教学目标

1. 知道对于不确定的事件，可以根据数量的多少，决定可能性的大小，并依据可能性的大小进行简单的判断分析。

2. 能列出简单实验中所有可能性的结果，感受随机现象结果的可能性是有大小的，并能根据可能性的大小，判断游戏规则是否公平，对于不公平的游戏规则进行合理的修改。

教学重点、难点

能准确判断事件发生的可能性的大小，并根据可能性大小进行简单的判断分析。能列出简单实验中所有可能性的结果，感受随机现象结果的可能性是有大小的。

教学过程

一、体验事件发生的确定性和不确定性

确定事件：一定和不可能。不确定事件：可能。

二、游戏中的可能性

（一）摸球游戏——可能性的大小

可能性的大小往往与数量有关，数量多的可能性大，数量少的可能性小。如果数量相等时，可能性的大小就相等。

（二）摸球游戏——随机现象

（三）掷硬币——随机现象的统计规律

每次掷硬币都有正面朝上或反面朝上两种情况，这是随机现象。这种随机现象存在一定的规律性。科学家为此做了几千次，甚至上万次的试验，发现正面或反面出现的频率都接近50%，呈现出一定的规律性，我们称为随机现象的统计规律。

三、可能性运用于生活

（一）用可能性判断"石头、剪刀、布"游戏的公平性

可能性相等，游戏公平。

（二）根据可能性修改游戏规则，使游戏公平

根据和的奇偶性判断游戏是否公平。

（1）1、2、3、4这4张扑克牌，背面朝上。游戏规则，小聪和小明每人每次只摸两张牌，然后放回去，另一个人再摸。两张扑克牌的数字之和为奇数，则小聪胜；两张扑克牌的数字之和为偶数，则小明胜。

和是奇数的可能性是 $\frac{4}{6}$ ，和是偶数的可能性是 $\frac{2}{6}$ ， $\frac{4}{6} > \frac{2}{6}$ ，可能性不相等。显然对于小明来说这个游戏不公平。

（2）修改游戏规则：现在请你尝试修改游戏规则，使游戏公平，你能做到吗？

"和小于5""和为偶数"改为"和大于5"，如果"两张扑克牌数字之和为5"，则重新摸牌。

这样的规则是不是公平呢？我们一起来看看。和小于5的可能性是 $\frac{2}{6}$ ，和大于5的可能性也是 $\frac{2}{6}$ ， $\frac{2}{6} = \frac{2}{6}$ ，可能性相等，游戏公平。

（三）同花顺和顺子的可能性

1. 提出问题：红桃 A、2、3、4 和黑桃 A、2、3、4 共有 8 张扑克牌，抽到数字连续的 3 张为顺子。在打牌规则中有一条：同花顺可以胜顺子，这是为什么呢？

2. 探究：

（1）3张顺子和同花顺的所有情况。

（2）普通顺子和同花的可能性大小。

同花顺摸出的可能性是 $\frac{12}{16}$ ，顺子摸出的可能性是 $\frac{4}{16}$ ， $\frac{4}{16} < \frac{12}{16}$ ，所以同花顺可以胜顺子。

四、总结

通过今天的学习你有什么收获呢？你还有哪些问题？你能用可能性的知识解决生活中的一些问题吗？

《事半功倍的转化》教学设计

▌数学部　五年级　刘爱军

教学目标

　　1.复习学过的平面图形的面积计算公式推导，明确学过的平面图形之间的内在联系，使学生能灵活运用公式解决问题。

　　2.用梯形公式重新发现所学过的图形面积公式之间的新联系，进一步渗透转化的数学思想。

教学重点、难点

　　灵活运用多种方法解决求组合图形面积的问题。

教学过程

一、复习

　　1.这里有一根绳子，你能用它围成我们已经学过的平面图形吗？

　　2.这些图形的面积公式是怎么推导出来的？它们之间又有什么联系？我们一起回顾一下。

　　【设计意图】通过学生对学过的平面图形面积的简单梳理，从长方形入手，回顾其他图形面积公式的推导过程。

二、从梯形入手，推导面积公式

　　我们可不可以从梯形面积入手，推导所有图形的面积计算公式呢？

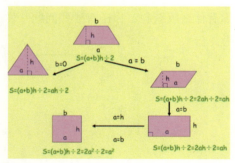

　　小结：我们以梯形的面积公式为基础，勾连出几个图形之间的联系，记住一个公式，就记住了所有学过的平面图形的面积计算公式，从而达到事半功倍的效果。

【**设计意图**】在学生以长方形为基础，推导出其他图形面积公式的基础上，引导学生以梯形为基础推导出其他图形的面积公式。

三、练习

（一）求队旗面积，一题多解

这是什么图形？你能根据给出的数据，算出它的面积吗？

方法一：把图形分割成两个同样的梯形，用公式求。

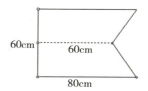

方法二：把图形分割成一个正方形和两个面积相等的小三角形，正方形和三角形面积相加即可。

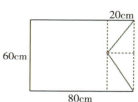

方法三：把它补成一个长方形，再减去多余的三角形。

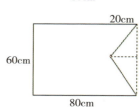

方法四：把下面的小三角形剪下来，和上面的三角形拼成一个长方形。

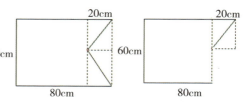

方法五：

方法六：

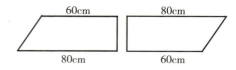

方法七：这是把图形分割后，重新拼摆成基本图形，用公式求出来。

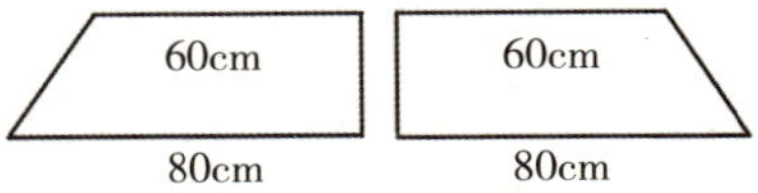

小结：这么多方法，都是把不规则图形转化成规则图形后算面积的。

【设计意图】将所求图形通过割、补、重新拼摆，把不规则图形转化成规则图形后解决问题，渗透转化的数学思想。

（二）求复杂图形面积

1. 图中两个正方形的边长分别是 10cm 和 8cm，求阴影部分的面积。

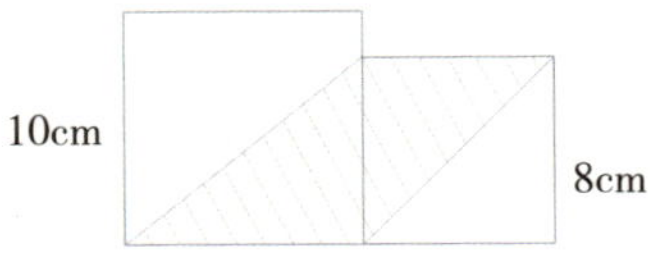

方法一：把阴影部分分割成两个三角形组，用三角形面积公式求和。

方法二：用大梯形的面积减去三角形的面积。

方法三：阴影部分其实就是一个梯形，直接用公式求面积。

2. 还是这两个正方形，阴影部分变一下，面积怎样求？

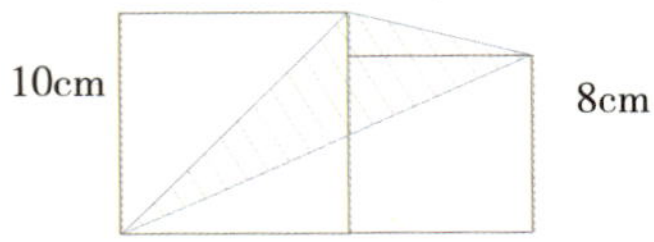

方法一：通过加辅助线，把它分割成三个三角形，把不能求的图形转化成能求的图形。

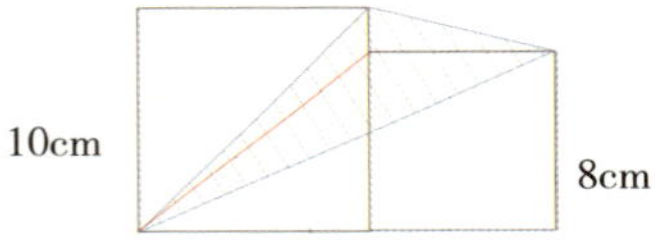

方法二：把这个图形补成一个长方形，用梯形的面积减去这两个三角形的面积，求出阴影部分的面积。

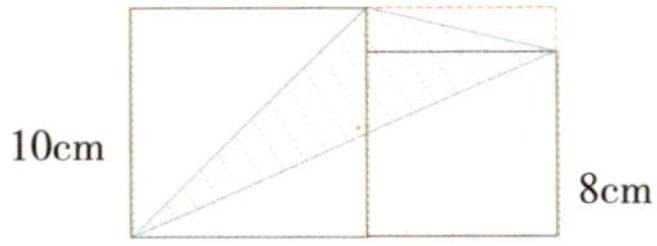

3. 如图，在一个直角三角形 ABC 中，剪下一个正方形 EDFC，已知 AD=3cm，DB=4cm，求阴影部分的面积。

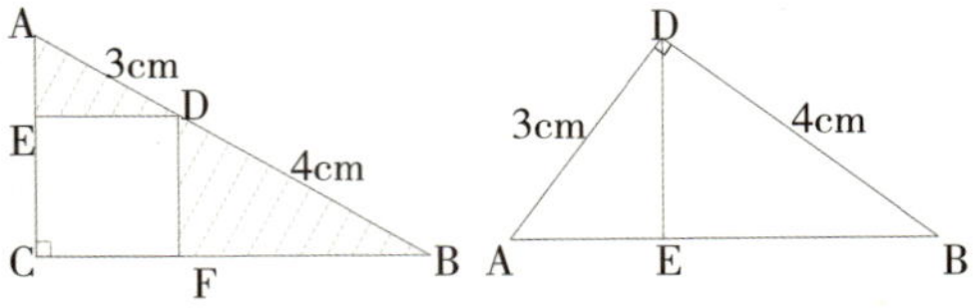

将这个三角形旋转 90°，和上面的三角形拼成了一个新的直角三角形，直接求出阴影面积。

【设计意图】在计算图形面积时，不仅可以利用割补法，还可以通过平移或旋转，把不规则图形转化成规则图形。

四、课堂小结

转化思想是数学学习和研究的一种重要思想方法。灵活巧妙地加以运用，就可以让我们的学习"事半功倍"。

《天平原理中的代数》教学设计

▌数学部　五年级　郭京丽

教学目标

1. 沟通等式与方程的联系，梳理方程的相关概念，掌握解方程的技巧。
2. 学生通过复习解方程的过程，体会化归思想。

教学重点、难点

通过复习使学生熟练解方程的方法和技巧，并能熟练正确地解稍复杂的方程。

教学过程

一、揭示课题

师：代数就是用字母来代替数，表示数。方程是含有字母的等式。

【设计意图】从学生已有的知识出发，使他们体会字母在数学领域里的重要作用，体会字母表示数的简洁美。

二、借助天平强化方程的意义

（出示天平）师：天平是数学领域里重要的实验工具，它可以用来称物体的质量。根据天平原理，我们得到了这些式子，快找一找，哪些是方程，哪些不是方程，为什么？

师：等式与方程的关系，用集合圈怎么表示呢？

小结：根据天平原理，我们总结出了等式性质1和等式性质2。

【设计意图】方程的实质是等式，等式的依据又是天平原理，充分利用天平原理，强化方程意义。

三、解方程的方法与技巧探究

（一）解简易方程

出示：$2.1 \div x = 3$。

师：有的同学是利用等式性质解方程，有的直接移项变号解方程，还有的利用三量关系来解方程。解方程之后，千万不要忘记检验。

（二）稍复杂的方程

出示：$1.4 \times (x+25) = 140$，$4 \times (x+25) = 140$。

师：有的同学是先利用等式性质，还有的同学是先利用乘法分配律。这两种方法你更喜欢哪一种呢？

师：我们再来看看第二题，你觉得怎样解更快捷呢？

小结：刚才，我们把这个较复杂的方程变成简单的方程，进而求出方程的解。

（三）选择简洁的方法

出示：18-（18-3x）=6，你想用什么方法把它变成简单方程呢？

师：有的同学利用等式性质，有的同学直接利用移项变号，有的同学利用三量关系，还有的同学发现方程里有两个 18，利用减法的性质去括号。

小结：解方程的时候，要根据数据的特点，灵活选择合适的方法。

【设计意图】所有的方程都会归结为简单方程，在整理复杂方程的时候，要运用不同的方法和技巧，使整理过程变得更简洁。

四、拓展提高

学会整理移项变号的技巧，优化解方程的步骤。

师：同学们再看看这个方程，和我们前面研究的方程有什么不同呢？试着做一做。

出示：4x+4=8x-8。

小结：用移项变号的技巧来整理方程，原则是移小不移大。

出示：12-5x=4x-6。

师：这个方程的左右两边都有 x，还是移小不移大吗？我们整理这个方程的原则是：移减不移加。

移项变号整理方程的小技巧：移小不移大，移减不移加。

总结：依据等式性质，面对稍复杂的方程时，按照去括号、移项变号、合并同类项的步骤，把复杂方程转化成简单方程，进而求出方程的解，最后进行检验。

【设计意图】通过对比移项变号整理方程的方法，使学生学会灵活运用移项变号的方法解方程。

《化繁为简》教学设计

▌数学部　六年级　王熙嵘

教学目标

1. 复习四类11种应用题数量关系，理解勾连11种数量关系表示11个运算意义。

2. 通过复习掌握解题方法。

3. 通过回顾数量关系感受数量间的联系，增强解题能力。

教学重点、难点

勾连11种数量关系，感受数量间的联系。

教学过程

一、谈话引入

化繁就简，把复杂问题分解转化成多个一步应用题，问题就能迎刃而解了。

【设计意图】谈话引入，理解较复杂应用题是由11种简单应用题组成的。

二、授课

（一）加减法

提取3个条件，把其中一个条件转化为问题，编一道用加法或减法解决的问题。

例如，公路总长109.6千米，修了58.2千米，剩51.4千米没修，修的比剩的多6.8千米。

1. 修了58.2千米，剩51.4千米没修。公路长多少千米？（部分数＋部分数＝总数）

2. 公路长109.6千米，修了58.2千米，剩多少千米没修？（总数－部分数＝部分数）

3. 修的比剩的多6.8千米，剩51.4千米没修，修了多少千米？（小数＋差＝大数）

4. 修了 58.2 千米，剩 51.4 千米没修，修的比剩的多多少千米？（大数 – 小数 = 差）

5. 修了 58.2 千米，修的比剩的多 6.8 千米，剩多少千米没修？（大数 – 差 = 小数）

这 5 种类型存在密切关系。按计算方法分成加法和减法两类。按照数量关系分成总分和相差关系两类。

（二）乘除法

提取 3 个条件，把其中一个条件转化为问题，编一道用乘法或除法解决的问题。

例如。李明和王强读一本书。全书 252 页，李明每天阅读 21 页，12 天看完。王强每天的阅读数是李明的 $1\frac{1}{3}$ 倍，王强每天阅读 28 页。

1. 李明每天阅读 21 页，12 天看完。全书共多少页？（每份数 × 份数 = 总数）

2. 全书共 252 页，李明每天阅读 21 页，多少天看完？（总数 ÷ 每份数 = 份数）

3. 全书共 252 页，李明 12 天看完，他每天阅读多少页？（总数 ÷ 份数 = 每份数）

4. 李明每天阅读 21 页，王强每天的阅读数是李明的 $1\frac{1}{3}$ 倍。王强每天阅读多少页？（一倍数 × 倍数 = 几倍数）

5. 李明每天阅读 21 页，王强每天阅读 28 页。王强每天的阅读数是李明的多少倍？（几倍数 ÷ 一倍数 = 倍数）

6. 王强每天阅读 28 页，他每天的阅读数是李明的 $1\frac{1}{3}$ 倍。李明每天阅读多少页？（几倍数 ÷ 倍数 = 一倍数）

这 6 种类型题存在密切关系。按计算方法分成乘法和除法两类；按数量关系分成总分关系和倍数关系两类。

除按加、减、乘、除计算方法分类，还可以按数量关系分成总分关系（总量和部分量）、大小关系（大数、小数和差）、份总关系（每份数、份数和总数）、倍数关系（一倍数、倍数和几倍数）四类。

除 11 种简单的数量关系外，还有一些常用的数量关系，如：

单价 × 数量 = 总价

速度 × 时间 = 路程

工效 × 工时 = 工总

今天我们回顾了 11 种简单的应用题，掌握了这些基本的数量关系，对于较复杂的问题，就可以化繁就简，从容解答了。

【设计意图】选取适当条件，自主提取简单应用题模型，复习巩固 11 种简单应用题。

《魔术棒巧解趣行程》教学设计

▌数学部　　六年级　　田晓洁

教学目标

1.通过系统复习速度、时间、路程这三个相关联的量，更加清晰、正确地掌握三量之间的关系式，已知其中的两个量，熟练地求第三个量；熟练掌握相遇问题三量之间的关系。

2.用画线段图的方法，更加清晰地理解数形结合思想，由具体形象思维向抽象思维过渡。认识到画线段图是学习数学知识的一种有力工具，树立由具体到抽象再到具体的思考过程。

3.通过习题，提供更加广阔的思维空间，养成细致观察的良好习惯，提升解决问题过程中的创新意识。

教学重点、难点

明确行程问题中的三量关系，用画线段图法理解较复杂的行程问题。

教学过程

一、知识回顾

师：同学们好！欢迎大家参加今天的数学课堂。小学阶段，我们已经学习了哪些常用的数量呢？请大家回忆一下。

总结：有单价、数量、总价，有工作效率、工作时间、工作总量，还有速度、时间、路程等。在解决问题时，只要我们厘清了数量之间的关系，很多数学问题就可以由繁就简，迎刃而解了。

【设计意图】回顾数量关系，明确本课复习重点与难点。

二、新授

出示例题：甲、乙两车分别从 A、B 两地同时出发，相向而行，经过 6 小时两车相遇。已知乙车每小时行驶全程的 $\frac{1}{21}$，甲车每小时行驶 60 千米，A、B 两地相距多少千米？

师：这道题是要求 A、B 两地间的路程，虽然甲速、乙速及相遇时间全给了，但是能直接用吗？不能，因为甲车速度给的是数量，而乙车速度是用分率表示的，数量与分率是不能直接相加减的。那这道题怎么求呢？

分析：

在解决这道题时，要用到重要方法——画线段图。用两种不同颜色的线段，分别表示两车的速度，黑色线段表示甲车速度，粉色线段表示乙车速度。"经过6小时两车相遇"，说明两车的相遇时间是6小时，那么黑色和粉色线段，各应当画6条。

解法一：

（1）甲车每小时行驶60千米，6小时行驶：$60×6=360$（千米）。

（2）乙车每小时行驶全程的$\frac{1}{21}$，6小时行驶了全程的$\frac{1}{21}×6=\frac{2}{7}$。

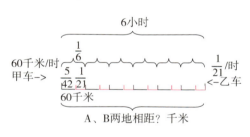

（3）乙车行驶了全程的$\frac{2}{7}$，则甲车行驶了全程的$1-\frac{2}{7}=\frac{5}{7}$。甲车行驶了360千米，利用我们已经学习过的分数应用题知识，全程是360千米，则全程就应该用$360÷\frac{5}{7}=504$（千米）。

解法二：

看线段图，黑色和粉色的线段各有6条，一条黑色和一条粉色线段可以看成一组，也就是两车的速度和，正好是6组，每组应是全长的$1÷6=\frac{1}{6}$，即甲、乙两车每小时共行驶了全程的$\frac{1}{6}$。

在一组里，黑色、粉色各1条，粉色线段是全长的$\frac{1}{21}$，用$\frac{1}{6}-\frac{1}{21}=\frac{5}{42}$。黑色线段是全长的$\frac{5}{42}$，正好是60千米。还是用分数应用题的知识，也就是全长的$\frac{5}{42}$是60千米，求全长，用$60÷\frac{5}{42}=504$（千米）。

【设计意图】引导学生用画线段图的方法，理解较复杂的行程问题，培养学生数形结合思想。

三、练习

看图，冬冬每分钟走70米，韩雪每分钟走60米。两人同时出发，相向而行，经过几分钟两人相遇？

【设计意图】通过练习，巩固学生画线段图、分析行程问题的方法。

《数的语言》教学设计

▌数学部　六年级　李海龙

教学目标

1.加深对整数、小数、分数、百分数、自然数的意义的理解。体会整数与小数、小数与分数、分数与百分数的内在联系和区别，完善认知结构。

2.增强用数表达和交流信息的意识，进一步发展数感。

3.感受数学学习的乐趣，提高学好数学的信心。

教学重点、难点

掌握整数、小数、分数、百分数、自然数的联系和区别。

教学过程

一、整数、小数、分数、百分数、自然数的意义

整数的意义：0 和自然数是整数。

小数的意义：把整数"1"平均分成 10 份、100 份……这样的一份或几份分别是十分之几、百分之几……可以用小数表示。

分数的意义：把单位"1"平均分成若干份，表示这样的一份或几份的数，叫作分数。

百分数的意义：表示一个数是另一个数的百分之几。百分数又叫百分率或百分比。

自然数的意义：用于计量事物的件数或表示事物次序的数。

【设计意图】进一步理解整数、小数、分数、百分数、自然数的意义。

二、梳理整数、小数、分数、百分数的关系

用喜欢的方式表达整数、分数、小数、百分数、自然数的关系。

"0"的重点再认识：0 是分界点；0 表示没有；0 表示起点。

【设计意图】整理分数、小数、百分数的关系。理解 0 的作用。

三、小数的分类整理

（一）各类小数的意义

1.按整数部分是否为 0 分：有纯小数和带小数。

2.按小数部分的位数分：有有限小数和无限小数。

（二）用喜欢的方式表达各类小数的关系

【设计意图】理解小数的意义，复习小数的分类。

四、数的读法与写法

（一）整数的读法

1.先把数分级，再从高位起，一级一级地读，每级末尾的"0"都不读，每级中间有一个0或连续有几个0，都只读一个0。

2.每级都按照个级的读法来读，读亿级、万级时，必须加上"亿"字或"万"字。

（二）小数的读法

读小数时，按从左往右的顺序，整数部分按照整数的读法读（整数部分是0的读作"零"），小数点读作"点"，小数部分从高位起，依次读出每一个数位上的数字，即使是连续的几个0，也要依次读出来。

（三）整数的写法

从高位起，一级一级地写，哪个数位上一个计数单位也没有，就在那个数位上写0占位。

（四）小数的写法

写小数时，按从左往右的顺序写，整数部分按照整数的写法来写（整数部分是0的写作"0"），小数点写在个位的右下角，小数部分从高位起，依次写出每一个数位上的数字。

（五）分数和百分数的读法和写法

1.分数。

（1）读分数时，先读分数的分母，再读"分之"，最后读分子。读带分数时，先读整数部分，再读分数部分，中间加一个"又"字。

（2）写分数时，先写分数线，再写分母，最后写分子。写带分数时，先写整数部分，再写分数部分。整数部分要对准分数线，距离要紧凑。在列式计算时，分数线要对准"="的中间。

2.百分数。

（1）读百分数时，先读百分号（百分号读作百分之），再读百分号前面的数。

（2）写百分数时，先写分子，再写百分号。

【设计意图】复习数、分数和百分数的读法与写法。

《思维的"工具"》教学设计

▎数学部　六年级　李冬梅

教学目标

1. 通过复习，进一步沟通各种数之间的关系，会进行实际应用。

2. 通过自主探索与交流学习，经历在直线图上表示数的过程，渗透数形结合思想，培养数感。

3. 初步体会事物之间是相互联系的，感受数学的价值，激发民族自豪感。

教学重点、难点

能够在直线图上表示数，掌握数的比较大小的方法。

教学过程

一、用直线上的点表示数

（一）回顾直线图

在以往的数学学习中，我们会应用一些思维上的"工具"。比如研究"等式"的时候，我们借助天平，知识就变得简单了。天平两边平衡了，就能表示出等式关系，天平两边不平衡，则可以用不等式表示。又如，长度本是无形的，但我们把它放在直尺上，整齐地排好，想怎么量就怎么量。就这样，当看不见的东西变成看得见的东西，一切就形象多了。

像天平、直尺等都可以称为数学学习中思维的"工具"。

为了把所有的数形象地表示出来，聪明的数学家发明了一种能看得见数的"工具"。

（二）数线图

1. 数线图的画法：在一条直线上取一点，表示 0；0 点向右表示正数，0 点向左表示负数。

今天我们主要复习 0 点右边的这些数。这条直线实际上是无限延长的，只不过我们画的时候不能画那么长。我们以前认识的数都可以在上面找到。数轴是一个能把抽象的数进行具体化的"工具"。

2. 在数线图上表示数。

（1）表示整数：如表示 5 和 7 在直线图上的位置。

观察：7 在 5 的右边，数轴上的两个点，右边的数总比左边的大。

把抽象的东西形象化，是人们解决很多难题的基本思路，在数学上把抽象的数和具体的形结合在一起也是一个重要的思维方法。

（2）表示分数：如 $\frac{1}{2}$，$\frac{1}{3}$，$\frac{5}{2}$，$3\frac{1}{4}$。

（3）表示小数：先确定这个小数的整数部分，再确定小数部分。想想 3.5 在哪儿呢？

【设计意图】理解直线图的特点，能在直线图上准确地表示整数、分数、小数，知道在直线图上右边的数比左边的数大。

二、数的大小比较

将 0.33、1/3、0.34、33.3% 几个数按从大到小的顺序排列。

这道题综合考查了小数、分数、百分数之间的互化及数的大小比较等知识。

先把 1/3、33.3% 化成小数，再按照小数比较大小的方法进行比较就可以了。

1/3=0.333……　　33.3%=0.333

因为 0.34>0.333……>0.333> 0.33，所以 0.34 >1/3>33.3%>0.33。

三、提升拓展

a、b、c 分别为这样的三个分数，那么 a、b、c 的大小关系是怎样的呢？

若 a= $\frac{2015}{2016}$　　b= $\frac{2016}{2017}$　　c= $\frac{2017}{2018}$

那么a、b、c的大小关系是（　　　　　）

A. a>b>c　　B. b> a>c　　C. c> b> a　　D. a>c> b

【设计意图】回顾整数、小数、分数比较大小的方法，能够合理选择方法解决问题。

《物不知数》教学设计

▌数学部　六年级　王　艳

教学目标

1. 在已有知识的基础上，系统掌握倍数与因数的相关知识，并形成完整的知识网络图。

2. 通过灵活有效的形式，加深对知识的体验和理解，形成基本技能，提高综合运用、分析问题、解决问题的能力。

3. 通过课程设置培养思维能力、说理能力和数感，激发学习的积极性。

教学重点、难点

复习倍数和因数、质数和合数的相关知识。理解质数与合数的意义，掌握判断区分的方法。理解最大公因与最小公倍的含义，掌握一般情况与特殊情况。

教学过程

一、引入情景，复习旧知

"物不知数"这部分内容，就是数与代数部分中的因数与倍数。这部分内容最基本的概念是什么？

我们从基本概念出发，把零散的有关联的知识整理成一张网络图。

【设计意图】通过对知识点的梳理，唤起学生对所学知识的回忆，并初步构成知识网络图。

二、分块复习，掌握概念

（一）整除和除尽

1. 通过出示 $a \div b = c$（$b \neq 0$），了解整除与除尽的基本概念。

2. 通过出示四个算式区分整除和除尽。

$12 \div 3 = 4$　　　$4 \div 8 = 0.5$

$2 \div 0.1 = 20$　　$3.2 \div 0.8 = 4$

3. 通过集合图体现除尽与整除的关系。

（二）因数和倍数

1. $12 \div 3 = 4$，谁是谁的因数，谁是谁的倍数？

2. 找 15 的因数，3 的倍数。你有什么发现？

（三）质数和合数

1. 出示：56、79、87、195、204、630、22、31、57、65、78、83。

哪些是质数？哪些是合数？又是怎样判断的？

2. 1 不是质数，也不是合数。

（四）明确自然数的分类

1. 自然数的两种分类。

2. 出示 100 以内质数表。

（五）区分易混概念，掌握解决策略

1. 区分因数、质因数、分解质因数和互质数的概念与区别。

2. 突破难点，了解互质的特点。

（六）重要概念回顾及补充

1. 知识补充：2 和 5，2 和 3，3 和 5，2、3、5 的倍数的特征。

2. 特殊数的特征：102 是能同时被 2、3 整除的最小的三位数。

　　　　　　　　　　120 是能同时被 2、3、5 整除的最小的三位数。

【设计意图】历经知识整理过程，帮助学生构建完整的因数与倍数的知识体系。区分易混概念，掌握解决策略。

三、了解奇偶性质，掌握计算方法

（一）奇数和偶数的计算

（二）求最大公因数、最小公倍数的方法

【设计意图】通过灵活有效的知识体验，加深对知识的理解，形成基本技能。

四、呈现易错，对比练习

（一）判断

自然数中，除了奇数就是偶数。　　　　　　（　　　）

所有的奇数都是质数。　　　　　　　　　　（　　　）

所有的合数都是偶数。　　　　　　　　　　（　　　）

自然数中，除了质数就是合数。　　　　　　（　　　）

质数与质数的积还是质数。　　　　　　　　（　　　）

一个数越大，它的因数的个数就越多。　　　（　　　）

（二）综合应用

1. 猜电话号码。2. 公共汽车站两辆公交车同时发车。3. 客厅铺地砖。

【设计意图】让学生感受数学与生活的联系，初步学会从数学的角度去观察思考问题，激发学生对数学的兴趣。

"英语乐园"课程设计理念

　　"英语乐园"课程在延续"经典阅读"课程1.0基本结构的同时，加强了对学生学习方法的指导，注重培养学生的英语语感和思维品质，帮助学生开阔认知思维、强化理性思维、启迪创新思维。课程在尊重全体学生学习能力与需求的前提下，从把准起点、探寻支点和走向高点三个维度切入，创新性地实现了在特殊时期整合学生英语知识储备，拓展学生的学习广度与学习深度的教学目标。

　　低年级仍以绘本为载体，强化语音教学，学生在学习后，掌握更多的单词发音规律、拼写技巧，在提高学习兴趣的同时，增强了学习外语的信心。

　　中年级在学习绘本的同时，着力发展学生的思维品质，教师搭设文本结构，让学生根据提供的语言框架，进行补充、续编或完全自主创编故事。

　　高年级的课程设计了创新性与趣味性并存的跨学科融合英语课程，让学生以更加灵活且轻松的姿态来面对英语的学习。

《Pull the keg》教学设计

▌英语部 一年级 高 幸

教学目标

1. 学生能够正确听说、认读字母 Ee。
2. 学生能够正确朗读出含有字母 Ee 的单词，体会其在单词中的发音。
3. 学生能树立关心他人、帮助朋友的态度。

教学重点、难点

能正确指认、朗读字母 Ee，从整体上认读含有字母 Ee 的单词。理解字母 Ee 在单词中的发音。

教学过程

一、Warming up

T：Let's enjoy a song together.

S：（Watch the video.）

T：What are we talking about today? Can you guess?

S：Letters / Phonics.

【设计意图】通过视频呈现歌曲，引导学生关注字母发音。

二、Presentation

（一）关注绘本封面

T：What can you see from the cover?

S：I can see a boy, a hen and...

T：Great. The boy's name is Ted.Look at the hen. Where is it?

S：...

T：How does the boy help the hen? Who will help him?

S：Maybe...

（二）观看绘本视频

After watching.

T：Who helps Ted?

S：Meg, Men...

T：How do they help Ted?

S：They pull the keg.

T：Wonderful! And see, Meg, Ted and keg, they all have letter Ee.

Learn Ee in two parts.

1. pronunciation.

2. some words with letter Ee; lead students to taste the pronunciation of the letter in words.

【设计意图】引导学生关注绘本封面，产生思考。学生带着思考开始浏览绘本，从而引入课文。学习本课新词汇，在词汇中学习字母，感知字母在单词中的发音。

三、Practice

（一）Reading

1. Listen and repeat.

2. Reading by yourself.

【设计意图】学生通过不同方式地读，达到对绘本的理解掌握。

（二）Find the letter Ee

T：Now, will you find more words with letter Ee from this story?

S：OK.

T：Let's check the answer and try to read them. Keg, Ted, hen, Meg, keg, help...

【设计意图】让学生通过阅读，找出故事中更多含有字母 Ee 的单词，再次体会其在单词中的发音。

四、Homework

1. 熟读绘本《Pull the keg》。

2. 尝试找出生活中含有字母 Ee 的单词，体会发音。

【设计意图】鼓励低年级学生发现生活中的英语，将对英语的热爱之情延伸至课堂外。

《The big umbrella》教学设计

英语部　一年级　李丹鹤

教学目标

1.通过观看歌曲《Fun with phonics》，初步感知字母 u、v、w、x、y、z 的发音。学习绘本《The Big Umbrella》，模仿并跟读，找出含有字母 u、v、w、x、y、z 的单词，并感知其发音。

2.通过本课的学习，能够运用拼读方法拼读更多单词。

3.通过绘本的学习，能够学会帮助他人，培养乐于助人的好品德。

教学重点、难点

渗透字母 u、v、w、x、y、z 的认读、发音及拼读含有这些字母的单词。学生能够正确认读和理解绘本。

教学过程

一、引入

老师：在开始上课前，先播放歌曲《Fun with phonics》。

1.请同学们先完整观看一遍歌曲视频。

2.请同学们再观看一遍歌曲视频，然后试着模仿跟唱。

3.请同学们跟着视频，尝试完整演唱歌曲。

老师：在今天的歌曲中，我们知道了字母 Uu、Vv、Ww、Xx、Yy、Zz 的发音，你们学会了吗？那就开心地唱出来吧。

【设计意图】用歌曲的形式导入，使学生很快进入课程学习中。

二、绘本阅读

老师：同学们，刚刚演唱的歌曲中，有好多五颜六色的雨伞，今天的绘本也是从一把雨伞展开的，到底是怎么一回事呢？让我们来看一看吧。

1.请同学们浏览绘本，看看主人公用这把雨伞都帮助了谁？

2.请你们再看一遍绘本。

3.一边播放音频，一边让学生尝试跟着录音重复绘本内容。

【设计意图】简单易懂的句子配合生动的图画，使学生很容易就能理解故事大意。最终让学生学会在生活中尽自己能力，帮助他人，认识到乐于助人是中华民族的传统美德。

三、语音词汇朗读

老师：请同学们找到书中含有字母 Uu、Vv、Ww、Xx、Yy、Zz 的单词，并试着读一读，体会字母在单词中的发音。

1. 请你先从绘本中找出含有 Uu、Vv、Ww、Xx、Yy、Zz 的单词，并写出来。

2. 请你跟着录音读一读。

3. 自己再读一读这些词汇，体会字母在单词中的发音。

【设计意图】语音词汇学习环节是最后一部分，它将本课含有聚焦字母的单词进行总结。学生根据单词范读的录音，进行强化、巩固与复习。

四、小结与作业

老师：同学们，今天的绘本告诉我们，热心的兽医在给别人提供帮助的同时也获得了朋友们的帮助，助人为乐是一种美德。在这些特殊的日子里，你们也可以为周围的人多做一些力所能及的事情。同时，你也可以回想一下还有哪些单词含有字母 Uu、Vv、Ww、Xx、Yy、Zz，并仔细体会这些字母在单词中的发音。

【设计意图】将课上所学延伸到课下，鼓励学生自主阅读学习，能够运用拼读方法拼读更多单词。

《英语乐园 Phonics Time18》教学设计

▌英语部　二年级　芮雅岚

教学目标

1. 初步感知 S blends 中字母组合 st 在单词中的发音。

2. 在今后的英语学习中，遇到含字母 S blends 发音规律的单词，鼓励学生大胆朗读。

3. 培养学生自主归纳自然拼读发音规则的习惯。

教学重点、难点

能够读准单词中字母组合 st 的发音。能够用所学的发音规律准确读出新的单词，做到学以致用。

教学过程

一、Warm up

师生以自由讨论的形式说一说自己学过的哪些单词含有字母组合 st。这个教学环节的目的是引导学生主动思考，唤醒记忆，把大脑中与 S blends 相关的单词提取出来，帮助学生建立起旧知识与本课话题的联系。

【设计意图】通过教师提问，与学生互动，引发思考，复习旧知，激发兴趣。

二、Presentation

（一）Listen and read

观看视频，听音模仿。

（二）Read and think

总结发音规律。

【设计意图】通过总结含有字母组合 st 的单词，对已学单词如 star、stand、stop 进行听音模仿，巩固单词，同时总结 S blends 的发音规则，为后续语音教学做好铺垫。

三、Practice

（一）Listen and repeat

通过游戏、表演歌谣等方式，进一步巩固所学词汇和句型。

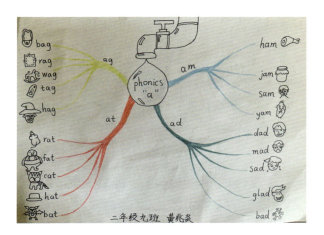

（二）Think and answer

老师给出单词 street、step、string、stay，让学生根据所学规律自己拼读出单词的发音。

（三）Check and repeat

老师给出答案，学生可以对自己的学习情况进行简单检测。

【设计意图】通过播放视频，引导学生进行反复跟读练习，对单词和句型进行操练。

四、Ending

通过节奏欢快的歌谣，带动学生一起唱一唱跳一跳，既抓住了学生的学习兴趣，又让学生在 20 分钟内有所收获。在本课结束时，教师建议学生可以对当天所学课程进行梳理，推荐了笔记法、思维导图方法等学习方法，并鼓励学生可以将在阅读中遇到的单词及时补充进来。相信学生今后再遇到类似的问题，也可以触类旁通，形成一种考虑问题的思维方式。

【设计意图】老师为学生补充相关小韵文，并梳理总结本课内容，为今后学习语音知识提出建议。

《Pet Animals》教学设计

▌英语部　三年级　藏　娜

教学目标

1. 通过学习绘本，了解如何谈论宠物的生活场所及生活习性，能够根据看到的词语识别并指认图片或实物。能用句型"...live in..."表达观点并进行交流。

2. 通过视频、音频、识图、探讨等方式，理解并掌握绘本内容。通过参与各种活动，发展语言运用能力。

教学重点、难点

通过学习绘本，运用句型"...live in..."表达观点并进行交流。通过各种教学活动，发展语言运用能力。

教学过程

一、Pre-reading

（一）Let's sing

老师向学生问好并介绍学习主题，学生通过观看、学唱歌曲视频，复习有关宠物的旧知，并复习已学句型"I have..."。

（二）Fill in the blanks

通过宠物类词汇的复习，复现旧知，并运用旧知进行单词分类，激发学生的好奇心和绘本阅读学习的兴趣。

【设计意图】以尊重学生已有的学习、生活经验为出发点，通过演唱歌曲、分类游戏等方式复现旧知，为绘本阅读学习做好铺垫。

二、While-reading

（一）Look and guess

通过让学生观察绘本图片猜测动物类型以及它们的生活场所，激发学生对绘本阅读内容的好奇心。

（二）Listen and read

通过听录音、跟读绘本，初步了解绘本内容。

（三）Let's choose

通过选择、解答问题，深入了解绘本内容，并学习各类宠物的生活场所等

知识。

（四）Let's check

通过老师的细致讲解，学生学习阅读的解题思路及方法，并对绘本阅读中易混淆、难理解的部分进行学习。

【设计意图】这一部分内容主要是培养学生通过观察绘本图片、听绘本录音等方式获取绘本信息，引发思考，从而学习绘本阅读中的新知。培养学生阅读、听读的习惯，更纯粹地锻炼学生的语言能力。

三、After-reading

（一）Read by themselves

通过学生的自主阅读、朗读，内化绘本内容。

（二）Write and draw

通过图画、书写单词等方式，对动物进行分类，明确区分出哪些动物是宠物，哪些不是?

【设计意图】进行绘本内容的阅读、听读、朗读等活动，主要目的在于让学生真实感受朗读者的状态、语气以及情绪，这对学生运用所学语言进行交流十分重要。语言学习的根本在于运用，通过本节课的绘本阅读，如果学生能够做到自主表达并灵活运用语言进行分类等活动，即为完成了教学目标。

《My Iguana》教学设计

▌英语部　宋　莉

教学目标

1. 掌握字母 Ii、Jj、Kk 的发音；能够运用自然拼读规律，自主拼读绘本中包含字母 Ii、Jj、Kk 发音的单词。

2. 能够读懂绘本内容，渗透阅读步骤和技巧，逐渐形成自主学习能力，培养学生有计划、能自律的好习惯。

教学重点、难点

自主拼读包含 Ii、Jj、Kk 发音的单词；理解绘本故事，渗透阅读技巧。

教学过程

一、Pre-reading

以说唱歌曲《Fun with Phonics》开始学习，复习旧知，巩固 26 个字母的发音，特别是字母 Ii、Jj、Kk 在不同单词中的发音。在观看过程中鼓励学生跟读、模仿含有 Ii、Jj、Kk 发音的单词，自主归纳自然拼读发音规则，最终聚焦字母 I 开头的 "Iguana"，呈现今天绘本的主人公。

【设计意图】：此环节符合小学生的年龄特点，通过起立说唱，让孩子们的身体动起来，思维动起来，在欢快的气氛中开始学习。

二、While-reading

（一）观察图片，展开想象

T：Look at the picture. Think over the questions.

　　Q1：Who is he?

　　Q2：Where is he?

　　Q3：What can we do at home?

P：Think over the questions quietly.

【设计意图】此环节先呈现绘本故事封面，以问题引领展开想象，进行思考，这样的设计充分调动了学生阅读绘本的兴趣，同时培养学生的观察能力和思考能力。

（二）快速阅读，初步感知

T：Yes. He is Iguana. He stays at home，too. We can do lots of things at home. How about him？ Can he does lots of things like us？ Let's read the story.

　　Q1：What does he do at home？

P：Read the story fast. Find the answer in the story.

【设计意图】在这个特殊时期，我们在家里可以做很多事情，Iguana 是不是也和我们一样做了很多事呢？带着这个疑问开始对绘本进行快速阅读，了解大意。这能激发学生好奇心，提高学生阅读兴趣，培养学生初步的阅读步骤，为逐步形成良好的阅读习惯和技巧打下基础。

（三）细节阅读，加深理解

T：Iguana eats everything. What does he eat？ Let's read for the second time.

　　Q1：What does he eat at home？

P：Read the story for the second time.

【设计意图】：在初步感知的基础上再次阅读绘本，通过问题引导学生阅读细节内容，在进一步理解的基础上读一读他都吃了什么，提取关键词，找出答案，同时关注标红的字母 Ii、Jj、Kk 的发音以及在单词中的读音，鼓励学生用自然拼读尝试拼读单词，将自然拼读融入绘本阅读中，体会其发音并进行朗读。语音与绘本的结合，增加了阅读的趣味性，加强了单词记忆，同时也是对绘本内容理解的反馈。

（四）观看视频，整体回顾

【设计意图】观看绘本故事动画，让静止的画面动起来，对故事内容做一个整体的回顾，使绘本和人物形象更直观，同时鼓励学生在观看过程中模仿、跟读绘本，特别是掌握包含字母 Ii、Jj、Kk 发音的单词。

三、Post-reading

T：Today we learned the story of Iguana. He eats too much things. Look！ Is he happy？ Why？ Is it good for him？ What do you want to say to him？

P：Think over the questions quietly. Try to say something to him.

【设计意图】阅读绘本后，让孩子们想一想，Iguana 吃了这么多东西，他高兴吗，为什么，这样做对吗？我们因为特殊原因也要每天待在家里，是不是也像他那样呢？如果是你，你会怎么做，你想跟Iguana说些什么呢？通过问题引发思考，学会有计划、有条理地安排好自己的一日生活。通过思考将绘本内容进行提升，将素质教育融入绘本学习，真正做到教书育人。

《The Wind And The Sun》教学设计

▌英语部　四年级　付　蕊

教学目标

1. 学生复习教材第七单元有关天气的词汇，能复述一个关于天气的寓言故事。
2. 学生掌握利用思维导图梳理学习内容的方法。
3. 学生能运用通过关键词检索信息句的阅读策略解答相关问题。

教学重点、难点

1. 学生能够在思维导图的提示下复述寓言故事，并对故事的内涵进行思考，表达自己的观点。
2. 学生能熟练运用通过关键词检索信息句的阅读策略，快速准确地锁定文中句子，解答相关问题。

教学过程

一、阅读前

学生演唱歌曲《How is the weather today?》。

在脑图的提示下，学生通过对衣着、活动、景物等多方面的观察表述，谈论自己最喜欢的天气。

【设计意图】通过趣味歌曲复习已学天气词汇，并通过谈论自己最喜欢的天气，更深刻地理解不同天气各具特色，获得积极愉悦的情感体验，提升语言表达能力。

二、阅读中

（一）老师呈现阅读材料，学生独立完成以下任务

1. 听音频，了解文本大意。
2. 再次阅读材料，并独立完成阅读练习。

（二）师生共同完成以下梳理总结内容

1. 用脑图中的桥形图梳理文章梗概。

2. 通过对文章的理解，思考寓言想要告诉大家的人生哲理。

3. 核对练习答案，巩固通过关键词检索信息句的阅读策略，习得做阅读理解题审题及解答的技巧。

 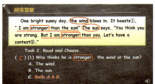 

【设计意图】对于文中理解有难度的词组，采取配图注释的方式，图片释意更能形象生动地阐明词义，符合该年龄段学生的认知理解水平和习惯。同时，在阅读理解中保留一定比例的生词，有助于学生答题策略的训练。在老师引导下通过脑图对文章内容进行梳理，学生学习感知桥形图的特点——对比事实及观点，使因果关系及差异一目了然。阅读练习有不同的策略训练重点：练习一着重训练学生完整获取信息的能力和策略，练习二着重训练学生审题的能力和信息分类、归纳、辨析的能力。

三、阅读后

学生结合脑图提示用自己的语言复述故事。

【设计意图】该活动的设计着眼于学生运用脑图的直观性提升语言表达及运用能力。不同理解水平的孩子可能掌握的故事情节和语法的精准度不一样，但运用恰当的脑图对思维进行梳理的方法有助于学生的语言表达更有条理性，是助力学生持续全面发展的有益工具。

《A Beautiful Place》教学设计

▍英语部　四年级　马宜平

教学目标

1. 复习四年级上册第七单元有关自然的知识，通过拓展阅读了解大自然，感受大自然的美景。

2. 在阅读中培养学生的阅读技巧：找关键词和句。

3. 学会借助思维导图梳理文章内容，并尝试描述大自然的美景。

教学重点、难点

能够借助思维导图梳理文章内容，运用已学过的知识较为全面地描述自己喜欢的自然美景。

教学过程

Step 1：Warm up

T：Good morning，boys and girls. Welcome to our English class. 通过今天的学习，希望你们能完成以下学习目标，你们准备好了吗？ Let's go!

【设计意图】通过明确教学目标，使学生了解本节课内容，以便更好地完成接下来的学习任务。

Step 2：Lead in

1. 呈现课文主题图（第 24 课）。

T：Do you remember Sara love nature？ What does she often do？ What about Mike?

2. Listen and check.

T：Sara often goes to park. And Mike is going to visit his uncle's farm. So they are close to nature. How about you？ Do you love nature？ Do you want to get close to nature？ Well，I love nature. I want to get close to nature. Why？ Because they are so beautiful.

下面，就让我们进入今天的阅读环节 A beautiful place，这里也是作者最喜欢的一个地方，but do you know where is it?

【设计意图】呈现课文主题图并播放录音复现课文内容，通过提问让学生复习已学的知识。从课文内容过渡到询问孩子们是否喜爱大自然，从而引发出

"Why"，在揭示原因的同时呈现本篇拓展阅读的题目。这样层层递进便于学生更好地理解今天的阅读内容。最后通过对题目的疑问，让学生对文章产生探究的欲望，激发阅读兴趣。

Step 3：Read and answer

1. 呈现阅读文章，学生听读。

2. 学生自己独立阅读，并完成文章后的理解题。

3. 核对答案，老师向学生讲述和分析阅读题的解题思路与方法。

【设计意图】通过教授阅读技巧：找关键词和句，帮助学生养成良好的阅读习惯，习得并巩固阅读策略，最终提高学生的阅读能力与阅读技巧。

4. 学生继续观看视频：老师通过提问引导学生借助思维导图梳理整篇文章内容。

T：同学们，现在你知道作者最喜欢的这个美丽的地方是哪里了吗？ Yes，it's called Kabak Bay. 那你还记得作者讲述了关于海湾的哪些方面吗？ beach，sand，water，forest，pools，hotels，fish and waterfalls。What does Kabak Bay look like?

【设计意图】教会学生如何从文章中提取关键信息，并通过思维导图的方式将所读文章进行梳理和归纳，以便更好地理解文章内容。

Step 4：写一写，说一说

T：We all love nature，so we like to get close to nature. What is your favourite place？请你也用思维导图梳理一下你最喜欢的美景，并试着讲给爸爸妈妈。

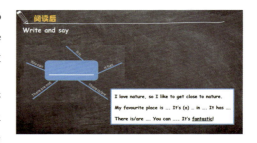

【设计意图】此活动能让学生将所学知识和自己的实际生活结合起来，将课堂学习延展到课外，充分发展学生的逻辑思维和创作思维，创编属于自己的绘本，并通过给父母讲述来激发表达，提高孩子们的语言运用能力。

《Facts About Trees》教学设计

▌英语部　五年级　郝杰宏

教学目标

1. 能够听懂、指认并理解词汇 thousand，metre，produce，oxygen，reduce，carbon dioxide，stable，nutrient，trunk，growth rings，protect，environment，furniture，pine，palm，willow，bamboo。

2. 能够结合视频朗读短文，模仿语音、语调。

3. 能够理解文章内容，通过找中心句和关键词等方法，对重要信息进行辨别和判断，提高阅读能力。

4. 能够理解和掌握形容词比较级的意义、构成及词形变化的规则。

教学重点、难点

能够听懂、指认并理解词汇 thousand，metre，produce，oxygen，reduce，carbon dioxide，stable，nutrient，trunk，growth rings，protect，environment，furniture，pine，palm，willow，bamboo。

能够理解和掌握形容词比较级构成、词形变化等相关知识。

教学过程

一、Pre-reading

Step1：Recall the story about "The Tree".

Step2：Think about some questions：

1. What are the parts of the tree?

2. What else about the tree?

3. What can we do with trees?

【设计意图】调动学生已知，复习关于树的一些知识，呈现本课主题，更好地理解本课阅读拓展内容。

二、While-Reading

Step1：Read the Passage.（默读文章）

Step2：Read the Words.（配合视频，跟读单词）

Step3：Read the Passage.（配合视频，跟读文章）

【设计意图】通过先默读再跟读的阅读方法学习文章重点词语并理解文章内容，提升综合语言运用。

三、Post-Reading

Finish the Exercises.（完成练习）

（一）找出这些树的名字连线

（二）判断句子正误，用 T 或 F 表示

【设计意图】通过词图匹配，判断正误的操练形式，检测学生的学习效果，达到真正地理解和应用的目的。

（三）请同学们大声朗读下面两个句子

This tree is tall.

This tree is taller than that tree.

大家有没有发现什么？对了！首先是形容词 tall 在第二个句子中变成了 taller；同时第二个句子多了 than that tree。这就是我们今天要认识的"新朋友"。

1. 名称：形容词比较级——将二者进行比较产生的词形，由形容词的原级转化而来。

（第二个句子中就 this tree 和 that tree 进行比较，tall 变成了 taller）

2. 特点：（1）形容词的原形后面加 er，如：tall—taller，small—smaller，short—shorter。

（2）重读闭音节的单词要双写单词最后一个字母再加 er，如：big—bigger，hot—hotter。

（3）形容词以辅音加 y 结尾的，变 y 为 i 再加 er，如：easy—easier，heavy—heavier。

（4）不规则变化的形容词，如：good—better，bad—worse。

（5）多音节形容词（beautiful，interesting，polite）不加 er，要在词前面加 more / less，如：beautiful—more / less beautiful。

3. 构成：（1）不同事物对比：A... + 形容词比较级 + than... B，如：Beijing is warmer than Harbin in spring.

（2）同一事物的变化。

① 形容词比较级 +and+ 形容词比较级，例如：The weather is getting warmer and warmer。

② more and more/ less and less+ 多音节形容词原形，例如：You're more and more beautiful。

大家来完成下面的小练习吧！

【设计意图】通过朗读句子先感知形容词比较级，再通过讲解和练习进一步学习形容词的比较级。

《Take Me Home, Country Road》教学设计

▋英语部　五年级　荣　岩

教学目标

1. 通过欣赏和学唱英文歌曲《Take Me Home，Country Road》，激发学生学习英语的兴趣，促进英语学习。

2. 这首歌表达了浓烈的思乡感情，在播放中唤起学生对自己家乡的回忆与热爱。

3. 进一步巩固一般现在时第三人称单数形式的肯定句、否定句和疑问句的构成与运用。

教学重点、难点

掌握歌曲的旋律及其带给学生的熏陶和教育。巩固一般现在时第三人称单数形式肯定句、否定句和疑问句的构成与运用。

教学过程

一、Enjoy the song

Boys and girls，shall we enjoy our trip this week？　How about the countryside？How can we get there？　A famous song can take you get there. Let's enjoy the song《Take Me Home，Country Road》by John Denver.

【设计意图】英文歌曲欣赏可以提高学生的学习兴趣，陶冶情操。通过了解，学生知道这是一首旋律轻快的美国乡村民谣。

二、Know about the background

John Denver 是美国著名的乡村音乐歌手，1943 年生于美国西南部的新墨西哥州。他曾经学习建筑专业，后放弃学业，专心乡村音乐的创作与演唱。起初他受到别人的嘲笑，但他不为所动，最终在 1971 年创作出《Take Me Home，Country Road》，一跃成为美国著名乡村音乐歌星。他演唱的内容多为歌唱纯真的爱情、美好的理想，抒发怀乡之情，或是带有哲理性的社会歌曲。他经常一把吉它随身，到处巡回演唱。John Denver 至今已获得 21

次金唱片奖和4次白金唱片奖。他也是中国观众最为熟悉的美国乡村歌手之一。

【设计意图】通过对歌曲作者和创作背景的了解，加深学生对歌曲的了解。

三、Learn the song

（一）Read the words

（1）almost 几乎 （2）heaven 天堂 （3）ridge 岭 （4）breeze 微风

（5）belong 属于 （6）memory 记忆 （7）gather round 聚集 （8）miner 矿工

（9）stranger 陌生人 （10）dusty 尘土飞扬的 （11）misty 雾 （12）taste 味道

（13）tear drop 泪珠 （14）remind 提醒

（二）Read the lyrics

Almost heaven West Virginia

Blue ridge mountains Shenandoah River

Life is old there older than the trees

Younger than the mountains growing like a breeze

Country road take me home to the place I belong

West Virginia mountain mama take me home country road

All my memories gather round her

Miners lady stranger to blue water

Dark and dusty painted on the sky

Misty taste of moon shine tear drops in my eyes

Repeat 1

I hear her voice in the morning hours she calls me

The radio reminds me of my home far away

And driving down the road I get a feeling that I should have been home yesterday yesterday

Repeat 2

（三）Sing the song together

Let's sing after the music.

【设计意图】通过感受乡村歌曲给人带来的宁静，体会歌曲中传达的浓烈的感情。由此唤起学生对自己家乡的回忆，在了解美国乡村音乐的同时激发学生学习英语的兴趣。

四、Finish the exercises

（一）巩固第三人称单数的动词变化

1.昨天我们学习了第三人称单数的动词变化规则，你们还记得吗？请你写出下面动词的第三人称单数形式。

sing ＿＿＿＿＿　　play ＿＿＿＿＿　　have ＿＿＿＿＿　　do ＿＿＿＿＿

watch＿＿＿＿＿　　take ＿＿＿＿＿　　drive ＿＿＿＿＿　　like ＿＿＿＿＿

（答案：sings　plays　has　does　watches　takes　drives　likes）

2. 请你根据提示，将句子补充完整吧。

（1）John Denver ＿＿＿＿＿ very well.（sing）

（2）He ＿＿＿＿＿ his country very much.（love）

（3）The radio ＿＿＿＿＿ me of my home far away.（remind）

（答案：sings　loves　reminds）

（二）一般现在时第三人称单数的肯定句、否定句和疑问句的构成与运用

在一般现在时中，主语为第三人称单数（he/she/it）时的肯定句、否定句和疑问句是什么结构呢？

肯定句：主语 + 动词（词尾加 s 或 es）+ 其他。例如：He always goes to school by car.

否定句：主语 +doesn't+ 动词原形 + 其他。例如：He doesn't go to school by car.

疑问句:（1）Does+ 主语 + 动词原形 + 其他？（一般疑问句）

例如：Does he always go to school by car?

　　　　Yes, he does. / No, he doesn't.

（2）特殊疑问词 +does+ 主语 + 动词原形 + 其他？

例如：How does he always go to school?

我们来做一下句型替换吧！

1. Dick gets up early every day.（变否定句）

2. She has lunch at twelve o'clock.（变一般疑问句并回答）

3. Does the pet cat like playing with the ball?（变肯定句）

（答案：1. Dick doesn't get up early every day.

2. Does she have lunch at twelve o'clock?

Yes, she does. / No, she doesn't.

3. The pet cat likes playing with the ball.）

【设计意图】通过句型替换来巩固一般现在时第三人称单数在不同句式下的变化，检测学生的学习效果，达到真正地理解和应用的目的。

《Changes》教学设计

▌英语部　六年级　齐　瀛

教学目标

1. 能够读懂并理解故事内容，并能与他人分享故事。
2. 能够通过图片提示及词汇表理解生词的意思。
3. 能够提高阅读能力，养成阅读习惯，培养阅读策略。

教学重点、难点

1. 能够使用字典查阅生词，体会词汇、词组的应用。
2. 能够结合音频朗读全文，感受人物情感，结合生活实际表达出对故事的思考。

教学过程

一、Warming up

今天我们要学习的英文绘本叫作 Changes。它讲述了一个小女孩对 changes 从接受到不接受的过程。到底发生了什么？我们一起去看看吧！

【设计意图】简单介绍绘本内容，帮助学生从宏观上对故事进行了解。

二、Before reading

在开启绘本阅读之前，让我们来看看书的封面：Please read the cover, and guess what happened in girl's life?

【设计意图】引导学生观察非文本类信息，激活学生的思考与想象，激发学生的阅读兴趣。

三、During reading

It seems that someone was leaving, so the girl was upset. 现在请你默读文章或观看视频，思考 How does the girl feel about changes? 当遇到生词时，可以借助图片信息进行猜测，也可以通过前后文段对词汇加以理解。

【设计意图】此环节教师通过鼓励学生借助图片信息猜词等方式，渗透阅读策略。

四、Learning vocabulary

通过阅读故事，我们得知 The girl's life has been full of changes. Sometimes she doesn't feel good about them，but then later it gets better. 你有相同的感受吗？如果你还不太理解这个故事，单词表也许可以帮到你。请将视频进度条拖至 03：17，一起大声跟读单词吧！

【设计意图】学生可以借助单词表检测对生词的掌握，并结合音频纠正词汇发音。

五、Reading the story

现在让我们再来听一听原文，注意模仿原音，感受一下女孩对 changes 的心理变化，一起大声朗读吧！

【设计意图】让学生再次整体感知故事，加深对故事的理解，并通过大声朗读提高口语表达能力，使语音语调更加规范。

六、After reading

我们对故事内容有了一定的了解。那么，请你完成下面的小测试吧。

Task 1：请根据故事内容，选择正确的答案。（可以回文中定位，找出答案进行选择）

Task 2：Please list some changes in your life that have made you happy and some that have made you sad.（请试着写出生活中有哪些改变让你开心，哪些改变让你难过）

1. How does the girl feel about her friend Robin moving away?
   Ⓐ She feels angry.
   Ⓑ She feels sad.
   Ⓒ She feels excited.
2. What lesson does the girl learn?
   Ⓐ Life is full of changes.
   Ⓑ Things never change.
   Ⓒ School is very difficult.
3. When does the girl feel excited?
   Ⓐ when her mum gets a new job
   Ⓑ when she gets a note from the tooth fairy
   Ⓒ when her kitty runs away

4. Why is the girl finally happy at school?
   Ⓐ She makes new friends.
   Ⓑ She runs very quickly.
   Ⓒ She likes her lunch.
5. Which compound word means the same as *in all places*?
   Ⓐ sometimes
   Ⓑ everything
   Ⓒ everywhere

参考句型：

Before，I was ... / I did sth. ...

I used to do sth.（我过去经常做 ... ）

Now，I am / I do sth. Because ...

I think it is a good / bad change for me.

I like / I don't like this change.

Change is part of my life.

【设计意图】检测学生对故事的理解，并通过开放性问题，鼓励学生结合生活实际，反思生活中的变化带给自己的影响，并通过写的方式提高学生的写作表达能力，达到以读促写的效果。

"健康达人"课程设计理念

　　疫情初期，史家教育集团严格落实市教委2020年春季学期《中小学课程安排指导意见》《学科教学指导意见》，结合疫情防控工作和"停课不停学"工作的相关部署和安排，史家教育集团体育与健康部依托集团课程体系，整体统筹教育教学工作，制定出和谐课堂"体育达人"板块，为学生制定了居家锻炼的体育课程。课程实施一个多月以来，针对当时疫情现状和学生一个月的练习效果分析，体育与健康部对课程内容进行升级，加强了对2022年北京冬奥会的宣传和普及工作，加大了疫情期间停学对学生心理健康的关怀，同时增加了学生在家进行体育锻炼的兴趣。自4月13日起，推出了"健康达人"系列课程。

　　史家体育是一种强健体魄的行动，更是一种滋养性格的践行。我们有着明确的价值导向，有着坚定不移的爱国情操，同样有着国难当前不离不弃的奉献精神，"爱"是一个字，"呵护"是一个词，掷地有声的是我们"互爱"的行动。让我们一起线上学习，争做健康达人，真正形成"史家"与"小家"共和谐。

《微运动与冬奥》教学设计

■体育部　一年级　刘　悦

教学目标

1. 使 100% 的学生了解冬奥会的发展历史，使 90% 以上的学生在室内课中充分地锻炼体能。

2. 运用情景设定、视频模仿、知识问答等方式完成本课设定目标，在特殊的时期依然可以感受到运动的乐趣。

3. 培养学生认真学习、刻苦锻炼的意志品质。

教学重点、难点

了解冬奥会发展以及中国冬奥会运动员。

教学过程

一、准备部分

丛林探险。

1. 播放丛林探险视频，引导学生跟随视频进行练习。

2. 鼓励学生跟随视频完成任务，充分活动。

3. 牵拉呼吸调整，带领学生进入本课内容。

【设计意图】充分活动各个关节，防止运动损伤；创建闯关情景，激发学生兴趣。

二、基本部分：冬奥知识

（一）观看 PPT，了解闯关所需问题，也可请家长成为闯关伙伴或对手

【设计意图】学生们带着问题观看短片，可以更好地加深印象。

（二）观看冬奥动画短片

【设计意图】以动画片的形式呈现冬奥会的发展史，学生更容易接受，并能激发学习兴趣。

（三）根据动画短片内容开始答题闯关

1. 第一届冬季奥运会 1924 年在 法国 举办。

2. 1982 年开始冬季奥运会和夏季奥运会在不同国家举办，1994 年起冬季奥运会和夏季奥运会以两年为期交叉举行。

3. 冬季奥运会项目主要分为：<u>滑雪、滑冰、雪橇、冰球和冰壶</u> 等，最早进入冬奥会的比赛项目是 <u>花样滑冰</u> 。

4. <u>1980</u> 在美国举行的 <u>第十三届</u> 冬奥会，是中国代表团第一次征战冬奥会。

5. 1992 年 <u>叶乔波</u> 在第十六届冬奥会上获得女子 500 米速度滑冰亚军，实现了中国代表团奖牌零的突破。

6. 2002 年 <u>杨扬</u> 获得女子 500 米、1000 米短道速滑两块金牌，中国选手获得冬奥会首金。

7. 2006 年 <u>韩晓鹏</u> 获得了中国第一枚自由式滑雪金牌，这是中国选手在冬奥会历史上获得的第一枚雪上项目冠军。

8. 2010 年 <u>申雪、赵宏博</u> 成为中国冬奥史上第一对双人滑冠军。

9. 2014 年 <u>张虹</u> 获得女子速度滑冰 1000 米金牌，这是中国速度滑冰冬奥历史上第一枚金牌。

【设计意图】家长和孩子用抢答的方式进行闯关，激发学生学习热情。

（四）游戏：电玩搏击

1. 引导学生通过闯关一步步到最后"打怪兽"。

2. 将学生带进打怪兽情境中，跟随视频开始闯关。

3. 适时出现鼓励的文字、语言，让学生能坚持赢得胜利。

【设计意图】要让孩子们参与到运动中，有助于增强记忆。

《小足球：传球地滚球游戏》教学设计

■体育部 一年级 金 帆

教学目标

1. 学习脚内侧踢球技术动作，100%的学生可以用语言描述脚触球的正确部位，90%左右的学生能够初步掌握正确的脚内侧踢球技术动作。

2. 通过引导与示范，运用自我体验、自主学习，使学生逐步掌握脚内侧踢球的技术动作。

3. 培养学生勇敢顽强的意志品质，强化安全意识，体验成功喜悦的心情。

教学重点、难点

脚触球位置准确，踢球方向正确。

教学过程

一、准备部分

拍手操：（1）伸展运动；（2）下蹲运动；（3）体侧运动；（4）体转运动；（5）腹背运动；（6）跳跃运动。

专项准备活动：（1）膝关节运动；（2）踝、腕关节运动。

【设计意图】充分活动各个关节，防止运动损伤。

二、基本部分

学习脚内侧传球，培养足球意识。

（一）体验踢球练习，可以与家长、同伴相互踢球。

【设计意图】初次体验踢球，与学习后动作及出球准确性进行对比。

（二）老师讲解并示范：踢静止球时，支撑腿的膝关节微屈，重心稍下降，另一腿自然前摆，用脚背或脚内侧踢球的中后部，让球贴地面沿直线向前滚动。接球时，接球脚自然伸出迎球，把球停在脚下。

【设计意图】学习正确的脚内侧踢球动作。

（三）根据讲解与示范，学生模仿练习，可以与家长、同伴相互踢球。

【设计意图】初次体验正确的脚内侧踢球动作。

（四）童谣游戏，可以与家长、同伴进行，由原先的拍手改为两人拍脚。

你拍一我拍一，一个小孩坐飞机。你拍二我拍二，两个小孩梳小辫。

你拍三我拍三，三个小孩吃饼干。你拍四我拍四，四个小孩写大字。

你拍五我拍五，五个小孩在跳舞。你拍六我拍六，六个小孩吃石榴。

你拍七我拍七，七个小孩做游戏。你拍八我拍八，八个小孩吹喇叭。

你拍九我拍九，九个小孩踢皮球。你拍十我拍十，十个小孩在剪纸。

【设计意图】强化膝关节外展，同时放松养护。

（五）两人脚内侧踢球，可以与家长、同伴相互踢球。

【设计意图】强化膝关节外展后，再次体会动作。

（六）利用口诀并进行辅助练习。

口诀：球侧支撑腿微弯，膝盖外摆侧展髋。脚弓触球中后部，足球贴地滚向前。

辅助练习：可用脚内侧踢小垫子、台阶、花台等立面。

【设计意图】把动作编成口诀，更利于记忆，而辅助练习再次强化膝关节外展，脚内侧向前。

（七）学生根据辅助练习及口诀，再次进行踢球练习，可以与家长、同伴相互踢球。

【设计意图】再次体会动作要领。

（八）踢固定球练习，一人踩球一人用脚内侧踢球中后部，巩固踢球的正确部位。

【设计意图】巩固踢球的正确部位，力量适中。

（九）两人脚内侧踢球，练习中家长可根据学生动作给出相应评价。

优秀：膝关节外展充分，脚内侧触球。传球动作连贯，能控制传球方向。

良好：膝关节外展较充分，能做到脚内侧触球，较好地控制传球的方向。

合格：能做到膝关节外展，触球位置欠佳，基本能控制传球的方向。

有待提高：膝关节外展不足，不能做到脚内侧触球，不能较好地控制传球方向。

【设计意图】对学生的动作进行评价。

（十）拓展练习，可利用脚内侧踢球的动作踢固定目标、踢过窄道，射门等，做到脚触球部位准确，力量适中，方向正确。

【设计意图】巩固脚内侧踢球的技术动作，提高练习兴趣。

《跳短绳一带一》教学设计

■ 体育部　二年级　刘　禹

教学目标

1. 100% 的学生知道跳短绳（一带一）的动作方法，90% 左右的学生掌握技术动作，做到同起同落、节奏一致。

2. 通过讲解示范、出示口诀、自主练习等方法，使学生掌握跳短绳（一带一）的技术动作，发展学生的弹跳力和协调性。

3. 培养学生的竞争、合作意识，促进家庭成员间的情感交流。

教学重点、难点

同起同落、节奏一致，配合协调、动作连贯。

教学过程

一、准备部分

运动模仿操：（1）跑步运动；（2）投篮运动；（3）乒乓运动；（4）滑冰运动；（5）举重运动；（6）跳绳运动。

专项准备活动：（1）一分钟单摇跳绳；（2）踝、腕关节运动。

【设计意图】充分活动各个关节，防止运动损伤，为后面的学习做铺垫。

二、基本部分

（一）体验跳短绳（一带一）技术动作，可与家长、同伴练习

（二）学习跳短绳（一带一）技术动作

1. 老师讲解并示范：两人面对面站立，一人两手持绳，做向前摇绳动作并脚跳，持绳者两臂尽量前伸摇绳，当同伴跳过绳子后，随即跳起过绳。

2. 根据老师讲解与示范分解练习，一人摇绳，另一人在旁边跟随并脚跳。可与家长、同伴练习。两个人在练习的时候找节奏，做到同起同落。

3. 两人面对面徒手练习，控制距离（抓同伴衣服两侧、两人一起喊 1、2、1、2 的节奏跳起），做到同起同落，节奏一致。可与家长、同伴进行。

4. 强化动作要领，持绳练习，找到不足，可与家长、同伴练习。

【设计意图】通过徒手分解练习，检验完整动作。

（三）巩固提高跳短绳（一带一）技术动作

1. 利用口诀巩固动作：持绳双臂伸向前，我俩距离不宜远，先摇后跳是关键，同起同落勇争先。

2. 根据口诀提示，强化练习，可与家长、同伴练习。

3. 巩固动作，展示提高。

【设计意图】口诀言简意赅便于记忆。根据提示继续练习，提高动作质量，做到同起同落。

4. 拓展练习，30秒计时，挑战自己，提高成绩。可与家长、同伴练习，练习中家长可根据学生动作给出相应评价。

优秀：能做到两人协同跳节奏一致、同起同落，配合协调，动作连贯，完成30次以上。

良好：两人协同跳节奏较一致，配合较协调，动作较连贯，完成20~30次。

合格：两人协同跳节奏基本一致，配合不够协调，完成20次以下。

【设计意图】巩固提高跳短绳（一带一）技术动作，提高练习兴趣。

《连续前滚翻》教学设计

■体育部 二年级 刘 敏

教学目标

1. 95% 以上的学生了解连续前滚翻的动作要领，85% 左右的学生能够做到两个前滚翻之间蹲、撑、蹬的动作自然连贯。

2. 通过教师示范、学生自主练习、与家长合作等多种方式，逐步掌握连续前滚翻的技术动作。

3. 发展身体柔韧、灵敏等素质，提高身体协调性及平衡能力，培养勇敢、坚毅、果断等优良品质。

教学重点、难点

两个前滚翻之间的连接。蹬地有力，动作连贯。

教学过程

一、准备部分

准备活动：（1）头部运动；（2）肩部运动；（3）扩胸运动；（4）体转运动；（5）腹背运动；（6）下蹲运动；（7）跳跃运动。

专项练习：（1）头部写字；（2）蹲跳起。

【设计意图】充分活动身体各个关节，防止运动损伤，为接下来的教学打好基础。

二、基本部分

（一）在家长的保护与帮助下复习前滚翻。

保护帮助方法：单膝跪于练习者前侧方，当背部着垫后，一手托肩，一手压小腿，帮助完成前滚翻成蹲撑。

（二）老师示范连续前滚翻：与前滚翻成蹲立的动作相同。在前一个前滚翻成蹲撑后，接着做一个前滚翻成蹲立。

（三）前滚翻成蹲撑：加大蹬地力量，使第一个前滚翻成蹲立后，有惯性地继续向前撑垫。

（四）前滚翻加兔跳：为使学生在完成第一次前滚翻撑垫后继续蹬地，在这里用一个小兔跳的教法，让学生体会撑、蹬连贯动作。

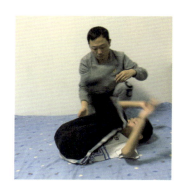 

（五）快速撑垫前滚翻：从手撑垫子准备好改为双手抱住小腿，听到信号后迅速作出撑垫蹬腿向前翻的动作。

【设计意图】复习前滚翻，明确前滚翻的基本动作要领，把连续前滚翻的环节细化成三个分解动作并充分练习。

（六）在父母的保护与帮助下完成连续前滚翻。

口诀：两手撑垫同肩宽，蹬地加力向前翻。蹲撑蹬滚要连贯，完成连续前滚翻。

【设计意图】培养学生勇敢顽强、与家长相互协作的优良品质。

（七）家长可根据学生动作给出相应评价。

优秀：动作连贯，方向正，衔接自然，姿态好。学练积极主动，态度认真，自觉遵守纪律。勇于克服困难，挑战自我。

良好：动作比较连贯，方向正，衔接比较自然，姿态较好。学练比较积极，态度较认真，能遵守纪律，组织纪律性好。

合格：能完成动作，方向基本正确。学练不够积极，组织纪律性差，怕吃苦。

有待提高：不能完成动作，或方向出现较大偏差。

【设计意图】对学生的动作进行评价。

《原地两脚依次跳长绳》教学设计

▌体育部 一年级 邓美双

教学目标

1. 95% 的学生了解原地两脚依次跳长绳的动作方法，85% 左右的学生能够在练习中做到双脚过绳顺序正确。

2. 通过和家长以及同伴的相互练习，使学生逐渐掌握双脚依次过绳的顺序，并能连续多次完成动作，体验成功的喜悦。

教学重点、难点

脚过绳顺序正确，能连续过绳。

教学过程

一、准备部分

拍手操：（1）伸展运动；（2）下蹲运动；（3）体侧运动；（4）体转运动；（5）腹背运动；（6）跳跃运动。

专项准备活动：（1）踝、腕关节运动；（2）原地纵跳。

【设计意图】充分活动各个关节，防止运动损伤。

二、基本部分

（一）学习原地两脚依次跳长绳，提高身体素质。

（二）复习原地双脚跳长绳动作，可以与家长、同伴相互练习。

老师讲解并示范：跳绳人站在绳子中间，侧向绳站立。当摇转的绳子即将落地时，跳绳人以来绳方向近的一脚先跨过摇转的绳子，另一脚随即蹬离地面跳过，使绳子从两脚下摇过。连续跳数次。

（三）根据讲解与示范，学生模仿练习，可以与家长、同伴相互练习。

【设计意图】初次体验两脚依次跳长绳的动作，体会双脚起跳顺序和时机。

（四）出示口诀并练习原地双脚依次跳跃，可以与家长、同伴相互练习。

口诀：长绳摇起中间跳，起跳时机最重要，来绳方向脚先起，依次过绳连续跳。

练习原地双脚依次跳跃：配合口诀，练习动作。可以和家长、同伴互相练习。

（五）原地跨直绳练习，家长可以提示学生靠近绳的脚先跨。

（六）学生根据跨直绳练习，再次两脚依次跳长绳练习，强化动作。可以与家长、同伴相互练习。

【设计意图】把动作编成口诀，便于记忆。再次体会动作要领，逐渐提高成功次数。

（七）养护小游戏：抛绳击掌。

家长或同伴把跳绳抛向空中，此时学生开始击掌，直到跳绳回到家长或同伴手中，学生结束击掌。如跳绳掉在地上，学生应继续击掌，直到跳绳回到家长或同伴手中。

【设计意图】：放松身心，避免在运动中出现损伤。

（八）辅助练习：跨摆动绳。

学生练习原地两脚依次跳过左右摆动的绳子并加口号 1、2、1、2（1= 准备，2= 跳）。

【设计意图】分解练习，放慢绳子速度，有利于学生掌握起跳时机。

（九）完整动作练习。可以与家长或同伴相互练习，相互鼓励。

【设计意图】摇跳配合，使学生起跳时间更加准确，两脚起跳顺序更加明确、配合更加默契。

《行进间直线运球》教学设计

■ 体育部　一年级　白　宇

教学目标

1. 100% 的学生可以用语言描述手触球的正确部位，90% 左右的学生能够初步掌握正确的手触球动作。

2. 通过引导与示范、口诀、自我体验、自主学习等方法，逐步掌握行进间直线运球的技术动作。

3. 培养学生勇敢顽强的意志品质，体验成功喜悦的心情；促进家庭成员间的情感交流。

教学重点、难点

掌握正确的手触球部位，运球动作协调、节奏连贯。

教学过程

一、准备部分

部位操：（1）肩关节绕环运动；（2）扩胸、振臂运动；（3）体转运动；（4）腹背运动；（5）膝关节绕环运动；（6）弓步压腿；（7）手腕、脚踝绕环运动；（8）跳跃运动。

专项准备活动：（1）原地高运球；（2）原地低运球；（3）点拨球练习、胯下"8"字绕球练习；（4）抛接球击掌游戏。

【设计意图】充分活动各关节，防止运动损伤。

二、基本部分

（一）体验直线运球练习，可与家长、同伴一起运球。

（二）教师讲解：向前运球时，目视前方，上体稍前倾，以肘为轴，用力按拍球的后上方，同时后脚蹬地运球行进，球的落点在同侧脚的前侧方；跑动的步法要与球弹起的节奏协调一致，手、臂的动作与原地运球相同。

（三）学生模仿练习，可与家长、同伴一起运球。

【设计意图】学习、体验正确的行进间直线运球方法。

（四）利用口诀进行辅助练习。

口诀：手触球的后上方，让球落在右脚前，手脚配合有节奏，多多练习显

身手。

（五）推球练习：两人对立，右脚站在同一条直线上，配合原地高运球3次再把球传给对方。

【设计意图】把动作编成口诀便于记忆，让学生明显感知原地运球与行进间直线运球的触球部位不同。同时，为了提高效率，逐步减少运球次数，强化触球部位。

（六）原地踏步运球过渡到听指挥向前运球。

【设计意图】让学生感知球手脚配合问题，强化动作技能，慢速直线运球，掌握手脚协调配合。

（七）巩固直线运球练习，可与家长、伙伴一起练习，家长可根据学生动作给出相应评价。

优秀：手触球位置准确，运球动作协调连贯，能很好地控制运球的节奏。

良好：手触球位置比较准确，运球动作协调连贯，较好地控制运球的节奏。

合格：手触球位置比较准确，运球动作较为协调连贯，基本能控制好运球的节奏。

继续努力：手触球位置欠佳，不能做到动作协调连贯，不能控制好运球的节奏。

（八）拓展练习：利用本课知识，进行行进间直线运球竞速游戏。

【设计意图】巩固提高，增加练习兴趣。

《趣味亲子跳长绳》教学设计

▎体育部　二年级　李　芳

教学目标

1.学生能够掌握摇绳和跳长绳的动作方法，在亲子游戏中提高学生的协调性、灵敏性，体验跳大绳的乐趣。

2.在与家长的游戏活动中，通过变换角色，逐步掌握摇绳节奏，领悟摇绳与跳绳的配合技巧，体验成功乐趣。

3.发展学生的观察、判断、机敏、果断等能力，促进勇于挑战、克服困难、战胜自我等品质的形成。

教学重点、难点

掌握起跳时机，以及起跳时机与起跳点的协同配合。

教学过程

一、准备部分

绳操：（1）伸展运动；（2）下蹲运动；（3）体侧运动；（4）体转运动；（5）腹背运动；（6）跳跃运动（学生带着父母做）。

专项准备活动：自由跳绳（自主式练习）。

1.学生自己跳出不同的花样：单脚跳、双脚跳、两脚交换跳、正跳、反跳、编花跳。

2.学生与家长一起跳出不同的花样：面对一带一跳、同方向前后站一带一跳、同方向左右站一带一跳、一个人摇绳一个人跳。

3.一带一跳绳游戏："小熊猫上学校"。

【设计意图】充分活动各关节，家长跟学生一起探索不同的跳法，为教学重点做铺垫。

二、基本部分

（一）练习摇绳

【设计意图】跳长绳，摇绳很关键。两人摇绳要用力一致，小臂摇绳，有节奏，下绳打地，上不要打到跳绳人的头。摇绳的轨迹是一条光滑的抛物线，要找出最好跳的位置。

（二）原地并脚，依次跳长绳

1. 两人摇绳，一个人原地试跳。三人轮换。

2. 在中间系绳的区域内试跳。

3. 变换不同方向的试跳。

【设计意图】练习两种原地跳长绳的方法，体会节奏同步及提高动作的熟练程度。

（三）跳长绳

1. 从摇转的绳下跑过去。

【设计意图】体验起跳的时机，练习绳打地时起跑，锻炼学生的心理素质。

2. 侧面跑入跳绳。

【设计意图】体验侧面跑入长绳的位置，并练习跳长绳。

3. 正面跑入跳绳。

【设计意图】体验正面跑入长绳的位置，并练习跳长绳。

4. 三人轮换跳长绳。

【设计意图】三人都能参与练习，并练习摇绳和跳长绳的技能。

5. 连续跳长绳。

【设计意图】把技能趣味化，同时锻炼学生的意志力。

6. 比赛。

【设计意图】巩固技能，培养学生的竞赛意识。

《前滚翻开创练习》教学设计

■ 体育部　二年级　高　健

教学目标

1. 95% 以上的学生能够用自己的语言描述在一定厚度的垫子上做前滚翻动作的要领，85% 左右的学生能够掌握该技术动作。在游戏教学中促进学生身体协调性，并提高团结协作能力。

2. 学生在小组练习中，通过体验、探究、互评互助的学习方法，逐步掌握蹬地有力、重心前移的技术要领，利用协同配合进行合理创新。

3. 发展学生观察、判断、机敏、果断等能力，培养学生兴趣和密切协作、默契配合的精神。

教学重点、难点

蹬地有力高提臀，屈臂低头时机准。

教学过程

一、准备部分

韵律操：（1）头部运动；（2）体侧运动；（3）体转运动；（4）全身运动；（5）跳跃运动；（6）整理运动。

专项准备活动：（1）抱头压颈；（2）肩绕环；（3）踝、腕关节运动。

【设计意图】充分活动各个关节，防止运动损伤。

二、基本部分

学习在一定高度的厚垫子上做前滚翻动作。

（一）复习前滚翻动作，必须与家长或同伴相互帮助练习3~5次。

【设计意图】复习前滚翻，强调体操意识，强化前滚翻动作要领。

（二）老师讲解在一定厚度的垫子上前滚翻，挑战难度（三块垫子厚度）。

（三）三块垫子厚度的难度较低，挑战成功后引导学生挑战六块垫子的厚度。

【设计意图】由易到难，体现蹬地有力高提臀的动作要领。

（四）老师示范引导并出示口诀：双手撑垫稳，蹬地高提臀。屈臂低头快，团身直线滚。

（五）利用口诀进行辅助练习。

【设计意图】把动作要领编成口诀更利于记忆，在练习中强化蹬地有力高提臀、屈臂低头时机准的动作要领。

（六）引导学生做臀触手的辅助练习。练习同学双手扶垫直臂撑稳，双脚用力蹬地并蹬离地面，使臀部向上碰触协作同学伸出的一定高度的手掌。

（七）再次引导学生挑战六块垫子厚度上的前滚翻。

【设计意图】通过辅助练习，强化动作要领，让学生体会到进步。

（八）带领学生做提臀看数的辅助练习。练习同学双手扶垫直臂撑稳，双脚用力蹬地并蹬离地面，高提臀，同时低头从两腿间向后看协作同学出示的数字并报数。

【设计意图】通过辅助练习强化动作要领。

（九）再次引导学生挑战（六块垫子厚度）。

【设计意图】让学生获得心理的满足感和成功的喜悦。

（十）家长或同伴进行交流和评价。

熟练掌握：蹬地提臀动作明显，屈臂低头时机适宜，动作连贯。

基本掌握：蹬地提臀动作明显，但动作不连贯，用力不协调。

《小篮球：行进间曲线运球》教学设计

▎体育部　五年级　殷　越

教学目标

　　1. 通过学习小篮球行进间曲线运球动作方法，知道简单的篮球比赛规则。

　　2. 通过学习行进间曲线运球的技术动作，学生的手触球部位准确，在20米内完成3次变向运球，增强学生的控球能力。

　　3. 体验学习小篮球行进间曲线运球带来的快乐。

教学重点、难点

　　手触球部位准确，动作协调连贯。

教学过程

一、准备部分

准备活动：（1）伸展运动；（2）下蹲运动；（3）体侧运动；（4）体转运动。

专项准备活动：（1）膝关节运动；（2）踝、腕关节运动。

【设计意图】充分活动各个关节，防止运动损伤。

二、基本部分

学习小篮球行进间曲线运球。

（一）原地左右手运球各50次，行进间直线运球（左右手）20米2次。

【设计意图】熟练左右手运球技术，锻炼球性，提高手感，为行进间曲线运球做好铺垫。

（二）老师讲解并示范：教师示范行进间曲线运球动作方法，然后让学生体验原地左右手变向运球，体验手触球位置。接下来运用标志杆或障碍物进行行进间曲线运球3~4次，在慢速移动中体会触球部位和动作的连贯协调。家长可以进行评价，给予鼓励。

【设计意图】引出口诀：曲线运球中，方向要变通。拍按侧上方，加速快如风 。

（三）熟读口诀后继续练习，随后可以和家长进行曲线运球的比赛，提高学生的兴趣。

（四）在20米内完成3次变向运球。

【**设计意图**】巩固手的触球部位，完成教学目标。

（五）老师根据运球情况随时用简笔画表明手触球部位。

【**设计意图**】更直观地加深学生的印象。

（六）学生和家长练习行进间运球，让学生体验实战中的感觉。

（七）拉伸放松，大腿前侧、后侧拉伸，小腿拉伸。

【**设计意图**】养成良好的运动习惯，消除肌肉疲劳。

《双摇跳》教学设计

▌体育部　五年级　臧景一

教学目标

1. 学生能够初步掌握双摇跳的动作方法，练习时做到摇绳快、跳得高。由"单摇接双摇"的动作方法过渡到连续双摇跳。

2. 通过讲解、示范、体验、探究、反复练习等方法，学生完成学习过程，掌握锻炼方法。

3. 发展学生观察、判断、机敏、果断等能力，促进勇于挑战、克服困难、战胜自我等心理品质的形成。

教学重点、难点

摇得快、跳得高，上下肢配合协调。

教学过程

一、准备部分

绳操：（1）伸展运动；（2）扩胸运动；（3）体侧运动；（4）体转运动；（5）腹背运动；（6）跳跃运动。

专项准备活动：（1）活动踝、腕关节；（2）快速摇绳。

【设计意图】充分活动各关节，通过快速摇绳练习，体验摇绳的发力方法，为后面的学习做铺垫。

二、基本部分

（一）不同形式的单摇跳（快慢，5+1）

【设计意图】通过不同形式的练习，强化单摇水平，为双摇学习打下基础。数字"6"的引出，为双摇跳绳做铺垫。

（二）双摇体验练习

1. 讲解动作方法，示范并组织学生做分解练习。

2. 思考单摇跳手腕轨迹是数字几，并组织学生单手完成相应数字的摇绳练习。

3. 引出快速摇100次，提示正确节奏（嗒嗒－嗒嗒），并引入数字"6"，引出双摇跳摇绳节奏。

【设计意图】100是两次绕环，与双摇接近。快速摇绳两圈，体现快速过渡到

双摇跳绳的节奏和发力技巧。数字"6"的引出，帮助解决摇绳发力时节奏不准确的困难。

（三）单摇接双摇

1.组织学生反复做单摇跳接双摇跳练习（5+1），强调重点。

2.情境导入（机枪和步枪发声），强化重点，并组织学生反复练习。

3.反复自主练习。

【设计意图】强化重点，练习时由易到难。在提高兴趣的同时，给出明确的节奏区分，辅助提高摇绳动作、方法、质量。巩固技术动作，加强肌肉记忆。

《绳梯练习》教学设计

▎体育部　六年级　王瑞晨

教学目标

1. 通过本课的练习，让 100% 的学生了解绳梯的练习方法及作用，90% 以上的学生基本掌握绳梯游戏"开并开并""进进出出"和"并步小跳接前进小碎步"的动作方法。

2. 通过讲解、示范、体验等方式，锻炼学生的灵敏度及协调性，进一步提升学生体能。

3. 培养学生刻苦锻炼、勇敢坚毅的意志品质，感受游戏带来的乐趣，从而提高自信心。

教学重点、难点

按脚步顺序完成动作，动作要灵敏、协调。

教学过程

一、准备部分

慢跑热身——绕绳梯慢跑，关节操。

辅助性练习——转踝练习和交替转踝练习。

【设计意图】发展学生的身体协调性，培养学习兴趣，制定有针对性的热身和辅助练习，为基本部分的学习做铺垫。

二、基本部分

（一）教师讲解并示范动作"开并开并""进进出出"和"并步小跳接前进小碎步"。

1. 开并开并：手脚同时打开，同时并脚、击掌，每次前进一小格。

2. 进进出出：身体横向站立开始，两脚依次踏入小方格，再依次踏出小方格。

3. 并步小跳接前进小碎步：先连续五个并脚跳，每次前进一格，然后前进小碎步跑完绳梯。

（二）教师引导学生集体有序地模仿练习 2~3 次，同时进行巡视指导并提示动作口诀。

（三）请学生展示，鼓励学生相互评价动作的连贯性和优缺点，引导学生积极自评、互评。

（四）集中讲解练习动作的易错处及纠正方法。

（五）再次组织学生进行针对性练习，在学生已经了解动作的基础上引导学生将动作做流畅、连贯、协调。

（六）鼓励学生动脑创编，并进行自我创作成果展示，学生间相互评价。

（七）学生开始练习自身创编动作，老师给予针对性指导。

【设计意图】首先，通过老师的引导提高动作质量，为新授内容做好铺垫。其次，在分组练习中提醒学生多观察，多发现问题，激发学生大胆评价的勇气，让更多的学生参与到课堂中来。最后，激励学生勇敢发言，敢于展示自己，体现学生的主体地位，培养学生积极动脑、善于思考的能力。

三、结束部分

（一）老师引导学生放松、拉抻，并有针对性地进行腿部拉抻、放松。

（二）小结本节课学生学习情况。

【设计意图】帮助学生消除肌肉疲劳，培养学生体育运动后自觉放松的好习惯。

"普法养德"课程设计理念

    "道德与法治"是一门与生活紧密结合的综合性、社会性、生活性的课程。2020年初，新冠肺炎疫情打破了原有的教学计划，但同时我们也看到了社会上、生活中的一些现实问题，每一个问题的背后都暗含着道德与法治的教育元素。为此，史家教育集团道德与法治学科的老师们立足道德与法治学科的学科本位，以德法共育为课程理念，将国家课程提炼、转化，与生活对接，活化课本资源，借鉴生活素材，进行生活化的课程设计。搭建了文明素养主题、规则主题、革命传统主题、优秀传统文化主题、生态伦理主题、国际视野主题六个学习主题。六个主题的内容覆盖了学生的健康成长、家庭生活、社区生活、共有的家园以及共同的世界五个生活领域。所有的课程设计均与国家课程相辅相成，但又不局限于"道德与法治"课程内容。老师们将教材中的理念、课程的目标、培育的学科素养作为核心要素，将现实社会资源融入国家课程体系中，让课程在具有校本特色的同时又能有效达成育人目标。

《保护植物》教学设计

人文科技部　一年级　崔韧楠

教学目标

1. 知道生活中有不爱护植物的现象。

2. 了解植物的作用，知道保护植物的重要性，树立保护植物的意识。

3. 找到保护植物的方法，养成保护植物的好习惯。

教学重点、难点

树立保护植物的意识，找到保护植物的方法，养成保护植物的好习惯。

教学过程

一、观察生活，发现问题

出示：视频《猫头鹰老师与学生》片段。

提问：猫头鹰老师为什么一直叹气？它有什么烦恼吗？你有没有发现生活中不爱护植物的现象？

小结：为什么会有不爱护植物的现象呢？让我们走近植物朋友来寻找答案吧！

【设计意图】通过视频动画片段，使学生意识到生活中有不爱护植物的现象，引出学习主题。

二、走近植物，探寻作用

（一）观察户外植物

提问：看看我们身边的植物，你从中发现了什么？

小结：植物让我们的生活更加美丽、心情更加愉快，能为我们提供新鲜空气、带来树荫、遮挡风沙。

（二）探寻家中植物

提问：你还知道植物有哪些作用？此时此刻，我们坐在家里，就从身边找找吧！

出示：山药粥、山楂片、红枣糕、菊花茶……

提问：你认识这些食物吗？除了能吃以外，它们还有其他作用吗？

小结：它们还可以作为药材入药。"药食同源"是我们祖先千百年来总结流传下来的中医之术，所以中药又被称为中草药。

过渡：很多植物类中药还可以抗菌杀毒，提升人体免疫力。让我们听听同学的介绍。

出示：音频《中草药助健康》。

小结：音频中提到，用金银花、芦根和陈皮泡水可以增强自身免疫力，抗击病毒，看来植物的作用还真大。

提问：我们的日常用品中有植物的影子吗？

小结：桌椅、书柜、纸张、铅笔等都是用木材加工而成，衣服、棉被等是用棉花加工而成，这些都属于植物，也是我们居家生活的必需品。

【设计意图】通过探寻家中物品和植物的关系，发现植物不仅能成为居家生活的食材和用品，还能治病保健，植物的作用大而广。

（三）探索植物的妙用

过渡：有些植物的外形很奇特。人们受这些植物的启发，进行了发明创造，给生活带来便捷。

出示：茅草上尖锐的齿——鲁班造锯；王莲的叶脉——玻璃建筑"水晶宫"；车前草叶子排序——螺旋式高楼。

提问：你还知道哪些和植物有关的发明创造呢？

小结：人类通过植物某一方面的特点进行创造和发明，植物有助于人类不断进步和发展。

【设计意图】从不同角度让学生探寻、发现植物的作用，知道保护植物的重要性，从而引出如何保护植物。

三、保护植物，习惯相伴

提问：当大家了解植物给予我们这么多帮助时，你还会伤害它们吗？我们应该怎样对待植物呢？

活动：与家人说一说，你有哪些保护植物的方法。

小结：同学们了解植物的习性，在家里定期给植物浇水、施肥、晒太阳、修剪黄叶子、除杂草；在学校里，可以绘制保护植物提示卡；在户外，不踩踏草坪、不折树枝、不摘花、不在植物身上刻字；每年 3 月 12 日植树节，与亲朋好友一起种树，将保护植物的方法和理念传递给更多的人。

四、总结提升

总结：植物是有生命的，我们和植物相互陪伴、快乐成长，保护植物是每个人的责任，更是生活中的好习惯，让好习惯伴随我们成长。

【设计意图】通过总结归纳保护植物的方法，树立保护植物的意识，形成内驱力，从而养成保护植物的好习惯。

《认识风》教学设计

▌人文科技部 一年级 杨 波

教学目标

1. 知道风的形态，能够找到风在哪里。

2. 了解风的作用，初步学会制造、利用风。

3. 感受风，喜爱风，亲近自然，喜欢在大自然中活动。

教学重点、难点

了解风的作用，亲近自然，喜欢在大自然中活动。

教学过程

一、发现风的存在

活动："让纸巾动起来"。

活动规则：将一张纸巾放在桌子上，不触碰纸巾，让纸巾动起来。

小结：正是风在发挥作用。

过渡：让我们一起走进风的世界，了解更多与风有关的知识吧！

【设计意图】借助小活动，唤起学生对自然现象风的探究欲望。

二、认识风无处不在

（一）观察实验，了解形成

提问：用什么方法能让纸巾动起来？

小结：同学们通过吹、扇、跑的方法让纸巾动起来，这些都是人为形成的风。接下来，老师将用自然的风让纸巾动起来。

展示：老师展示利用窗口的风吹走纸巾。

提问：风是怎么形成的呢？

出示：视频《小实验——风是怎么形成的》。

小结：在蜡烛上方放瓶子前，蜡烛火焰是垂直向上的，放瓶子后，火焰开始明显晃动，并向另一个方向倾斜。原本瓶子中充满空气，点燃蜡烛后，瓶内空气就会从瓶口流出，瓶外的空气又会从瓶口流入，这时就形成了一股由瓶外向瓶内的流动空气，这正是我们所感受到的风。不论是人为形成的风，还是自然风，都是空气的流动形成的。

（二）做小活动，了解特征

提问：风有什么特点？

小结：风没有颜色，没有气味儿，没有形状，我们看不到它，也摸不到它，但我们能感受到风就在身边。

活动：在室内找一找风。

小结：打开家里的一扇窗户或一扇门，再打开与它相对的另一扇窗户或一扇门，站在它们之间的这条线上或走到阳台打开的窗户前，就能感受到风。这是因为门、窗打开后，风从户外吹到屋子里，室内的空气产生流动，我们就感受到风了。

过渡：其实，我们在家里也可以找到自然风。

活动：站在室内往外看，找一找窗外的风在哪里。

小结：我们能观察到窗外摇晃的树枝、飘动的旗帜，还能听到风的声音。

（三）观察思考，感受陪伴

过渡：因疫情原因，我们不能到户外，不能亲近大自然，但是我们可以用观察图片的方式走进大自然，去寻找风。

出示：图片《大自然的风》。

提问：大自然中的风在哪里？

小结：湖面泛起波纹，头发被吹乱了……风是一种自然现象，它时时刻刻陪伴在我们身边，与我们形影不离。

【设计意图】通过观察，唤起学生对风的感性认识，激发他们对自然现象的探究欲望。

三、了解风的本领及在生活中的作用

过渡：无处不在的风，还有它独特的本领。

提问：风有哪些本领？

小结：风能传播种子、花粉；能吹走雾霾，吹干湿衣服；风能发电。我们国家在 2010 年成为世界上规模最大的风能生产国。被誉为荷兰"现代达·芬奇"的工程师兼艺术家泰奥·杨森（Theo Jansen）制作了依靠风力就能运动的巨大仿生兽。

【设计意图】通过了解风与人们生活的关系，理解风在生活中的作用。

《认识纸》教学设计

■人文科技部　二年级　李丽梅

教学目标

1. 知道纸张与我们的生活密切相关，感受纸的重要性。

2. 运用多种感官观察并探究各种纸的特征，合理运用到生活中。

3. 体会纸张来之不易，初步树立节约资源、爱护环境的意识，养成节约用纸的好习惯。

教学重点、难点

知道纸和生活的关系，初步树立节约资源、爱护环境的意识，养成节约用纸的好习惯。

教学过程

一、巧用谜语——猜猜我是谁

出示：谜语（有白有彩，又薄又光。可以写字，可以画画。传播知识，它打前锋）。

提问：猜一猜，这是什么？（纸）

小结：今天我们来认识纸。

【设计意图】谜语导入引起学生的好奇心，激发学生的学习兴趣和求知欲望。

二、善于观察——探索纸的奥秘

（一）了解纸的用途与分类

提问：在我们的日常生活中，你见过、用过哪些纸？你都用纸做过什么呢？

出示：介绍我们身边的纸张以及用途。

活动：请你把百宝箱中的纸制品按照学习用纸和生活用纸分一分类。

小结：我们的方方面面都要用到纸，纸与人们的学习生活有着密切的关系，不同的纸有不同的用途。

【设计意图】让学生感知纸无处不在，了解纸张在生活中的重要性。

（二）探究纸的特点

活动：用多种感官观察（看、摸、撕）打印纸、牛皮纸和餐巾纸，比较三种纸的不同。

提问：撕开纸，观察它的内部结构，你有什么发现？

小结：撕下来的纸里面都有毛毛，这是因为纸里面含有纤维。不管什么纸，它的内部结构都是由纤维组成的。

出示：小实验《纸的吸水性》。

小结：通过实验，发现纸都可以吸水，但是餐巾纸的吸水能力较强，牛皮纸的吸水能力较弱。

追问：根据刚才的实验，如果你上卫生间、写毛笔字、包装东西，会选择什么纸呢？为什么？

小结：我们根据纸张的特点，选择合适的用纸。

【设计意图】从不同的角度让学生感知纸的特点，学会应用，培养学生的观察、实践能力。

三、培养习惯——树立环保意识

过渡：同学们，纸的作用可真大，那你们知道纸是怎么制造出来的吗？我们通过一段视频来了解一下。

出示：视频《现代造纸过程》。

提问：你们关注到纸和树木森林有什么关系吗？现代造纸的过程给环境带来什么危害呢？

小结：造纸需要大量的树木作为原料，给本来就很稀缺的森林资源带来了巨大的压力。另外，造纸工业用水多，又是污染严重的行业。但纸又不可缺少，我们应该怎么办呢？

出示：短片《同学们浪费纸的现象》。

提问：看了短片你有什么感受？我们应该怎样做呢？

小结：通过我们这节课的学习，知道了我们的生活离不开纸。但是造纸又会给环境带来很大的污染，所以我们要节约用纸，减少消耗，用自己的实际行动来节约资源，保护环境。

【设计意图】通过对视频内容的分析，让学生体会纸的用量大以及造成的后果，树立环保与节约用纸的意识。

《我的好邻居》教学设计

▌人文科技部　三年级　李　乐

教学目标

1. 懂得与邻居交往要相互帮助和礼让。
2. 体会邻里生活中互帮互助的温情。
3. 意识到自己也可以为邻里生活的和谐发展贡献力量。

教学重点、难点

体会邻里生活中互帮互助的温情，愿意为邻里生活的和谐发展贡献力量。

教学过程

一、激趣导入

谈话：在我国，古诗词源远流长，寓意深刻，一首诗词背后都有一段故事！来读读这首《让墙诗》，说说这首诗讲了一件什么事儿。

出示："千里家书只为墙，让他三尺又何妨。长城万里今犹存，不见当年秦始皇。"

过渡：这个故事发生在清朝康熙年间的安徽桐城。直到今天，这里还保留着长 100 米、宽 2 米的"六尺巷"。这段不长的巷道记录了邻居张、吴两家人相互礼让的一段佳话。

提问："邻居"这个词你一定不陌生，先来说说你的邻居都有谁。

小结：邻居就是住家接近的人或人家。

【设计意图】通过《让墙诗》感受邻居之间相互礼让的优秀文化传统，引出主题。

二、邻里间的温暖

提问：回忆一下，你和邻居是如何相处的？

谈话：疫情期间，我们响应国家的号召"管好自己就是对抗击疫情最大的贡献"，留在家里，不去人多拥挤的地方。为了控制疫情的传播，很多小区实施了封闭化管理。在一些疫情严重的地区，对居民的出入也进行了严格的限制，买菜成了居民们的头等大事。上海的王先生在小区里摆摊免费送菜。

出示：视频《好邻居摆摊送菜》。

谈话：全国各地，这样的暖心一幕不断上演。江西九江，因为好邻居的陪伴，九旬独居婆婆疫情期间不再孤单。湖南湘潭好邻居，自发捐款支持社区防控。广州好邻居，微信群里相互支持，加油打气。上海好邻居，每个人都是"最后一公里"的临时快递员。

小结：资源共享，相互鼓励，帮拿快递……原本家家户户都关起门来生活，一场疫情让大家纷纷成了阻断视线却互帮互助的"好邻居"！

谈话：社区是疫情防控的重要防线。为了守住这道防线，还有这样一群人，他们全身心地投入社区工作中，全心全意为邻居服务，他们就是——志愿者。排队买药、测量体温、出入登记、买菜送菜……少则2~3小时，多则5~6小时，常常累得腰酸背痛，但他们却乐此不疲。

出示：视频《志愿服务邻里传爱》。

小结："门虽关上，心却靠近"，就是在这一次次短暂的接触中，原本并不熟悉的"陌生人"团成了一股劲儿，众志成城，共同抗"疫"！

提问：你还知道哪些"好邻居"的故事？和家人说一说吧！

【设计意图】了解并分享"好邻居"的故事，体会邻里互帮互助的温情。

三、我们也是好邻居

谈话：在这场疫情中，同学们也纷纷行动起来，加入互帮互助"好邻居"的队伍。

出示：事例"为有效控制疫情，写倡议书建议邻居们不在楼道内堆放垃圾"。

谈话：能为大家的健康提出好建议，也是好邻居的表现。有的同学在电梯里放置了一次性纸巾、牙签，并贴上了温暖的话语；有的同学把妈妈给他准备的口罩分享给邻居家的小朋友；有的同学通过歌声传递着"抗疫必将胜利"的信心……

拓展：常言道"远亲不如近邻"，在这个特殊时期邻居显得更为重要。想一想，在保护好自己的情况下，你能为邻居做些什么呢？和谐的邻里生活，需要我们共同努力。把你的想法分享给大家。

【设计意图】倡导以实际行动为邻里生活的和谐发展贡献力量。

《从烽火台到5G》教学设计

■人文科技部　三年级　李　雪

教学目标

1. 知道通信的发展历程。
2. 了解不同阶段的主要通信方式及其特点。
3. 体会通信发展给人们生活带来的便捷性。

教学重点、难点

知道不同阶段的主要通信方式，体会通信发展给人们生活带来的便捷性。

教学过程

一、手机图片导入

谈话：疫情期间，我们不方便出门，很多同学采取"云见面"的方式与家人聊天。

出示：手机屏幕图片。

提问：手机上的这个标志是什么意思？

过渡：4G是英文第四代移动通信网络的缩写。

追问：那么什么是通信呢？

小结：通信就是传递信息。

过渡：我们现在的通信技术已经发展到了第五代，那之前的通信是什么样子呢？

【设计意图】通过学生已有的生活经验迅速导入新课，引出通信话题并通过举例明确通信的定义。

二、古代通信方式

提问：在远古社会，人们是如何传递信息的呢？

小结：远古时代，人们通过口口相传，也就是用声音传递信息。

追问：这种通信方式有没有不足之处呢？

过渡：如果距离远、内容多，口口相传就很不方便，也不准确，于是古人想出了新的传递信息的方式——烽火台。

提问：烽火台是如何传递信息的？传递的又是什么信息？

小结：烽火台传递的是军事信息。每当一座烽火台的士兵看到其他的烽火台点起烟火，也会点起自己的烟火，从而将信息传递出去。

过渡：后来人们发现如果有高山阻隔，烽火台就不是很方便了，那怎么办呢？

讨论：马匹送信、飞鸽传书、孔明灯，三种方式中哪种更安全、更快速、更方便？它们有没有不足呢？

小结：这三种方式各有优点，也各有局限性。信件的灵活性高，但速度不够快；飞鸽传书的速度较快，但传递信息的重量不能太沉；孔明灯最易操作，但稳定性差。

【设计意图】了解古代主要的通信方式，分析古代通信方式的特点和局限性。

三、近代通信方式

提问：随着时代发展，人们对信息传递速度有了更大的需求。18世纪，人们发现了电。你知道电的速度是每秒多少米吗？

谈话：每秒电可以传输将近30万千米！人类开始想用电来传递信息。1837年，电报诞生。

小结：电报利用电信号来传递信息，实现了人们短时间内超远距离传递信息的需求。它是人类通信领域最为重要的发明之一。

提问：为什么没有延用到今天呢？

播放：电报声音。

谈话：电报需要由专业的报务人员发送，因为收发流程比较烦琐，带宽也有限，所以价格昂贵。

提问：如何解决这个问题呢？

谈话：1860年，贝尔发明了电话。这是人类通信史上的又一重大发明。最初是固定电话，后来逐步演变为我们今天使用的手机。

小结：从烽火台到手机，通信发展经历了漫长的过程，人类不断利用自己的智慧，推动科技的发展，使我们的沟通越来越顺畅、便捷。

【设计意图】通过问题解决式学习让学生了解近现代通信方式的特点，感受人类的智慧。

四、拓展与提升

谈话：通信技术的飞速发展让人们的生活越来越方便，但是新的通信方式也需要我们加强法治意识。

出示：赵某某案例《发布虚假信息的后果》。

提问：赵某某为了个人虚荣，发布虚假消息，这会给社会带来怎样的不良影响？

谈话：他这种行为不仅严重扰乱了社会秩序，还触犯了法律。

总结：通信的发展使我们的沟通越来越便捷，但我们在享受通信便捷的同时也要遵守相关的法律规定，不仅不能发布虚假的消息，还要有防范意识和甄别能力。

【设计意图】通过案例分析通信活动中遵法守法的重要性，对全课进行拓展提升。

《处理冲突有方法》教学设计

▌人文科技部　四年级　郭文雅

教学目标

1. 了解校园中的冲突及其发生的原因。
2. 掌握解决冲突的方法。

教学重点、难点

掌握解决冲突的方法。

教学过程

一、认识冲突

提问：同学们，你们在校园生活中和别人发生过冲突吗？一般是怎么解决的？今天我们就来聊一聊处理冲突的方法。

活动：根据情境进行辨析。

情境一：课间，1班的小刚体育课后急忙向教室跑，3班的阳阳向卫生间跑。两个人在楼道里撞到了一起。阳阳说："你别想跑！快跟我道歉！"小刚说："是你没看到我！"

情境二：在书院，大家正在安静地阅读。小瑞却拉着雯雯叽里咕噜地说起话来，过了一会儿，她俩又偷偷地吃午餐时剩下的小点心，那声音弄得人真心烦！

情境三：晨晨正在抄写一段课文，忽然感到左胳膊下的尺子被猛地一抽。因为丝毫没有防备，他的右手跟着一抖，字写歪了。晨晨转向同桌，怒目而视……

情境四：课间，莉莉发现课代表把别人的作业本错发到自己的座位上。

小结：前三个情境是同学间的矛盾引发的小冲突，情境四不属于冲突。当自己没受到委屈和伤害，能简单处理事情，不造成矛盾，就算不上冲突。

过渡：我们只有正确认识冲突产生的原因，才能更好地解决冲突。

提问：说一说情境一中小刚和阳阳为什么会发生冲突？

小结：因为他们在楼道内没有做到轻声慢步和右行礼让，更没有处理好自己的情绪，不懂得道歉和宽容，冲突就发生了。在校园中引发冲突的原因还有同学间观点冲突、相处冲突、利益冲突等。

【设计意图】通过引入校园生活场景，了解校园中的冲突及其发生的原因。

二、避免冲突

提问：能不能避免和预防冲突的发生呢？这取决于我们处理矛盾的方式。方式不同，结果也就不同。面对小瑞和雯雯的行为，你赞同哪位同学的做法？

A 同学心想："哎，他们总是这样，还是自己忍忍吧，也许他们一会儿就停止了。"

B 同学猛地站起来，冲小瑞和雯雯喊道："你俩有没有完，打扰大家看书了！"

C 同学真诚地劝告他们："嘘！你们的声音吵到大家了，快读书吧，老师马上就来了。"

小结：A 同学的忍让虽然避免了冲突，却委屈了自己；B 同学的指责虽不委屈自己，却很有可能引发新的冲突；C 同学的真诚劝告既可避免冲突，又不委屈自己。

【设计意图】辨析三种不同的冲突解决策略，掌握避免冲突的方法。

三、解决冲突

过渡：同学间产生冲突并不可怕，采用正确的处理方法，就可以很好地化解冲突。

出示：情境三中主人公晨晨和同桌的对话。

提问：采用角色扮演的方式展现他们的对话，说一说他们处理冲突时采用了哪些好的方法？

小结：处理冲突五步法。第一步：不冲动——控制情绪，保持冷静；第二步：讲道理——交换意见，讲清道理；第三步：会宽容——换位思考，理解他人；第四步：共商议——商议办法，和谐相处；第五步：解冲突——请人调解，帮忙解决。

【设计意图】通过角色扮演，体验不同的处理冲突的方法带来的不同结果，总结解决冲突的方法。

四、生活实践

拓展实践：利用《消灭冲突卡》解决身边的冲突。

消灭冲突卡	
事发对象：	
事情经过：	我打算这样来解决：
事情结果：1. 已解决（　）。 　　　　　2. 未解决（　）调整方法：	

总结：当冲突来临的时候，我们不要害怕和躲避，按照解决冲突五步法，一定能够积极、有效地处理冲突事件。

【设计意图】利用《消灭冲突卡》，尝试解决生活中的冲突，掌握处理冲突的方法，总结全课。

《各行各业的劳动者都值得被尊重》教学设计

▌人文科技部　四年级　贾春威

教学目标

1. 知道勤劳是我国的传统美德，劳动光荣，懒惰可耻。劳动者创造美好生活，是最值得被尊敬的人。

2. 懂得社会建设离不开各行各业的劳动者，劳动只有分工不同，没有贵贱之分。

3. 激发对劳动的热爱，在生活中能尊重和感谢各行各业的劳动者。

教学重点、难点

懂得社会建设离不开各行各业的劳动者，尊重和感谢各行各业的劳动者。

教学过程

一、大桥探秘

出示：图片《杭州湾跨海大桥》。

导入：同学们好！先来看图片，这么雄伟的大桥在哪里？这样的大桥是怎样建造的呢？

出示：视频《杭州湾跨海大桥建设》。

提问：在修建这座大桥时都有哪些劳动者参与其中？（总工程师、总设计师、技术人员以及各类建筑工人等）

小结：这些劳动者为造桥付出了智慧与汗水，他们在这样的强潮海湾架设了世界上最长的跨海大桥——杭州湾跨海大桥。

【设计意图】通过对杭州湾跨海大桥的了解，知道建桥劳动者的辛苦。

二、职业大搜索

（一）"最美逆行者"

提问：还有一些劳动者也令人钦佩，你能猜出来吗？

小结：没错，是医护人员。新冠肺炎疫情暴发以来，这些"最美逆行者"奔赴武汉，勇敢地挡在病魔面前。

（二）日常生活中的"最美逆行者"

过渡：在这场疫情中，还有哪些人不顾自身安危，为了别人的健康而坚持工作？

出示：安检人员、社区干部、超市门口测体温的工作人员工作时的图片。

提问：他们只是普通而平凡的人，却在特殊时期展示出了不平凡。当遇到他们时，我们该怎样表达尊敬？

小结：也许是一个微笑，也许是主动打一次招呼，也许就是耐心地配合他们的工作，都能传递我们的敬意。

（三）凌晨时分忙碌的劳动者

出示：视频《凌晨时分忙碌的劳动者》。

提问：他们的工作为什么值得尊敬？

小结：为了让我们的日常生活更美好，这些劳动者每天凌晨时分毅然走上工作岗位，他们值得被尊重。

提问：如果劳动者都停止了劳动，生活将会变成什么样子？

小结：据统计，全社会有 4000 多种不同的职业，正是有了不同职业劳动者的共同劳动，才有了现在的美好生活。

（四）外来务工人员

过渡：在众多劳动者中，还有这样一群人，他们背井离乡，来到陌生的地方，参与当地的建设，做着默默无闻的贡献，为社会奉献一份微薄之力。

提问：你有什么话想对外来务工人员说吗？

小结：外来务工人员最终会获得全社会的关心与帮助。只要辛勤劳动，就能赢得尊重。

【设计意图】了解各行各业的劳动者，他们在自己的岗位上默默工作，体现人生价值。

三、国家颁布的跟劳动相关的法律法规

过渡：我们要尊重每一位劳动者。尊重不仅是社会风尚，更需要法律来维护。1994 年 7 月 5 日通过的《中华人民共和国劳动法》，是新中国成立以来第一部全面规范劳动关系的劳动法律。

出示：《中华人民共和国劳动合同法》《中华人民共和国就业促进法》《中华人民共和国劳动争议调解仲裁法》《中华人民共和国社会保险法》《中华人民共和国工会法》等。

小结：法律保证所有的劳动者的合法权益不受侵犯。

【设计意图】法律体现国家对各行各业劳动者的尊重，保证所有劳动者的合法权益不受侵犯。

四、尊重各行各业的劳动者

总结：同学们，今天我们认识了许多最值得尊敬的各行各业的劳动者。我们不知道他们是谁，但知道他们是为了谁。我们把《为了谁》这首歌献给这些最值得尊敬的人吧！

【设计意图】总结全文，激发学生对各行各业劳动者的尊敬之情。

第三章

城乡一体化课程

北京延庆第二小学"生态—生活—生命"课程理念

"2020"本是一个蕴含爱意的数字，却因为一场突如其来的疫情，让这份爱增添了一份悲壮和沉重。在这场没有硝烟的战"疫"中，延庆区第二小学秉承"生活中的教育 美好生活的教育"的办学思想，进行了"生态—生活—生命"的课程设计。

课程立足"以人为本，健康成长，学生发展"的理念，分低、中、高段，从认知提高意识、尊重敬畏珍爱、价值引领实践三个阶段，将学习融入疫情防控、居家锻炼、家庭生活当中。课程与中华优秀传统文化相关联、与课外经典阅读相关联、与社会热点相关联、与自然生活相关联、与多学科相融合……引导学生深刻理解"生态—生活—生命"的内在联系和深刻含义，懂得尊重生命、敬畏生命，领悟人与自然和谐共生的重要意义。让每一名学生学会如何与自己相处、与社会相处、与世界相处，成为一个对未来世界有责任、有担当的人。

《"玩转"小口罩》教学设计

▌北京延庆第二小学 一年级 贺要新

教学目标

　　1.通过搜集资料，了解口罩是抗击疫情的必需品。

　　2.通过多种活动"玩转"小口罩，体验小口罩带来的快乐。

　　3.在创意尝试中，感受小口罩的文化魅力，向白衣天使致敬。

教学重点、难点

　　关注疫情变化，在活动中感受生活的美好。

教学过程

一、小口罩学问大

　　因为疫情原因，同学们不得不待在家中，用自己的方式为奋战在抗疫一线的人们加油。在这次疫情中，有一个出门必须佩戴的物品，你知道是什么吗？对，它就是小口罩！

　　提问：你了解小口罩吗？

　　有的同学说，我知道医务人员要佩戴 N95 口罩，一般人外出佩戴普通医用外科口罩。

　　提问：为什么外出必须佩戴口罩？

　　有同学搜集资料后告诉我们：口罩一般指戴在口鼻部位，用于过滤进出口鼻的空气，以达到阻挡有害的气体、气味、飞沫进出口鼻的用具。

　　今天，让我们一起"玩转"小口罩，感受小口罩的魅力！

　　【设计意图】引导学生知道疫情期间要佩戴口罩，学会保护自己。

二、小口罩快乐多

　　疫情期间，口罩成了生活的必需品。虽然每天佩戴口罩给我们的生活带来许多不便，但它也能给我们带来快乐呢！

　　1.讲述：第一次戴口罩。讲一讲亲身经历的故事。

　　2.创编绘本故事《小口罩》。结合形势，请每个小组成员提供素材，通过绘画、粘贴、文字等形式，创编故事情节，并在小组里讲一讲。

　　3.创编小儿歌。可以是佩戴小口诀，或者是防疫小儿歌，也可以根据童谣改编儿歌。

小结：大家要积极配合防控要求，正确佩戴口罩，对自己、家人和他人的生命与健康负责。同时也要学会调控自己的情绪，平安度过疫情期。

【设计意图】通过多种与口罩有关的活动，让生活变得丰富多彩。

三、我的口罩我做主

过渡：疫情虽然改变了人们的生活，但我们用行动把生活变得更有意义。其实还有很多人也在默默付出呢？

出示：视频——全国4万多奋战在一线的白衣战士。

小结：这些白衣战士第一时间投入抗击疫情一线，他们是"最美逆行者"。为了感激他们的付出，请转动你的小脑瓜，创意绘制别致的"小口罩"，致敬英雄的白衣天使！

【设计意图】通过活动激发学生对白衣天使的崇敬之情。

《抗"疫"中成长》语文综合性实践活动设计

▌北京延庆第二小学 五年级 刘 征

教学目标

1.关注疫情，关注生活，搜集与疫情相关的知识、新闻以及令自己感动的人和事。

2.通过"我来讲，我来寻，我宣传，我成长"等系列活动，使学生构建正确的世界观、人生观、价值观，培养学生的爱家爱国情怀。

3.将语文知识和社会资源有机整合，提高学生搜集信息、整合资源、表达创新的能力，促进学生发展。

教学重点、难点

把疫情期间的事件变成生动的素材，调动学生多方面感官思考并学习，在这场疫情中成长。

教学过程

导入：一场没有硝烟的战争——抗击新冠肺炎疫情战"疫"打响，其间涌现出许多可歌可泣的人物和感人至深的事迹，"最美逆行者""重症""宅家"等成为最热词汇，各大媒体都在不停刷新确诊人数、新增病例、疑似病例等。为此，作为小学生的我们也积极投身"众志成城抗疫情"的战"疫"中，在抗疫中成长。

一、我来讲——讲述疫情知识和抗疫先锋

1.疫情的相关知识。讨论：疫情带给人类的启示有哪些？

2.疫情中的抗疫先锋（钟南山、李兰娟、张文宏、张继先等）；开展"这才是我心中的英雄""论中国精神"等话题讨论。

【设计意图】搜集与新冠肺炎病毒有关的科学知识，讲述病毒来源和传播途径，了解疫情的严重性，讲述抗疫中的先锋，明白什么人才是真正的英雄。

二、我来寻——寻找身边最美的"抗疫人"

奔赴前线的医护人员，坚守在工作岗位上的警察、社区工作者，勇于奉献的志愿者，充满爱心的物资捐赠者……

【设计意图】身边的人、身边的事，学生亲眼目睹，这些人的精神时刻感动着孩子们。

三、我宣传——宣传防疫中的感人故事

1. 我手绘我心——画出眼中最感动的美好瞬间（宣传画；绘本；手抄报）。

2. 我笔赞英雄——写出心中最真挚的赞美（诗歌；童谣；故事）。

3. 我口说真情——讲述感人的平凡的故事（故事大王——讲真情故事；视频播报访谈；朗诵赞美抗"疫"英雄的诗篇；录制宣传防疫小视频；写倡议书）。

【设计意图】将自己的所见、所闻、所感，用心记录，真情讲述，表达自己的诚挚敬意。

四、我成长——在实现理想的成长之路上勇往直前

导入：同学们，在这次实践活动之后，我相信大家都有了一定的心路成长，能谈谈你在哪些方面有了一定的成长吗？

1. 关于疫情："再寒冷的冬天都会过去。"疫情终将会结束。

2. 关于责任和使命：每当遇到重大风险、重大挑战、重大灾难时，总有那么一些人奋不顾身，勇往直前，为国效命，初心必然，使命使然。

3. 关于生命：在疫情面前，生命重于泰山，我们要珍爱生命。

4. 关于生态：我们要和大自然和睦相处，尊重自然，爱护自然。

5. 关于学习：学习不是眼前的分数，而是蓄积力量，在长大后运用自己的知识和能力，去帮助更多的人，去做更有意义、更有价值的事。

6. 关于理想：经历了这场疫情，我们也更坚定了自己为之奋斗的理想。

【设计意图】促使学生从不同的角度进行思考，不断成长。

《科学防控战　数据显威力》教学设计

▌北京延庆第二小学　六年级　刘　婧

教学目标

1. 知道科学防控疫情带来的积极效果，通过统计、思考、分析的过程，使学生感受疫情态势逐步好转。

2. 能够关注疫情的变化，用数学知识分析疫情数据，理解所采取防疫措施的原因，对疫情防控有科学的认知。

3. 激发学生的爱国之情，感受数学知识与生活的密切联系。

教学重点、难点

能够用数学知识分析疫情数据，对疫情防控有科学的认知。

教学过程

一、数据统计让我知道"是什么"

疫情的突然袭击，使全国人民投入了这场没有硝烟的战"疫"。2020 年 1 月 24 日，北京市启动突发公共卫生事件一级响应机制。

提问 1：你知道突发公共卫生事件一级响应是什么吗？

出示：启动重大突发公共卫生事件一级响应后各部门的举措，政府、卫生行政部门、医疗机构……

提问 2：我们应该做些什么？

出示：正确戴口罩，注重手部卫生，减少外出，不接触、食用野生动物，家庭用餐备好公筷……

提问 3：疫情防控一级响应机制让我们的生活发生了哪些改变？

出示：学生的调查统计图，用数据展示生活中的变化。

小结：通过同学们的统计图，我们看到马路上的汽车、人员数量直线减少，看到亲戚、同学外出就餐和居家就餐次数的悬殊对比，看到同学们对口罩、手套等卫生用品的使用……数学统计让我们看到了生活中的变化。

【设计意图】引导学生关注数字的变化，用数学统计知识分析生活中的现象。

二、数据分析让我明白"为什么"

提问 1：在一级疫情防控措施下，有关疫情的数据发生了什么变化？

出示：学生对疫情的数据统计图。

小结：通过数据统计图，可以看到在防控措施的科学指导要求下，确诊的病例在减少，治愈的病例在增加，数字的变化趋势让我们看到了一级响应防控措施带来的防控成效。

过渡：通过数据我们能够感受到疫情正在逐渐得到控制，同学们对疫情有了科学的认识，也有了战胜疫情的信心。看看下面的统计图，你还能知道什么？

提问2：你能用统计的数据解释防控措施的原因和效果吗？

出示：聚集活动与确诊病例的对比统计图。

小结：聚集和外出，导致疫情传播，确诊病例再次攀升。不外出、不聚集使各地的早期输入性病例得到有效控制，避免了本土病例的大量流行，使更多的人的安全得到了保障。

提问3：你对疫情有了什么新的认识？

小结：通过数据的分析，让我们更加明白了只有科学防控，遵守秩序，尊重他人，敬畏生命，我们才能更快战胜疫情。

【设计意图】引导学生利用所学的数学知识分析疫情数据，分析原因，并对疫情防控有科学的认知。

三、数据统计的应用让我思考"怎么做"

过渡：从真实的数据当中我们看到了疫情防控下我们生活的变化，更感受到了在科学的防控下疫情正在逐步得到控制，战胜疫情指日可待。那么，数据统计还可以带给我们什么呢？

出示：视频——全国上万名医务工作者出征武汉抗"疫"，治愈数字直线攀升；全国各地物资支援湖北、各行各业人员都在用实际行动抗击疫情，数字与效果惊人……

小结：数据统计的应用让我们感受到数学的价值，更让我们感受到全国人民万众一心的努力和付出，我们敬佩那些勇敢战斗在第一线的"战士们"！请你以诗歌、海报等方式，向他们致敬，为祖国加油！

【设计意图】激发学生的爱国之情，感受数学知识与生活的密切联系。

《居家防疫"数"我行》教学设计

▌北京延庆第二小学　五年级　车小超

教学目标

1.引导学生用数学的眼光看待身边的疫情，用数学的方法记录居家防疫生活。

2.通过分析学生统计表，引导学生关注居家防疫常识，关注健康习惯养成，学会观察、思考、应对。

3.通过分析数据，激发学生对抗"疫"一线各行各业人员的敬爱之情，树立正确的价值观。

教学重点、难点

用数学的眼光看待疫情，用数学的方法记录居家防疫生活。

教学过程

一、用数学眼光看疫情

抗击新冠肺炎病毒，树立全民防护意识。国家为大家，各处皆一心；人家为小家，户户都有责。每个人的家都是防疫的第一道岗。

提问：宅在家中的你可以做些什么呢？

出示：看新闻，关注疫情变化；锻炼身体，增强体质，保护视力；早睡早起，养成良好的生活习惯；制订计划，自主规划管理；积极做家务，提升劳动能力……

提问：居家防疫可以做这么多有意义的事情，那么如何监控大家居家的生活是否合理有效呢？

小结：居家防疫中，我们可以收集数据，用图表等形式记录自己的居家生活，再观察、对比、分析，发现问题、解决问题，提升居家生活学习效率。

【设计意图】引导学生发现居家防疫与数学紧密联系，用数据的方式有效监控居家生活的合理有效。

二、数形量化助防疫

出示：学生自主制定的一日作息规划表。

提问：对比观察几位同学的作息规划表，它们有什么相同和不同的地方？你有什么建议？

出示：一日作息规划表重点关注两点：（1）内容全面。不仅关注居家学习，更应该关注身体健康、保护视力、家务劳动、疫情防控等多方面的内容，让自己的居家生活丰富多彩。（2）时间合理。结合实际，合理规划每项活动的时间，在活动间隙安排休息时间，让自己在有序的计划中高效地进行学习和生活。

提问：制定一日作息规划表有什么好处？

出示：有效的作息计划表，可以增强同学们的时间观念，提升自律能力，发展自主规划。

小结：大家运用数学方法合理规划，设计出了一张张精美的一日作息表，在做抗"疫"小能手的同时也成为时间的小主人。

【设计意图】引导学生关注居家生活、学习习惯的养成，会用数学方法整体布局、合理规划。

出示：学生监控北京疫情趋势统计图、学生每日体育锻炼时间统计图、学生居家一周各项活动时间统计图……

提问：通过分析各种统计图表，你知道了什么？

小结：同学们以数学的眼光捕捉到了很多居家防疫的数据，有的数据离你们很"远"，如每天的肺炎确诊人数、治愈人数等，有的数据离你们很"近"，如自己每日锻炼时间、各项活动时间安排等，大家将这些数据绘制成了条形或折线统计图，让更多的人了解居家生活安排情况。

【设计意图】引导学生收集整理各种数据并加以分析，督促自己安排好居家生活学习。

三、数据分析颂祖国

过渡：刚刚我们从数学的角度学习了如何合理规划居家的一天。在我们的身边还有很多让人感动的数字，请同学们看看这些数据，你有什么想法或感受？

小结：这些在抗"疫"一线的各行各业人员，他们放弃与家人团圆，第一时间投入防疫工作中，他们是名副其实的"最美逆行者"。大家想一想，可以用什么样的数学方式向他们致敬？

【设计意图】激发学生对抗"疫"一线各行各业人员的崇敬之情。

《Knowing of the vegetables》教学设计

■ 北京延庆第二小学　五年级　刘金凤

教学目标

1. 认识日常生活中常吃的蔬菜，知道其英文名称及所吃植物的部位。

2. 了解蔬菜的营养价值，知道爱吃蔬菜、不挑食是提高免疫力的保障之一。

3. 能够感受到疫情期间蔬菜保障背后各行各业工作者的付出，爱他人，爱生活。

教学重点、难点

知道日常蔬菜的英文名称及其营养价值，爱吃蔬菜，不挑食。能够感受到蔬菜保障背后各行各业工作者的付出，爱他人，爱生活。

教学过程

一、准备阶段

（一）观察并记录每天家里买回的蔬菜，通过查字典或通过百度搜索标注其英文名称，制作蔬菜单词卡，试着读一读。

（二）通过网络搜索了解蔬菜的营养价值，并尝试用英文表达。

（三）钉钉小组群进行自主交流，确定发言人，准备班级分享。

【设计意图】引导学生关注不同蔬菜的英文名称及其营养价值，并和他人交流分享。

二、实施阶段

（一）蔬菜词汇知多少

1. 老师引导学生运用 This is.../ These are... 进行交流，各小组发言人出示各组制作的蔬菜单词卡片进行分享，其他各组听音、记录，准备评价。

2. 观看视频 vegetables in English，随读模仿，记住名称。

T:Every plant has these parts: roots（根）、stems(茎）、leaves（叶）、flowers（花）、seeds（种子）、fruits（果实）. Which part of the plants do we eat? Can you put them in the right basket?（出示带有各个部位名称的篮子，试着分类并进行讨论交流）

【设计意图】通过分享交流知道常吃蔬菜的英文名称及所吃部位。

（二）I love vegetables

欣赏歌曲《Yum ,yum vegetables》。

T: Do you like vegetables?　　　　Ss: Yes, I do./ No, I don't.

T: What do you think of the boy?　　Ss: He should eat vegetables.

T: Why should he eat vegetables?　 Ss: Because it's good for us.

T: Vegetables provide us vitamins（维生素）、minerals（矿物质）and dietary fiber（膳食纤维）. They are all important for our body. They are good for our health. Whether you like or not, you should eat them every day.

【设计意图】知道蔬菜对健康的重要作用，做到爱吃蔬菜，不挑食。

（三）餐桌蔬菜很丰富

1. 谈话交流，各组根据自己的观察进行汇报。

T：通过这段时间的观察记录，你们发现我们餐桌上的蔬菜与疫情之前相比有什么变化吗？

Ss: 没有变化 / 更丰富了 / 减少了。

T：我们餐桌上的蔬菜没有减少，而且更丰富了，为什么？

2. 视频呈现农民收菜、车辆运菜、社区分菜等画面。

T：What do you think of them?　　　Ss: 中文或英文表达感受。

T：正是有了不顾疫情风险的各行各业工作者的付出，才让我们宅在家里的生活无忧。请大家课后用手抄报的形式将看到的场面画出来，配上简单的英文赞美一下他们吧！

史家通州分校"心"赏课程简介

　　史家小学通州分校的课程以"欣赏教育"的办学思想为引领，即一方面教育者时时、处处、事事发现受教育者的优点，引导其认识自我，肯定自我，承认差异，将自己的个性和潜能发挥到极致；另一方面以尊重生命为出发点，人与人、人与知识、人与环境相互欣赏，从而实现师生共同享受教育过程，体现生命价值。依据"欣赏教育"内涵，确定我校课程为"心"赏课程。所谓"心"赏课程，就是以欣赏教育为核心思想，顺应学生心理，多元构建课程体系，让学生的心灵在课程学习中坚实、丰实、绽放，从而享受教育的幸福。

　　本课程共分为三大类，即坚实心灵类课程、丰实心灵类课程、绽放心灵类课程。疫情期间我校主要以"丰实心灵类"课程为依托，侧重提升学生的综合素养，以学科实践活动课程、"云讲坛"、"社会大讲堂"、专题教育等形式推进。

　　为了践行我校"欣赏教育"办学理念，落实"首缘"服务制，随着疫情变化，我校丰实心灵类课程的研究也在不断深入。通过"心"赏课程，充分发挥"家校共育"的作用，让学生爱起来、学起来、动起来、唱起来、画起来、干起来……引导学生发现美、欣赏美、分享美、表现美、创造美，最大限度地实现"家校协同"教育指导下的"德智体美劳"五育并举，促进学生身心健康发展。在这个过程中，每一位师生都因获得文化的滋养而得到发展。

《让我陪你重返狼群》整本书阅读分享教学设计

▋史家小学通州分校　四年级　陈　迎

教学目标

1. 能够概述整本书内容，回顾精彩画面、阅读日记。

2. 能够表述自己的阅读感受，并与同学交流。

3. 能够以文字的形式抒发自己的阅读感悟。

教学重点、难点

学生能够将自己的阅读感受与观点和同学分享交流。

教学过程

一、全书回顾

疫情期间最佳的调整情绪的方式就是阅读课外书籍。

提问：这段时间我们一起阅读了《让我陪你重返狼群》这本书，书中的主要人物是谁？整本书讲述了一个怎样的故事呢？

小结：知道主要人物，简要概述主要事件是阅读的基础。

【设计意图】引导学生梳理这本书的名字、主要人物、故事内容，为下面的交流分享做准备。

二、分享交流

1. 分享精彩画面、阅读日记。

学生阅读自己喜欢的内容并与大家进行分享；学生展示自己的绘画作品并与大家分享；学生展示自己的阅读日记并与大家分享。

2. 交流"格林为什么能够成功地返回狼群"。

有的同学认为是李微漪对小狼格林的陪伴与坚持使小狼格林回到草原。

提问：李微漪为此付出了什么？

有的同学认为是李微漪对狼性的尊重。

提问：看到"尊重"二字你想到了什么？

小结：每一种动物与人类一样，都有生存的权利。我们做过的错误的事情就是以自己的想法去决定动物的命运。

有的同学认为是格林对自由的向往使它成功回到狼群中。

提问：自由对于一匹狼意味着什么？

教师出示《让我陪你重返狼群》电影片段，学生观后说一说。

教师出示关于动物灭绝的数字报告。

小结：自由对于动物而言只是行走于天地间，而人类的过度自由却祸及子孙后代。

提问：在这个非常时期你对"自由"想说些什么？

小结：此时此刻我们响应国家号召做好居家防护，是为了将来更自由更幸福的生活。

【设计意图】学生将自己持续阅读的成果与大家分享，这将大大提升学生的阅读兴趣。

三、我手写我心

过渡：在大家的分享交流中我们已经感受到李微漪与格林之间深厚的"母子情"，此时此刻你有什么想对他们说的？阅读完这本书你有什么想对自己说的？

小结：《让我陪你重返狼群》是我们在这个疫情期间读到的最感人的一本书。人与狼尚能够如此相依相伴，人与人之间更应该和谐相处，尤其是在疫情期间，相互理解、相互关心才能让世界更加美好。孩子们，请相信：阅读让我们的双眼更明亮，让我们的心灵更清净！

【设计意图】在这一环节中，学生自由表达，展现自己阅读整本书后真实的感悟。

《诗经·采薇》教学设计

▍史家小学通州分校　六年级　福　然

教学目标

1. 欣赏援助物资上的诗词寄语，感受诗词扣人心弦的美。
2. 学习《采薇》，体会诗歌情感，关照抗疫现实。
3. 产生对《诗经》的阅读热情。

教学重点、难点

体会古代戍边战士和现今抗疫英雄的思乡情、报国志。

教学过程

一、欣赏诗词寄语

疫情肆虐，牵动人心。援助物资上的寄语也温暖着人心！

出示：写有诗词寄语的援助物资图片。

提问："山川异域，风月同天""岂曰无衣，与子同裳"……读了这些诗句，大家有什么感受？

小结：几句诗，让日本人民对中国人民的关心情更真、意更切。穿越千年历史，古诗词依然能够扣人心弦、绽放光彩。

【设计意图】引导学生关注疫情中诗词温暖人心的力量。

二、学习《诗经·采薇》

（一）学习《采薇》，体会诗情

过渡："岂曰无衣，与子同裳"就出自《诗经·无衣》。这首战歌，表现了军民团结抗敌的爱国情。课前大家自学的《采薇》也出自《诗经》。请结合书中注解读读《采薇》的最后一章，理解诗句的意思。

提问：《采薇》末章真情实景，别有深意。你们读出了什么？觉得它好在哪里？

小结：这几句诗画面美、音韵美，含蓄而深挚地表达了戍边战士的思乡情。但是别忘了，他还是企盼国泰民安的"一月三捷"的勇猛战士；是即便思乡心切，依然"岂曰无衣，与子同袍"的爱国戍卒。齐读《采薇》全诗。

（二）观照抗疫现实，深化诗情

提问：诗歌中的爱国战士让你们想到了谁？

过渡：三千年前，《采薇》唱出了戍边士兵的报国志、思乡情。而今，白衣天使们展现了抛家舍业的抗疫情。

出示：视频——奋战在抗疫一线的医护工作者。

总结：沧海桑田，时代变迁，"捐躯赴国难，视死忽如归"的爱国情依然流淌在中国人的血脉中。再过些时日，北京也要杨柳依依了。祈愿那时，抗疫一线的白衣天使们能够凯旋而归！

【设计意图】引导学生用诗句观照现实，深化对古诗情感的体会。

三、推荐阅读《诗经》

提问：大家对《诗经》还有哪些了解？你还知道哪些《诗经》中的名句？

总结："执子之手，与子偕老""所谓伊人，在水一方"……这些诗句都出自《诗经》。《诗经》是我国最早的一部诗集，它已等待了我们几千年，希望同学们与《诗经》相约这个春季！

【设计意图】激发学生的阅读兴趣。

《美好生活我创造》教学设计

■ 史家小学通州分校　六年级　马　娜

教学目标

1. 能结合疫情实际情况描述自己的日常生活及感受。
2. 了解疫情期间各行各业人们的贡献。
3. 激发学生为家庭为社会做一些力所能及的事情，树立远大理想。

教学重点、难点

激发学生为家庭为社会做一些力所能及的事情，树立远大理想。

教学过程

一、小调查，大感受

突如其来的新冠肺炎疫情使每个人的日常生活发生了很多改变，大家不得不宅在家里。

出示居家作息表，学生填写。

提问：Has Your Life Changed? How do you feel about that?

小结：According to the survey, the most common feelings can be summed up in four words: fear, boredom, touch your heart and happy. During this time, our lives have changed a lot, at first, we were feared of the virus. Then, we can't go out and stay at home for a long time. It was very boring. There are many things and people that touch our heart in our life. We admired the courage of medical workers, we are proud of my country. Now, I'm very happy to see that things are getting better every day.（通过调查发现，大家最多的感受可以用四个词来概括：恐惧，枯燥，感动，开心。最初，我们对病毒极其恐惧。不能外出，待在家里，感到枯燥无趣。同时每天生活中有许许多多的感动，感动医务工作者的勇气，为祖国自豪。现在情况一天天变好，我很开心。）

【设计意图】师生对话交流，了解学生疫情期间的真实生活状态。

二、小帮手，大贡献

出示：学生填写的作息时间表以及一些居家生活照。

提问：What can you do during this time? What can you do for your parents during this time?

小结：After your parents went to work, most of you must do something on your own. For example, learning online, do your homework, all of you did it very well. In addition, a lot of students do more exercise and read some books every day. During this time, you have more time to help your parents do some housework. For example, tidy up the room, wash the clothes, water the flowers, cook the dinner and so on. You are growing.（父母上班之后，你们中的很多同学都必须自己完成一些任务。比如，线上学习、做作业等。除此之外，很多同学每天还能自主做一些有意义的事情，如运动、读书等。在这段时间，大家有更充裕的时间帮助父母做一些家务劳动。大家都成长了。）

【设计意图】通过师生对话梳理疫情期间的日常生活，见证学生们的成长。

三、小梦想，大未来

提问：What do you want to be in the future? Why?

小结：Many students told me that they want to be doctors, scientists, environmentalists, and so on. They want to make our country better and better. That is so good. All the kids, please try to do your best every day. You are the best. You are the future.（很多同学告诉我未来想成为医生、科学家、环保主义者。这些想法很好，希望你们每一天都尽自己最大的努力，你们是最棒的。你们是国家的未来。）

【设计意图】激发孩子树立远大理想，为社会作出更大的贡献。

《党员战"疫"》教学设计

■ 史家小学通州分校　一至六年级　高铁华

教学目标

1. 了解共产党员在疫情中的感人事迹，体会中国共产党在抗击疫情中的重要作用。

2. 产生对中国共产党的热爱和敬仰之情。

教学重点、难点

了解共产党员在疫情中的感人事迹，体会他们在疫情中的作用。

教学过程

一、令人仰慕的"战神"

提问：在抗击新冠肺炎战"疫"中，很多"战士"奋不顾身，作出了巨大的贡献，你知道他们是谁吗？

1. 认识钟南山院士。

出示：钟南山院士休息的照片和他眼睛湿润的照片。

提问：这位爷爷你认识吗？你对他有哪些了解？

小结：疫情中，84 岁的钟南山院士临危受命，挺身而出，他义无反顾地奔赴武汉。在前往武汉的高铁上，他实在太累了。这张他片刻休息的照片，让无数人泪目。当他得知武汉大街上唱起了国歌时，他说这是人民的士气起来了，说着说着，这个与病毒战斗了一辈子的"战士"，眼中泛起了英雄的泪光。钟南山院士犹如定海神针，给了人们无数力量和希望，引导着我们打赢这场疫情防控阻击战。

2. 认识李兰娟院士。

出示：李兰娟院士工作中的照片。

提问：这位奶奶你认识吗？你对她有哪些了解？

小结：她是中国工程院李兰娟院士，她坚持去一线，与医护人员共同商讨诊疗方案，73 岁的她每天仅睡 3 小时。她不仅呕心沥血，研发疫苗，更是第一个提出封城的人，1 月 23 日 10 点整，国家果断采取措施，武汉封城！

3. 认识李文亮医生。

出示：李文亮医生的黑白照片。

提问：这位叔叔你认识吗？你对他有哪些了解？

小结：李文亮是这次抗击疫情的先进工作者之一，他不幸病毒感染，牺牲在一线。他曾经写下"等我病好了我就会上一线，我不想当逃兵"的感人话语。李文亮是一位敢说真话、舍己救人的好医生，我们尊重他、敬佩他。

4. 认识张文宏书记。

出示：张文宏在记者发布会讲话的照片。

提问：这位叔叔你认识吗？你对他有哪些了解？

小结：第一批医务人员已工作几十天，他在记者面前说：把所有人都换下来，让党员上，我带头先上。他就是张文宏，上海华山医院传染科党支部书记，新型冠状病毒肺炎上海市医疗救治专家组组长。

【设计意图】通过事例，使学生了解中国共产党在疫情中的所作所为，体会他们在疫情中的作用。

二、令人敬佩的党员

1. 党员抗"疫"。

提问：其实他们都有一个共同的名字，你知道吗？你对党员有哪些了解？你还知道哪些党员的事迹？

小结：对，他们都是共产党员，他们用实际行动诠释了中国共产党的宗旨，值得我们每个中国人感恩和致敬。他们身上不忘初心、牢记使命的时代担当精神，科学求实、用科学报国的爱国精神，不畏生死、不怕艰险的大无畏精神，正是新时代共产党员的勇气与担当、责任与使命。

2. 共产党员建立新中国。

提问：你知道中国共产党建立新中国的事吗？

推荐：中国共产党建立新中国的过程中，有很多值得我们学习的东西，比如"长征故事""五四运动"和"井冈山会师"等。希望你们查阅相关资料进行学习，感受中国共产党的伟大。

【设计意图】了解中国共产党的宗旨，使学生产生对中国共产党的热爱和敬仰之情。

三、总结

同学们，疫情无情人有情，在这个特殊时期，我们听党的话，不出门，在家里好好学习，就是为国家作贡献。

《炼战疫情　我在行动》教学设计

■ 史家小学通州分校　一至六年级　魏　亮　邓宁宁

教学目标

1. 知道锻炼的重要性，良好的身体素质是对抗疫情最坚固的堡垒。
2. 能够利用居家环境因地制宜开展体育锻炼，关注自身健康水平。
3. 激发学生的锻炼兴趣，培养学生的体育锻炼意识。

教学重点、难点

能够积极参与居家体育锻炼，了解身体健康的重要性。

教学过程

一、动脑思索"健康源"

一场突如其来的新冠肺炎疫情，让很多"宅男宅女"的作息变得不规律，身体也或多或少地出现亚健康的状态。因缺乏运动、饮食缺乏节制等原因，导致身体素质水平严重下降。生命在于运动，运动就是健康。无论何时，身处何境，对于每个人而言健康都是第一位的。

提问：哪些才是健康"宅家"的生活方式呢？

小结：早睡早起不熬夜，定时锻炼爱运动，按时吃饭饮食规律，多开窗通风、勤洗手，电子产品适度使用，劳逸结合用眼卫生，减少焦虑积极乐观。

【设计意图】引导学生关注健康，树立健康第一的思想意识。

二、动手改造"健身房"

提问：疫情将同学们"困"在了家中，我们如何进行居家体育锻炼呢？

面对居家体育锻炼，同学们都有一定的难言之隐：居家的环境太小，施展不开"拳脚"；缺少锻炼的器材，没法进行有效的锻炼……

提问：面对不同的困难，你们找到解决的方法了吗？

出示：身体是不介意锻炼的场所是在家中还是运动场的。和你的父母一起动手挪开家中某一陈设，也许那里就是你的私人健身房。

小结：同学们用心去改造居家环境，在有限的条件下，让空间尽量适度地开放，让原本的客厅、卧室、阳台、走廊分分钟变成健身房。

过渡：锻炼器材可以用家中某些生活用品来代替。不同的锻炼器材会让锻炼的乐趣层出不穷，甚至达到事半功倍的效果。只要有一颗热爱锻炼的心，所有的锻炼器材都能够就地取材。哪些生活物品能够成为体育器材呢？

出示：洗衣液、毛绒玩偶、矿泉水瓶、被子、床垫、擀面杖、小板凳、椅子……

提问：大胆想象一下，这些常见的生活物品在居家体育锻炼中能够代替哪种健身器材？

出示：利用家中物品进行健身：洗衣液——哑铃；毛绒玩偶——软障碍；矿泉水瓶——标志桶；被子——瑜伽垫；床垫——体操垫；擀面杖——体操棒；小板凳、椅子——限制性健身器材……

【设计意图】引导学生利用居家空间就地取材，科学有效锻炼，了解自身健康水平。

三、动身参与"爱运动"

过渡：我们从锻炼的意义和如何开展居家体育锻炼两个方面开拓了同学们的锻炼视野。你是不是也迫不及待、跃跃欲试地想体验一下？别着急，让我们先从锻炼达人的视频中领略他们的风采吧。

出示：居家体育锻炼达人视频。

小结：锻炼始终以"安全第一"为首位，安全意识尤为关键。每个人的身体素质与运动能力都有所不同，所以锻炼也不能盲目进行，要做好热身，量力而行，在巩固自己体育所学的同时，提升自己的体育素养。

锻炼不是一蹴而就的，坚持才能收到成效，让我们与锻炼时时见面，与健康时时相伴。在朋友圈里晒一晒你们的运动视频吧，也许下一个运动达人就是你。

【设计意图】激发学生的锻炼兴趣，培养学生的体育锻炼意识。